지방자치단체 출자 · 출연기관론

정창훈 · 주윤창 · 임충혁

도서출판 대영문화사

머리말

지방자치단체 출자·출연기관은 일종의 지방 준정부 조직으로, 기존에는 지방공기업법을 적용받았다. 하지만, 행정안전부가 2016년 지방자치단체 출자·출연기관법 제정과 함께 지방공기업법으로부터 분리 독립하여 현재에 이르렀다. 2021년 현재 지방자치단체 출자·출연기관은 그 수가 800여 개가 달하고, 그 역할도 실로 다양하다.

점차 증대해가는 지방출자·출연기관의 역할에도 불구하고 아직까지 지방자치단체 출자·출연기관에 대한 본격적이고 체계적인 소개서나 연구서가 없는 바, 저자들은 기존 지방공기업과 지방출자·출연기관에 대한 경영평가 경험 및 학문적 연구에 기반하여 지방출자·출연기관에 대한 체계적인 연구를 이 책에서 시도한다.

최근에 행정안전부가 지방공기업 설립을 어렵게 함에 따라 자치단체장이 설립 권한을 가진 지방출자·출연기관의 수는 향후에도 더 증가할 것으로 보이는 바, 이 책에서는 지방자치단체 출자·출연기관의 개념, 정의 및 그 역할은 물론, 현실에서 어떻게 운영되고 있는지에 대해서도 상세한 서술을 통해 그 성격과 역할을 규명한다. 더불어 향후 지방자치단체 출자·출연기관이 지향해야 할 방향에 대해서도 논한다.

아직 지방출자·출연기관에 대한 체계적인 연구가 부족한 바, 정부 관련 기관의 연구보고서와 일부 학술저널을 기초로 이 책을 진행한다.

하지만, 추후에 관련 데이터가 더 축적·확보되면 다양한 통계연구 등을 시도할 수 있을 것으로 보인다. 문재인 정부 하의 지방분권시대에 맞추어 지방출자·출연기관의 역할을 더 증대할 것으로 보인 바, 향후 지방출자·출연기관에 대한 좀 더 심층적인 연구가 절실히 필요할 것으로 보인다.

지방출자·출연기관이 지방자치시대를 맞아 그 역할이 크지만 아직 지방출자·출연기관에 대한 일반대중의 관심이 부족함에도 불구하고 「지방자치단체 출자·출연기관론」을 출간하는 데 도움을 주신 대영문화사의 임춘환 사장님과 임직원 여러분께 진심으로 감사하며, 이 책이 지방출자·출연기관에 대한 이해를 넓히는 데 큰 역할을 할 수 있기를 기대한다.

2021년 12월

저자

차례

제 2 부 출자 · 출연기관의 운영

01

지방자치단체 출자 · 출연기관의 본질과 성격

제1장

지방자치단체 출자 · 출연기관의 의의

제 1 절 공공부문과 공공기관의 분류

1 공공부문의 분류

급속하게 변화하는 행정환경에 대응하기 위해 전 세계적으로 정부와 준정부조직들의 기능은 점점 확대하는 추세이고, 이로 인해 공공부문(public sector) 또한 확대하고 있는 추세다. 특이한 점은 상당수의 국가에서 공공부문을 구성하는 한 축인 전통적인 정부조직(일반정부)의 규모와 기능은 크게 증가하고 있지 않는 대신, 국가와 자치단체 모두에서 준정부조직의 확대를 통하여 공공부문의 규모가 증가하고 있는 추세이다(정무권 · 한상일, 2008: 498; 곽채기, 2009).

지방자치단체 출자 · 출연기관도 지방공공부문의 한 조직이고 공공부문의 중요성이 높아져 가기에, 출자 · 출연기관에 대한 정의와 성격을 파악하기 앞서 우선 공공부문에 대한 전반적인 이해가 필요하다.

1) 국가(중앙정부) 공공부문의 범위와 개념

국민경제(national economy)는 민간부문(private sector)과 공공부문(public sector)으로 구성되며, 공공부문은 일반정부(general government)와 공공기관(public institution)을 포함한다. 공공기관의 범위와 개념에 대해서 국가마다 또 학자들마다 각각 조금씩 다른 견해를 보인다(이상철, 2014; 김용운, 2015). 공공기관은 공적 업무를 수행하는 독립기관이지만 정부조직법에 의해 설립된 행정기관으로는 보지 않고 있는 견해(배용수, 2015)와 공공재 또는 공공서비스를 제공하거나 재정적인 지원을 해주는 기관으로 보는 견해(곽채기, 2012) 등이 있다.

공공부문을 분류하기 위해 UN의 경우 국민 소득계정체계(Statement of National Account)에서 경제 주체와 관련하여 제도 단위(institutional units)[1)]와 제도부문(institutional sectors)의 개념을 활용한다. UN의 소득계정체계를 적용하면 공공부문은 정부 단위와 정부 단위에 의해 소유되고 지배되는(control) 공공비영리기관과 공기업으로 분류된다(곽채기, 2012: 4). 공공기관은 좁은 의미의 준정부부문과 넓은 의미의 준정부부문의 조직을 포괄한다(정무권 · 한상일, 2008). 여기서 좁은 의미의 준정부부문은 부처의 정책을 수행하는 독립된 조직이며, 넓은 의미의 준정부부문은 정부의 일정 수준 통제를 받는 조직과, 정부와 계약을 맺거나 보조금 등의 지원을 받는 정책수행 기관을 의미한다. 다음 [표 1-1]은 국가(중앙정부)의 공공부문에 대한 분류체계를 보여준다.

우리나라 국가(중앙정부)의 공공기관 지정 요건은 「공공기관의 운영에 관한 법률」에 규정되어 있다. 「공공기관운영법」 제5조 제1항에서는 공공기관을 공기업, 준정부기관, 기타공공기관으로 구분하고 있다.

제5조 제2항에서는 공기업을 자체수입액이 총수입액의 2분의 1 이

1) 제도 단위 대신 기관 단위가 더 적절한 표현으로 보인다(정창훈 외, 2013).

표 1-1 중앙정부의 공공부문 제도 단위

<table>
<tr><td colspan="9">← 공공성 기업성 →</td></tr>
<tr><td colspan="9">공공부문</td></tr>
<tr><td colspan="3">정부부문</td><td colspan="6">공공기관</td></tr>
<tr><td>정부부처</td><td colspan="2">책임운영기관</td><td rowspan="2">정부출연
연구기관</td><td rowspan="2">기타
공공기관</td><td colspan="2">준정부기관
(자체수입 비율
50% 미만)</td><td colspan="2">공기업</td></tr>
<tr><td>(정부기업)</td><td>행정형
기관</td><td>기업형
기관
(정부기업)</td><td>위탁
집행형
기관</td><td>기금
관리형
기관</td><td>준시장형
공기업</td><td>시장형
공기업</td></tr>
<tr><td>기획재정부
등</td><td rowspan="2">국립과학
수사
연구원,
국립현대
미술관
등</td><td rowspan="2">국립의료원,
경찰병원 등</td><td rowspan="2">KDI,
한국행정
연구원
등</td><td rowspan="2">소방산업
기술원,
한국사학
진흥재단
등</td><td rowspan="2">KOTRA,
한국
소비자원
등</td><td rowspan="2">국민
연금공단,
주택금융
공사 등</td><td rowspan="2">조폐공사,
관광공사
등</td><td rowspan="2">한전,
가스공사
등</td></tr>
<tr><td>조달청,
우정사업
본부 등</td></tr>
</table>

출처: 이원희(2013).

상인 기관 중에서 지정하고, 준정부기관은 공기업이 아닌 공공기관 중에서 지정하며, 공기업과 준정부기관은 직원 정원이 50인 이상인 공공기관 중에서 지정하도록 규정한다. 공기업과 준정부기관을 제외한 기관을 기타공공기관으로 지정한다.

또한 공기업을 '시장형'과 '준시장형'으로 구분되며, 시장형 공기업은 자산 규모가 2조 원 이상이고 총수입액 중 자체수입액이 85% 이상인 공기업을, 준시장형 공기업은 시장형 공기업이 아닌 공기업을 말한다. 시장형 공기업의 경우에는 이사회의 의장은 선임 비상임이사가 담당하도록 하였으며 감사위원회를 감사 대신 둘 수 있도록 한 반면, 준시장형 공기업에서는 사장(기관장)이 이사회의 의장을 겸하도록 하였다.

그리고 준정부기관을 기금관리형 준정부기관과 위탁집행형 준정부기관으로 구분하고 있다. 기금관리형 준정부기관은 「국가재정법」에 따라 기금을 관리하거나 기금의 관리를 위탁받은 준정부기관을, 위탁집행형 준정부기관은 기금관리형 준정부기관이 아닌 준정부기관을 말한다.

공기업과 준정부기관을 제외한 기관의 경우 기타공공기관으로 지정하도록 하고 있다. 이 경우, 기획재정부장관은 기관의 성격 및 업무 특성 등을 고려하여 기타공공기관 중 일부를 연구개발을 목적으로 하는 기관 등으로 세분하여 지정할 수 있다.

「공공기관의 운영에 관한 법률」

제5조(공공기관의 구분) ① 기획재정부장관은 공공기관을 공기업·준정부기관과 기타공공기관으로 구분하여 지정하되, 공기업과 준정부기관은 직원 정원이 50인 이상인 공공기관 중에서 지정한다.

2) 지방공공부문 범위와 체계

중앙정부와 마찬가지로 243개 광역 및 기초 지방정부도 지방공공부문을 구성하는 요소이다. 중앙정부의 경우 「공공기관의 운영에 관한 법률」에 의하여 공공기관이 일종의 중앙정부 준정부조직에 해당하지만, 지방의 경우는 아직 국가의 공공기관에 해당하는 지방공공기관 개념이 정립된 상황이 아니다. 따라서 일부 학자들은 지방공기업과 지방출자·출연기관을 묶어 지방공공기관으로 지정하도록 가칭 '지방공공기관운영에 관한 법률' 등을 제정하여야 한다고 주장한다(곽채기, 2009).

지방공기업은 주민의 복리 증진을 위해 지방정부가 경영하는 기관으로, 지방정부의 행정수요가 증가함에 따라 영역이 확대되고 유형이 세분화되고 있다. 지방공기업의 경우 과거 자치단체장에게 그 설립을 위임한 바, 일부 자치단체들이 지방공기업 설립을 남설함에 따라, 현재는 행정안전부의 승인이 필요하도록 「지방공기업법」을 개정하였다. 하지만, 지방자치단체 출자·출연기관은 지방자치단체장에게 설립 권한이 부여되어 있기에, 매년 그 수가 증가하고 있는 추세이다.

다음 [표 1-2]는 대표적인 지방공공기관인 지방공기업과 지방자치단체 출자·출연기관의 법령체계와 연혁을 보여준다.

표 1-2 지방공공기관 법령체계와 연혁

법 률		유 형	특 징
지방공기업법	1969년 제정	지방공기업	직접경영
	1980년 1차 개정	지방공기업 지방공사, 지방공단	직접경영 + 간접경영
	1992년 3차 개정	지방직영기업 지방공사, 지방공단 출자·출연법인	직접경영 → 지방직영기업 출자·출연기업 도입
	1999년 5차 개정	지방공기업 설립 인가권 지방이양 경영평가 강화	
	2014년 3월 개정	지방직영기업 지방공사(50% 이상) 지방공단(100%)	출자·출연기관 삭제
지방출자·출연법 2014년 제정		출자·출연기관	지방공기업과 출자·출연기관의 이원체계 구축

출처: 과거 및 현재의 「지방공기업법」을 참고하여 저자 정리.

제 2 절 지방자치단체 출자·출연기관 정의

1 지방자치단체 출자기관

출자기관은 「지방자치단체 출자·출연기관의 운영에 관한 법률」 제

2조에 따라 "지방자치단체의 지분이 100분의 10 이상"인 경우를 말한다. 출자는 자본의 전부 또는 일부를 현금이나 현물의 형태로 제공하는 것을 말하며, 공공성이 높고 대규모 자금이 필요한 사업으로서 안정적인 운영과 효율적인 목표 달성을 도모하기 위해 설립되는 기관이다.

출자 · 출연기관은 해당 자치단체 주민의 공공성과 편의성을 중요시하며 민간기업이 추구하지 않는 사업성이 저조한 사업을 통해 수익을 창출한다는 점에서 지방공기업과 유사하지만, 자치단체의 출자비율과 기업 형태에서 차이점을 가진다.

표 1-3 지방공기업과 지방자치단체 출자 · 출연기관의 차이

구 분		출자비율	적용 법률	비 고
지방공기업	지방직영기업	100%	「지방공기업법」	지방자치단체 소속
	지방공단	100%		민간출자 불허
	지방공사	50% 이상		지방공사 형태
지방자치단체 출자 · 출연기관	10% 이상		「지방자치단체 출자 · 출연기관의 운영에 관한 법률」	주식회사 형태

출처: 이춘호(2017).

2 지방자치단체 출연기관

출연기관은 「민법」, 「공익법인의 설립 · 운영에 관한 법률」이나 개별 법률에 근거하여 지방자치단체가 출연을 통해 설립하고 조례 등에 따라 운영을 지원하는 기관을 의미하며, 「지방재정법」 제8조에 의해 관계 법령이나 조례에 근거가 있는 경우에만 출연하도록 제한한다(이춘호, 2017: 12).

표 1-4 출자기관과 출연기관의 차이

구 분	출자기관	출연기관
개념	지방자치단체와 공동으로 자본금 1/2 미만을 출자, 법인설립 · 운영	지방자치단체가 재산을 출연하여 법인설립 · 운영
설립 목적	영리	비영리
설립	설립단체와 민간합작 설립	설립단체 단독
예산 및 비용	자본금 + 영업수입	출연금 + 자본금 + 영업수입
자본조달	민간출자 가능	민간출자 불가
법인의 성격	주식회사	재단법인
해산 시 자본처리	출자자에 귀속	설립 지방자치단체 귀속

출처: 이춘호(2017).

제 3 절 출자 · 출연기관의 법 · 제도적 성격

1 출자 · 출연기관의 설립근거법적 성격[2)]

법인은 설립근거법에 따라 크게 영리법인과 비영리법인으로 구분할 수 있다.

영리법인은 영리를 목적으로 한 법인을 의미한다. 단순히 수익사업을 하는 것만이 아니라 그 이익을 구성원에게 분배하는 것을 목적으로 한 법인이다. 영리법인은 상법 제3편 회사편 제169조, 제170조에 근거하여 설립한 법인으로 합명회사, 합자회사, 주식회사, 유한회사, 유한책임회사의 5종으로 정의된다.

2) 출자 · 출연기관의 법 · 제도적 성격은 지방공기업평가원의 출자 · 출연기관의 감사 범위 결정에 관한 연구(정창훈 외, 2018)와 비영리 · 공익 법인 관리 · 감독 업무편람(법무부, 2017)을 인용하였음.

비영리법인은 영리를 목적으로 하지 않는 법인을 의미한다. 비영리법인은 민법법인, 공익법인과 특수법인으로 분류되는데, 먼저 민법법인은 「민법」 제3장 법인편 제32조, 제33조에 근거하여 설립한 법인으로 사단법인 혹은 재단법인을 의미하여, "학술, 종교, 자선, 기예, 사교, 기타 영리 아닌 사업을 목적"으로 설립되는 법인이다.

통상 공익법인은 비영리법인으로서 공익활동을 주된 목적으로 설립된 단체를 총칭하지만, 법률적으로 보면 「공익법인의 설립·운영에 관한 법률」에 근거하여 설립된 협의의 공익법인과 「상속세 및 증여세법」에 따른 광의의 공익법인이 존재한다.

※ 「민법」과 「공익법인법」은 일반법과 특별법의 관계로써, 비영리법인 중에서 공익법인의 설립에 관해서는 특별법 우선적용의 원칙에 따라 「공익법인법」 제4조 이하의 규정이 민법에 우선해서 적용되고, 해산에 관한 규정 등 「공익법인법」에서 규정되지 않은 부분은 민법의 규정이 적용된다(공익법인법 제1조 참조).

그림 1-1 법인의 분류

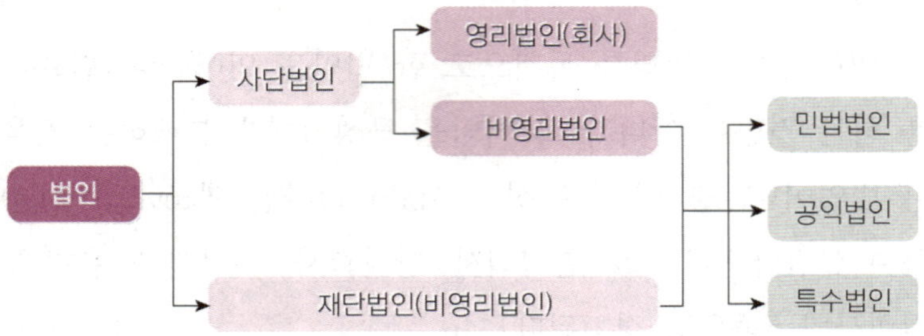

특수법인은 「사립학교법」, 「사회복지사업법」, 「의료법」, 「변호사법」 등 각종 개별법에 따라 설립된 법인을 말하며, 비영리법인 중 민법 제

32조의 규정에 의하지 않고, 각종 개별법에 근거하여 설립된 법인을 통칭한다.

「지방자치단체 출자 · 출연기관의 운영에 관한 법률」(약칭 지방출자 · 출연법)에서 정의하는 출자 · 출연기관은 상법상 영리법인(회사) 및 민법상 재단법인(비영리법인), 세부적으로 민법법인, 공익법인, 특수법인 모두에 해당한다 할 수 있어 그 법률적 적용 범위가 매우 넓다.

출자 · 출연기관 설립의 근거가 되는 법률은 「지방출자 · 출연법」(§4, 7)과 「지방재정법」(§17, 18), 「지방세특례제한법」(§85의2) 등이 있다.

특히, 「지방자치단체 출자 · 출연기관의 운영에 관한 법률」의 제4조에 명시된 "지방자치단체는 다음 각 호의 어느 하나에 해당하는 사업을 효율적으로 수행하기 위하여 자본금 또는 자산의 전액을 출자 또는 출연하거나 지방자치단체 외의 자(외국인 및 외국 법인을 포함한다)와 공동으로 출자하거나 출연하여 출자 또는 출연기관을 설립할 수 있다"라고 규정하고 있다.

그림 1-2 출자 · 출연기관의 적용 범위

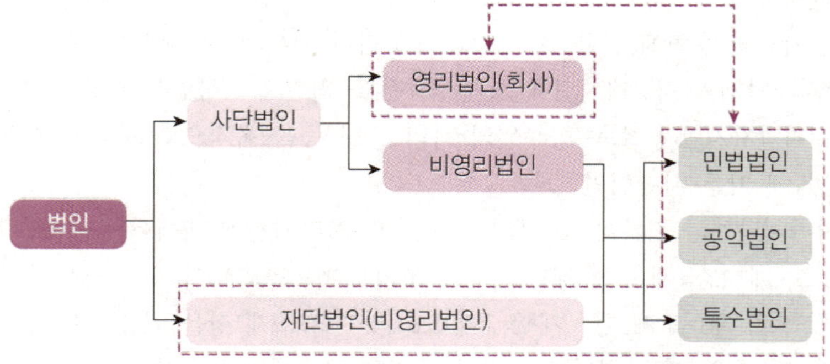

표 1-5 출자 · 출연기관의 설립근거법

구 분	출자 · 출연기관 설립근거		
	「지방출자 · 출연법」	「지방재정법」	「지방세특례제한법」
출자기관	§4(지방자치단체의 출자와 대상사업 등) · 「상법」에 따른 주식회사(출자법인)	§18(출자 또는 출연의 제한)	§85의2(지방공기업 등에 대한 감면) · 「상법」에 따른 주식회사(출자법인)
출연기관	§4(지방자치단체의 출자와 대상사업 등) · 「민법」에 따른 주식회사(출연법인)	§18(출자 또는 출연의 제한)	§85의2(지방공기업 등에 대한 감면) · 「민법」에 따른 주식회사(출연법인)

지방자치단체 출자 · 출연기관의 운영에 관한 법률

제2조(적용 대상 등) ① 이 법은 지방자치단체가 설립하고 제5조에 따라 지정 · 고시된 출자기관 또는 출연기관(이하 "출자 · 출연기관"이라 한다)에 대하여 적용한다. 이 경우 출자기관은 지방자치단체의 지분(대통령령으로 정하는 방법과 산정기준에 따라 계산한 것을 말한다. 이하 같다)이 100분의 10 이상인 경우를 말한다.

② 이 법은 다음 각 호의 어느 하나에 해당하는 기관에 대해서는 적용하지 아니한다.

1. 「지방공기업법」 제2조, 같은 법 제3장 및 제4장에 따른 다음 각 목의 지방공기업
   가. 지방직영기업
   나. 지방공사
   다. 지방공단
2. 「공공기관의 운영에 관한 법률」 제6조에 따라 기획재정부장관이 지정한 공공기관
3. 지방자치단체와 지방자치단체 소속 공무원을 회원으로 하면서 지방자치단체 간 발전과 지방자치단체 소속 공무원의 복리 증진 등을 목적으로 설립한 기관
4. 「민법」에 따른 사단법인

③ 지방자치단체의 지분이 100분의 50 미만인 출자기관에 대해서는 제9조, 제10조의3, 제11조, 제12조, 제14조, 제15조, 제15조의2, 제15조의3, 제16조, 제17조, 제17조의2, 제17조의3, 제18조제3항 · 제4항, 제19조 및 제22조제1항을 적용하지 아니한다. 다만, 다음 각 호의 어느 하나에 해당하는 경우에는 예외로 한다.

1. 지방자치단체가 최대지분을 보유하고 지분의 분산도(分散度)로 보아 주주권 등의 행사에 따른 기관 지배가 가능한 경우

2. 지방자치단체가 법령, 조례 또는 정관에 따라 해당 기관의 기관장 또는 이사회 구성원의 과반수의 임명(승인 · 제청 등을 포함한다)에 관여하는 경우
3. 지방자치단체가 법령, 조례 또는 정관에 따라 해당 기관의 예산 또는 사업계획을 승인하는 경우

④ 제3항 본문에도 불구하고 지방자치단체의 자본이 100분의 25 이상인 출자기관에 대해서는 제9조, 제12조, 제15조의2 및 제15조의3을 적용한다.

⑤ 출자 · 출연기관에 대하여 다른 법률에 특별한 규정이 있는 경우를 제외하고는 이 법에서 정하는 바에 따른다.

제4조(지방자치단체의 출자 · 출연과 대상사업 등) ① 지방자치단체는 다음 각 호의 어느 하나에 해당하는 사업을 효율적으로 수행하기 위하여 자본금 또는 재산의 전액을 출자 또는 출연하거나 지방자치단체 외의 자(외국인 및 외국법인을 포함한다)와 공동으로 출자하거나 출연하여 「상법」에 따른 주식회사나 「민법」 또는 「공익법인의 설립 · 운영에 관한 법률」에 따른 재단법인을 설립할 수 있다.

1. 문화, 예술, 장학(奬學), 체육, 의료 등의 분야에서 주민의 복리 증진에 이바지할 수 있는 사업
2. 지역주민의 소득을 증대시키고 지역경제를 발전시키며 지역개발을 활성화하고 촉진하는 데에 이바지할 수 있다고 인정되는 사업

② 제1항에 따라 지방자치단체가 출자하거나 출연하는 비율을 산정할 때에 그 지방자치단체가 설립한 출자 · 출연기관이 출자하거나 출연한 경우에는 그 지방자치단체가 출자하거나 출연한 것으로 본다.

③ 출자 · 출연기관과 관련한 다음 각 호의 사항은 해당 지방자치단체의 조례로 정한다.

1. 설립 목적
2. 주요 업무와 사업
3. 출자 또는 출연의 근거와 방법
4. 그 밖에 기관의 운영 등에 관한 기본적인 사항

2 출자 · 출연기관의 운영에 관한 법률

지방출자 · 출연기관은 지방자치단체의 경제진흥, 문화 · 체육, 복지 등 정책 수요를 효율적으로 추진하기 위해 설립한다. 「지방자치단체 출자 · 출연기관의 운영에 관한 법률」이 제정되기 이전에는 각 지방출자 · 출연기관들에 대한 설립 · 승인과 관리 · 감독 사항들을 [표 1-6]에서와 같이 개별 법률로 정하고 있었다. 또한 지방출자 · 출연기관에 대한 체계적인 관리가 미흡했고, 부실경영 및 예산남용 등의 문제점이 많았다. 이러한 문제점을 해결하고자 체계적 관리, 법령체계 정비를 위해 새로운 법률 제정의 필요성이 대두되었고, 「지방자치단체 출자 · 출연기

표 1-6 출자 · 출연기관의 근거법률 및 소관 부처

주요 기관	소관 부처	근거법률	설립 · 승인	관리 · 감독	임원 임면	경영평가
장학재단	교육부	「공익법인설립 · 운영에 관한 법률」	주무관청	주무관청	정관	규정 없음
문화재단	문화체육관광부	「지역문화진흥법」	지자체장	지자체장	정관	규정 없음
지방 의료원	보건복지부	「지방의료원 설립 및 운영에 관한 법률」	지자체장 (복지부 협의)	지자체장 · 복지부장관	지자체장	복지부 장관
지방 연구원	행정안전부	「지방자치단체 출연 연구원의 설립 및 운영에 관한 법률」	행안부 장관	시 · 도지사	정관에 따라 이사 중 선임	시 · 도지사
테크노 파크	산업통상자원부	「산업기술단지 지원에 관한 특례법」, 「산업기술혁신 촉진법 등」	산업부 장관	시 · 도지사 · 산업부장관	정관	산업부 장관
신용보증 재단	중소벤처기업부	「지역신용보증재단법」	중기부 장관	중기부 장관	시 · 도지사	규정 없음
중소기업 지원센터	중소벤처기업부	「지역균형개발 및 지방중소기업 육성에 관한 법률」	시 · 도지사	시 · 도지사	정관	규정 없음

출처: 안전행정부 재정관리과 검토자료(2013) 재구성.

관의 운영에 관한 법률」이 제정되었다.

「지방자치단체 출자 · 출연기관의 운영에 관한 법률」의 기본방향은 지방자치단체 출자 · 출연기관의 범위를 설정하고 기관 유형을 구분하여 관리체계의 실효성을 높이도록 하고자 하였으며, 출자 · 출연기관의 설립 · 운영 · 평가 등에 대한 공통적인 기준을 마련해 기관 경영의 합리성과 투명성을 제고하여 지방재정 건전성에 기여하고자 하였다.

「지방출자 · 출연법」은 지방출자 · 출연기관의 운영에 있어 합리성과 투명성 강화에 초점을 맞추어 각종 규정들을 마련하고 있다.

지방출자 · 출연법의 목적(법 제1조)

제1조(목적) 이 법은 지방자치단체가 출자(出資)하거나 출연(出捐)하여 설립한 기관의 운영에 필요한 사항을 정하여 그 기관의 경영을 합리화하고 운영의 투명성을 높임으로써 지역주민에 대한 서비스 증진에 이바지함을 목적으로 한다.

지방출자 · 출연기관 관련 근거법률의 일원화를 위해 새로운 법률을 제정하여, 통합적 관리체계 근거를 마련하고 있다.

「공공기관의 운영에 관한 법률」과 같이, 「지방출자 · 출연법」에 일반법적 성격을 부여하여, 관리 대상에 포함되는 출자 · 출연기관은 동법을 적용받도록 하였고 나아가, 기존 개별 법령들과의 상충을 해소하고 관련 법령들과 체계적 일관성을 갖춰 법체계의 조화와 통일성을 유지하도록 하였다.

이외에도 설립과 운영에 관한 합리적 기준을 설정하고, 관계 부처 및 지방자치단체 권한 침해 최소화 등에 중점을 두고 법률을 제정하였다.

표 1-7 지방공공기관 관리체계 개선 내용

구 분	과거 법적 근거	설립 요건	성격(예시)	현행 법률체계
직영기업	「지방공기업법」	지자체 100% 출자	자치단체 (상 · 하수도 등)	「지방 공기업법」
지방공사		지자체 50~100% 출자	법인 (지하철 · 도시개발 등)	
지방공단		지자체 100%출자	법인 (시설 · 환경공단 등)	
제3섹터	「지방공기업법」	지자체 50% 미만 출자	주식회사 · 재단법인 (벡스코 등)	「출자 · 출연 기관법」
출자 · 출연기관	개별 법률 · 조례	제한없음	주식회사 · 재단법인 (장학재단 등)	

출처: 안전행정부 재정관리과 검토자료(2013) 요약.

지방출자 · 출연기관 규율을 위한 단일 법률의 제정

- 2012년 「지방자치단체 출자 · 출연기관 체계적 관리를 위한 연구용역」 실시
- 2013년 3월 '박근혜 정부' 국정과제에 「지방공공기관법(가칭)」 제정이 포함되고, 법제화 방안 마련을 위한 지방자치단체 공무원 간 간담회, 전문가 토론회를 개최함.
- 2013년 6월 「지방출자 · 출연법」 제정안 관계 기관 협의 및 입법 예고를 실시함.
- 2014년 3월 24일 「지방출자 · 출연법」 제정안이 공포됨.
- 2014년 9월 25일 당시 안전행정부는 지방출자 · 출연기관에 관한 공통기준인 「지방자치단체 출자 · 출연기관의 운영에 관한 법률」(이하 '지방출자 · 출연법')을 제정 · 시행함.

제 4 절 출자 · 출연기관 설립 배경

1 출자 · 출연기관의 설립 이유

지방자치단체 출자 · 출연기관은 경제진흥 · 문화체육 · 복지 등 자치단체별 정책수요를 전문적 · 효율적으로 해결하기 위해 설립되었다. 1999년 「지방공기업법」에서 지방공사 · 공단의 설립인가 승인권이 행정자치부 장관에서 지방자치단체장으로 이양되면서 지방자치단체에서는 주민의 복리 증진이나 지역경제 활성화, 그리고 정치적 영향력 확보가 용이한 출자 · 출연기관 설립이 증가했다.

그 후 2014년 3월에 「지방자치단체 출자 · 출연기관의 운영에 관한 법률」이 제정됨에 따라 비로소 기본법령, 행정자치부 지침, 지방자치단체 조례 및 기관별 규정 등의 체계가 완성되었다(정창훈 외, 2012).

지방자치단체 출자기관은 대부분 지역경제 활성화 또는 지역개발 촉진을 위하여 설립되었으며, 산업단지 · 농수산물 유통사업 등 민간인의 경영 참여가 어려운 사업을 수행하고 있다. 지방자치단체 출연기관은 신용보증사업, 문화 · 예술진흥사업, 복지사업, 평생교육 · 장학사업, 의료사업, 지역현안 조사 · 연구 등 다양한 목적으로 설립되어 운영 중이다.

2020년 12월 기준 지방출자 · 출연기관은 790개로 빠르게 증가하는 추세이다. 1999년 설립인가 승인권이 지방자치단체로 이양되면서 141개 기관에 불과했지만, 2020년 12월 기준으로 출자기관 98개, 출연기관 692개 기관까지 증가하여 전국 자치단체에는 790개의 출자 · 출연기관이 운영되고 있다.

그림 1-3 현재(2020.12) 출자·출연기관 수

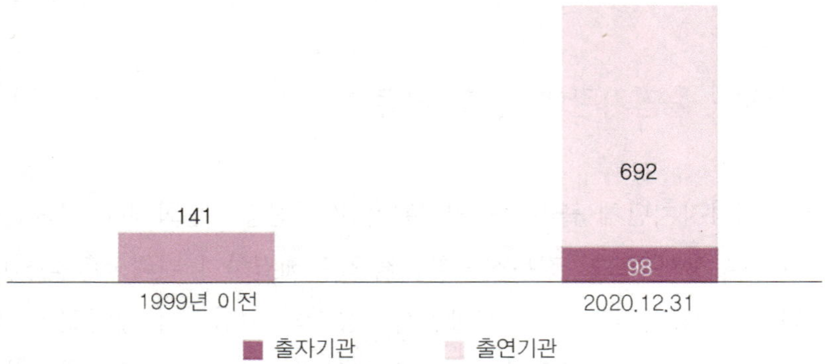

2 출자·출연기관의 발전 과정[3)]

우리나라의 경우에 지방출자·출연기관제도가 처음으로 도입된 것은 1992년의 제3차 「지방공기업법」 개정을 통해서이다. 1991년의 지방자치제 실시에 따른 지방행정의 여건 변화를 감안하여 지방공사·공단 이외에 출자·출연법인을 설립할 수 있는 근거를 마련함으로써 민관공동출자기업의 설립을 가능하게 하였다(한국행정연구원, 2016).

당시 출자·출연법인은 지방자치단체가 자본금 또는 재산의 1/2 미만을 출자·출연하여 지방자치단체 외의 자와 공동으로 상법에 의한 주식회사 또는 「민법」에 의한 재단법인을 설립·운영할 수 있도록 하였다. 지방자치단체가 자본금 또는 재산의 1/4 이상을 출자 또는 출연하고자 할 때에는 미리 행정안전부(구 내무부)장관의 승인을 얻어야 했으며, 이는 증자를 하거나 추가로 출연할 경우에도 동일하였다.

3) 출자·출연기관의 발전 과정은 지방자치단체 출자·출연기관 관리제도의 한계와 개선방안(한인섭, 2016)을 주로 인용하였음.

1999년의 제5차 「지방공기업법」 개정은 지방분권화의 추세에 맞추어 지방공기업에 대한 '사전적 통제방식'을 '사후적 관리방식'으로 전환하였다. 이에 따라 행정자치부장관이 갖고 있던 각종 승인권 · 인가권 등을 지방자치단체장에게 이양하는 동시에 지방공기업의 남설을 방지하기 위한 제도적 장치로서 설립타당성 제도가 도입되고 경영평가제도가 강화되었다.

지방출자 · 출연법인의 경우에도 지방자치단체가 공동으로 출자 · 출연할 수 있는 지방자치단체 외의 자에 외국인과 외국법인을 포함시키되, 출자 · 출연법인의 설립을 위해서는 주민복리 및 지역경제에 미치는 효과, 사업성, 출자 · 출연의 타당성 여부 등을 사전에 검토하도록 하였다.

2002년의 제6차 「지방공기업법」 개정의 가장 큰 변화는 출자 · 출연법인을 별도의 장(章)으로 확대하고, 출자 · 출연법인의 설립근거 이외에 출자 · 출연법인에 대한 지도 · 감독, 사채발행 및 상환보증, 해산, 경영공시 등에 관한 규정 등을 마련한 점이다. 이의 배경은 출자 · 출연법인 가운데, 특히 출자법인의 경영부실로 인해 지방재정에 부담이 되는 것을 방지하는 데 있었다.

즉, 출자법인의 사채 및 차입의 상환을 자치단체가 보증할 수 있도록 하되, 자치단체의 보증 한도를 출자 범위를 초과할 수 없도록 하였다(제77조의5 신설). 또 출자법인의 경영부실로 인해 자치단체 지분이 50%를 초과할 경우에는 지체 없이 주식을 처분하거나 해산 등의 필요한 조치를 하고(제77조의6 제1항 신설), 출자법인에 대한 검사 결과 부실경영이 인정되는 때에는 자치단체장이 주식의 양도나 해산청구 등의 필요한 조치를 강구하도록 하였다(제77조의6 제2항 신설).

이처럼 출자 · 출연법인에 관한 규정들이 별도의 장으로 확대됨에 따라 출자 · 출연법인의 관리 · 운영에 관한 기본골격이 마련된 것으로 볼 수 있다.

2013년 6월 제19차 개정 「지방공기업법」은 지방자치단체의 출자 · 출연 한도를 기존의 50% 미만에서 '1/10 이상 1/2 미만'으로 개정하였다. 또 출자 · 출연법인의 설립타당성 검토 결과를 공개하도록 의무화하고, 경영공시 및 통합공시에 관한 지방공사 · 공단의 규정을 준용하도록 함으로써 경영의 공개성과 투명성을 강화하였다. 아울러 자치단체가 1/4 이상 출자 · 출연한 법인에 대해 경영평가를 실시할 수 있도록 하고, 경영평가 대상, 방법 및 절차 등을 조례로 정하도록 하였다.

자치단체의 출자 · 출연 한도가 '1/10 이상 1/2 미만'으로 변경됨에 따라 출자법인에 대한 자치단체 지분율이 1/10 미만이 되었을 때는 지체없이 소유한 주식을 전부 처분하거나 다른 사람의 주식을 인수하는 등 필요한 조치를 하도록 하였다.

지방출자 · 출연법인이 지속적으로 증가됨에 따라 지방출자 · 출연법인의 관리 필요성에 대한 요구가 높아졌다. 이에 행정자치부는 2013년 2월에 「지방자치단체 출자 · 출연기관 운영 등에 관한 지침」을 제정하였다가 2014년 9월에는 「지방출자 · 출연법」을 제정하기에 이르렀다.

그 결과, 「지방공기업법」의 지방출자 · 출연법인에 관한 규정들은 「지방공기업법」 제20차 개정(법률 제12507호)을 통해서 폐지되고, 「지방출자 · 출연법」에 의한 지방출자 · 출연기관으로 전환되었다.

제 5 절 출자 · 출연기관의 설립 목적

1 출자 · 출연기관의 설립 목적

「지방자치단체 출자 · 출연기관의 운영에 관한 법률」(지방출자 · 출연법)의 제1조에는 그 기관의 경영을 합리화하고 운영의 투명성을 높임으로써 지역주민에 대한 서비스 증진에 이바지함을 목적으로 한다고 명시하고 있다. 따라서 출자 · 출연기관은 경제발전과 지역주민의 소득 증대에 이바지하기 위해 설립되고 있음을 의미한다.

지방자치단체 출자기관은 지역경제의 발전과 주민 소득 증대 등의 목적을 위해 개별 법령에 따라 설립하고 출자하여 그에 해당하는 지분을 갖는 기관으로 컨벤션사업이나 농수산물 유통사업 등 민간인의 경영 참여가 어려운 사업을 수행하고 있다.

지방자치단체 출연기관은 문화 · 예술진흥, 교육 · 장학사업, 의료사업, 복지사업, 자선 등의 공익적 목적을 위해 개별 법령 또는 조례에 따라 설립하고 운영에 필요한 자금을 제공한 기관이며, 출연기관이 설립되거나 지원되는 조건은 먼저 지방자치단체의 소관에 속하는 사무와 관련되거나, 지방자치단체가 권장하는 사업을 위하여 필요하다고 인정되는 경우에 출연기관이 설립된다.

표 1-8 출자 · 출연기관의 유형

사업 목적	기관 유형
지역경제 활성화	테크노파크, 산업진흥원, 중소기업종합지원센터
주민복리 증진	청소년회관, 자원봉사센터 등
문화 · 예술	문화재단, 문화재연구원 등
의료사업	지방의료원
연구 · 정책개발	연구원, 여성가족개발원 등
교육 · 장학사업	장학재단, 인재육성재단
운송 · 교통사업	교통연수원, 철도사업 등

출처: 이상미(2014).

2 출자 · 출연기관의 특징

1) 지역성

지방자치단체를 경영의 주체로 하는 특성으로 인해 출자 · 출연기관은 지방의 특색에 맞게 사업 및 서비스의 형태 · 서비스 내용 · 서비스 가격에 차이가 있다.

출자 · 출연기관은 지방자치단체가 수행하는 사업이므로 전국적으로 동일한 수준의 서비스가 요구되는 것이 아니라 그 지역의 특성에 따라 공급 수준이 달라질 수 있다(박영희, 2009: 35). 따라서 출자 · 출연기관은 자치단체의 성격을 따르는 지역성을 가진다.

2) 공공성

출자 · 출연기관은 1999년 이후 주민의 복리 증진과 지역경제 활성화를 위해 설립되었다. 출자기관은 지역경제 활성화를 위한 기업이 대다수를 차지하며, 출연기관은 문화 · 예술진흥 · 교육 · 연구 등을 주로 진행한다. 설립 목적의 경우 민간기업과는 본질적인 차이를 가진다.

민간기업은 영리를 추구하는 것을 목적으로 하기 때문에 수익이 저조한 사업 등을 할 이유가 없지만, 출자 · 출연기관은 공공복리의 추구를 위해 설립 및 운영되는 기업이 대다수이다. 정부 또는 지방자치단체 같은 공공단체 혹은 기관이 공기업을 창설하고 궁극적으로 책임을 지는 주체가 되어 소유 · 경영을 하게 되는 것을 공공소유라 한다.

주택 · 보건 · 위생 · 교통 등 문화적 생활환경과 택지개발 관광 · 유통 등 지역경제의 활성화 관련 사업이 해당될 수 있다(송상훈, 2009: 11). 공익성이란 사적이윤 추구가 아닌 공공복리 추구를 목적으로 하고 있어, 사회정책적 차원에서 채산성이 맞지 않더라도 공공서비스는 제공해야 한다는 의미이다(이춘호, 2017).

3) 기업성

출자 · 출연기관이 기업적으로 운영한다는 것은 형식적 측면에서는 독립채산제나 수익자부담원칙에 따라 재화나 용역의 대가인 요금 수입에 의해 경비 충당해야 한다는 뜻이다.

내용적 측면의 경우, 기업의 경영목표를 효율적으로 달성하기 위해 인력 및 예산 등 자원을 적극적으로 활용하고 경영관리상 문제점을 개선, 경영환경 변화에 신속히 대응, 위험감수와 지속적 혁신을 통해 창조

그림 1-4 출자 · 출연기관의 성격

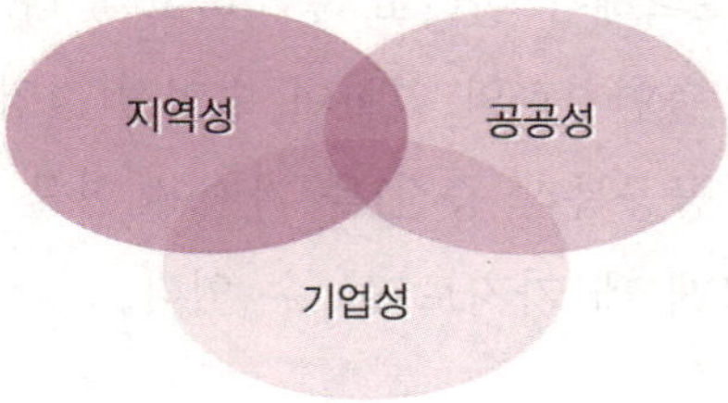

표 1-9 자치단체 출자 · 출연기관의 특성

분 야	특 성	의 미	비 고
사업	지역성	행정구역 내에서 운영	중앙정부와 차별
	공공성	주민의 공공복리증진	사기업과 차별
	기업성	효율성 증대	
재원	다양성	사업 영역 포괄적	
	경직성	지속적인 재정 지원	출연기관의 경우
	정치성	단체장의 정치철학	

적 경영을 도모하는 기업가 정신이 필요한 것이다(송상훈, 2009: 12).

3 출자 · 출연기관의 역할

「지방자치단체 출자 · 출연기관의 운영에 관한 법률」

제3조(경영의 기본원칙) ① 출자 · 출연기관은 해당 기관의 경영의 효율성을 높이고, 지역주민에 대한 공공복리가 증진될 수 있도록 노력하여야 한다.
② 지방자치단체는 출자 · 출연기관의 자율적인 운영을 보장하며, 공정하고 자유로운 경제질서를 해치지 아니하도록 노력하여야 한다.

「지방자치단체 출자 · 출연기관의 운영에 관한 법률」 제3조는 출자 · 출연기관의 기본 경영원칙으로 지역주민에 대한 공공복리가 증진될 수 있도록 노력해야 한다고 명시하고 있다.

이는 출자 · 출연기관의 역할이 수익성(경영의 효율성)과 공공성(지역주민에 대한 공공복리 증진)을 가져야 함을 의미한다. 출자 · 출연기관의 역할은 크게 네 가지로 볼 수 있다.

1) 주민의 복리 증진

출자 · 출연기관은 지방공기업과 유사한 목적으로 설립되었기 때문에 사업의 목적도 유사하다. 지방공기업은 경영을 합리화함으로써 지방자치의 발전과 주민의 복리 증진에 기여함을 목적으로 하고 있다(지방공기업법 제1조).

출자 · 출연기관을 설립 · 운영하는 목적은 지방자치단체의 목적과 일맥상통하게 주민의 복리 증진이다. 일례로, 독일의 출자 · 출연기관은 주민들의 삶의 질 향상을 위해 다양한 분야의 사업을 추진하고 있다(정진상, 2007). 우리나라도 신용보증사업, 문화 · 예술진흥, 평생교육 · 장학사업, 의료사업, 복지사업 등의 다양한 사업을 통해 주민복지 향상에 기여하도록 하고 있다.

2) 공익사업의 특성 유지

지방공기업은 이윤이 보장되지 않거나 시설에 막대한 자금의 투자가 필요해 민간기업 참여하지 않는 사업을 진행한다. 출자 · 출연기관도 이와 마찬가지로 수익성이 저조하거나 수익성이 없지만 주민의 복지 향상에 필요한 의료 · 복지사업 등에 참여한다.

단순히 이익을 추구하는 것이 아닌 공공성이 있는 사업을 진행하는 점에서 민간기업과는 차이를 보인다. 또한 주민복리와 관계되는 독점적 공익사업은 주민복리의 증진에 기여할 수 있고, 지역경제의 활성화나 지역개발 촉진에 이바지할 수 있다고 인정되는 지방공기업으로 양질의 서비스를 공급받게 하는 것이 가장 이상적이다(지방출자 · 출연법 제4조 제2항).

3) 서비스 행정의 충족

경제성에 입각하여 효율적인 경영을 통해 최소한의 경비로 최대한 고품질의 재화 혹은 서비스를 제공하여 최종적으로 주민의 복리 증진에 기여하고 공공성을 충족시키는 것이다.

지방자치단체는 권력 행정과 함께 서비스 행정을 수행하는 것이 사명이다. 그렇기 때문에 주민의 일상생활과 밀접한 관련이 있는 상하수도사업이나 교통사업은 지방자치단체가 출자 · 출연기관의 형태로 운영하는 것이 바람직하다(송상훈, 2010: 13).

지방자치단체는 출자 · 출연기관을 설치 · 경영함에 있어서 민간경제를 위축하거나 공정하고, 그리고 자유로운 경제질서를 저해하거나 환경을 훼손시키지 아니하도록 노력하여야 한다(지방출자 · 출연법 제3조 제2항).

4) 세외수입 증대

지방자치단체는 조세법률주의에 따라 「지방세법」에 의하여 일정한 세목과 세율에 따라 세금을 부과하고 징수하기에 세수입을 통해서는 독자적인 재정수요를 충당하기에는 한계가 있다. 따라서 자치단체는 자체적으로 재정수요를 해결해야 하며 세외수입이 한 가지 해결책이다.

자치단체의 세외수입 중 하나는 출자 · 출연기관의 수익인데, 출자 · 출연기관은 세외수입을 늘리기 위한 방안 중 하나가 된다(박영희, 2009: 306-307). 출자 · 출연기관은 공공성을 갖고 있어 큰 수익을 창출하기는 어려운 구조이지만, 해외(독일)의 경우 이를 성공적으로 실현한 사례도 존재한다.

그림 1-5 출자 · 출연기관의 역할

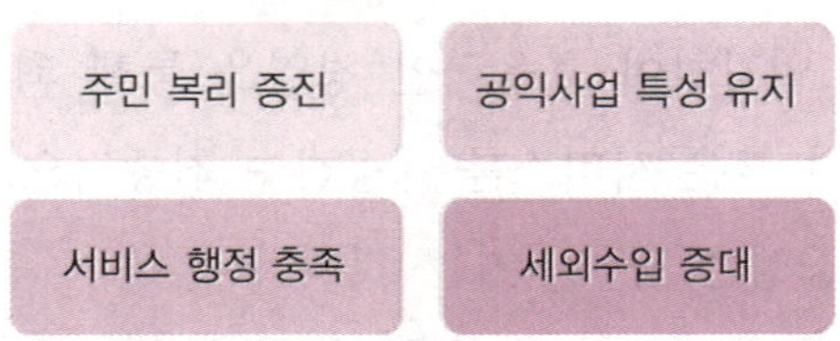

제2장

지방자치단체 출자 · 출연기관의 분류

제 1 절 출자 · 출연기관의 유형

1 출자 · 출연기관의 유형

지방자치단체가 주민의 복리 증진이나 지역산업의 진흥 등을 위하여 자본금을 출자하거나 매년 출연금을 지원하여 별도의 법인 형태로 운영하고, 지방자치단체 산하기관인 지방자치단체 출자 · 출연기관은 그 목적에 따라 기관의 유형과 종류가 다양하다.

출자 · 출연기관의 유형은 크게 ① 지역경제 활성화를 위한 테크노파크, 산업진흥원, 지역특화센터, ② 의료 또는 주민복지 증진을 위한 복지재단과 지방의료원, ③ 문화 또는 예술을 위한 문화재단, ④ 연구 또는 정책개발을 수행하는 연구원, 여성가족개발원, ⑤ 교육 또는 장학사업을 수행하는 장학재단과 인재육성재단, ⑥ 운송 또는 교통사업을 수행하는 교통연수원, 철도사업 등으로 분류된다.

표 2-1 출자 · 출연기관의 구분 및 분류

구 분	분 류	대표기관 예시
지역경제 활성화	테크노파크	강원테크노파크, 경기테크노파크 등
	산업진흥원	서울산업진흥원, 경제고용진흥원 등
	지역특화센터	청주시상권활성화관리재단, 성남시상권활성화재단 등
의료 및 주민복지 증진	복지재단	사랑나눔복지재단, 강서희망나눔복지재단 등
	지방의료원	경기도의료원, 서울의료원 등
문화 및 예술	문화재단	강릉문화재단, 경기문화재단 등
연구 및 정책개발	연구원	서울연구원, 인천발전연구원 등
	여성가족개발원	부산여성가족개발원, 경기도가족여성연구원 등
교육 및 장학사업	장학재단	구로장학재단, 울산남구장학재단 등
	인재육성재단	광명시인재육성재단, 대전인재육성장학재단 등
운송 및 교통사업	교통연수원	청주테크노폴리스, 화신산업개발 등
	철도사업	

출처: 지방공기업평가원(2013: 13).

2 출자 · 출연기관의 성장

출자 · 출연기관은 1999년 이후로 지속적으로 성장하였고, 기관의 수는 매년 큰 폭으로 증가하여 2010년도 이후에는 지방공기업의 수를 넘어섰고, 2020년 하반기에는 출자기관과 출연기관의 총합이 790개에 달하였다.

출자 · 출연기관의 연도별 증가를 살펴보면, 2015년은 2014년 대비 총 53개(출자기관 16개, 출연기관 37개)로 큰 폭으로 상승하였지만, 2016년 이후로는 그 기관의 증가 수와 증가 비율이 감소하고 있는 추세를 유지하고 있으나, 2020년에 출연기관이 다수 설립되어 전년 대비 88개(출자기관 8개, 출연기관 80개) 기관이 증가한 것을 확인할 수 있다.

표 2-2 출자·출연기관의 연도별 기관 수

	2014	2015	2016	2017	2018	2019	2020
합계	559	612	645	675	689	702	790
출자	58	74	82	90	93	90	98
출연	501	538	563	585	596	612	692

출처: 지방공공기관 통합공시 클린아이(http://cleaneye.go.kr).

그림 2-1 연도별 출자·출연기관 수

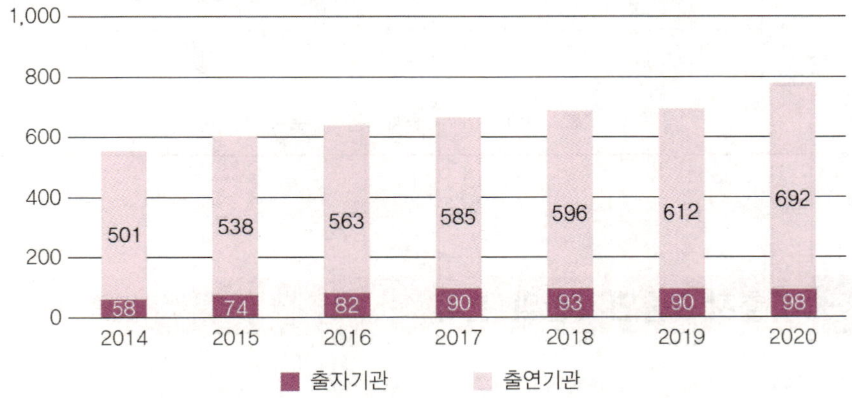

그림 2-2 연도별 출자·출연기관 수 증감 추세

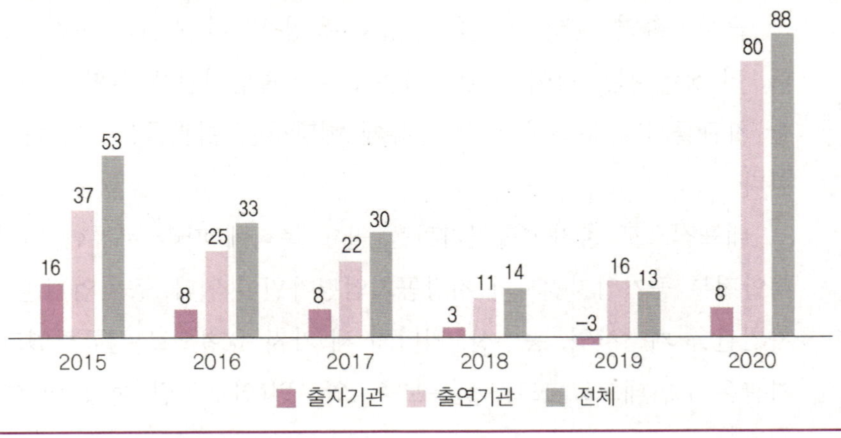

그림 2-3 연도별 출자 · 출연기관 수 증감 비율 추세

제 2 절 출자 · 출연기관의 분류

1 출자 · 출연기관의 유형 분류

출자 · 출연기관은 기관의 종류와 유형 및 각 기관의 목적이 다양하다. 이 장에서는 700개를 넘어서는 출자 · 출연기관을 설립 목적이 유사한 기관들끼리 분류하고 각 분류에 해당하는 기관들을 간단하게 설명한다.

대표적으로 출자 · 출연기관을 필요 목적에 따라 분류한 기관은 행정안전부 공기업지원과와 지방공기업평가원이 있다. 공기업지원과는 출자기관을 개발사업, 농수산, 기타의 세 가지 유형으로 분류하였고, 출연기관은 T.P(테크노파크), 신용보증, 연구원(연구원법 설립 외 연구원),

표 2-3 출자 · 출연기관의 분류 현황(공기업지원과)

	출자기관	출연기관
유형별 분류 현황	개발사업 농수산 기타	T.P(테크노파크) 신용보증 연구원 의료원 장학재단 지방연구원 기타

의료원, 장학재단, 지방연구원(연구원법이 존재하는 기관) 및 기타로 분류하고 있다.

출자 · 출연기관은 매년 경영평가를 받는다. 지방공기업평가원에서 경영평가를 진행하는 지방공기업과 달리 출자 · 출연기관은 해당 자치단체에서 경영평가를 실시하고, 평가 결과를 행정안전부장관에게 통보하여 행정안전부장관이 공시한다.

이 경우, 출자 · 출연기관의 설립 주체와 평가 주체가 동일하기에 발생하는 문제점을 해결하기 위해 지방공기업평가원은 출자 · 출연기관의 유형별 경영평가 표준모델을 개발하였다(백승천, 2016).

표 2-4 출자 · 출연기관 분류 현황(지방공기업평가원)

	출자기관	출연기관
유형별 분류 현황	출자기관	신용보증재단 지방연구원 문화 · 예술재단 복지재단 여성 · 청소년 평생교육 · 인재육성재단 기업진흥 및 지원재단 기타출연기관

지방공기업평가원의 경영평가 표준모델에서는 출자 · 출연기관을 총 아홉 가지 유형으로 분류하였다. 먼저, 출자기관은 별도로 유형 분류를 하지 않고, 출연기관만 여덟 가지 유형으로 분류하였다.

이 책에서는 출자 · 출연기관을 설립 목적과 유형을 설명하기 위해 지방공기업의 경영평가 분류기준을 토대로 출자 · 출연기관을 분류하였다. 이 책에서 다루는 출자 · 출연기관의 재무와 경영평가와 통일성을 유지하기 위해 지방공기업의 경영평가 분류를 기준으로 하였고, 클린아이(www.cleaneye.go.kr)에 재무자료가 공시된 출자 · 출연기관 및 행정안전부 공기업지원과 현황 발표자료를 대상으로 하였다.[1)]

지방공기업 경영평가기준으로 출자 · 출연기관을 분류한 결과 평생교육 · 인재육성재단에 해당하는 기관이 178개(25%)로 가장 많이 설립되었고, 문화 · 예술재단을 목적으로 설립된 기관 162개(23%), 출자기관

그림 2-4 지방공기업 분류 유형에 따른 기관 수

1) 클린아이(http://cleaneye.go.kr)에는 매년 지방공기업 및 출자 · 출연기관의 재무자료를 공시하고 있으며, 2020년 재무자료가 존재하는 출자 · 출연기관은 총 780개이다.

90개(13%) 순이다. 출연기관은 50%를 넘는 기관이 장학 및 문화를 목적으로 설립되고 있다.

지역별로는 경기도에 가장 많은 수인 120개 기관이 설립 · 운영 중이며, 세종시가 가장 적은 4개 기관만을 설립 · 운영 중이다. 지역별 출자 · 출연기관은 서울을 포함한 특별시 · 광역시보다 도 지역에 더 많이 설립되어 운영 중이다.

그림 2-5 자치단체별 출자 · 출연기관 수 현황

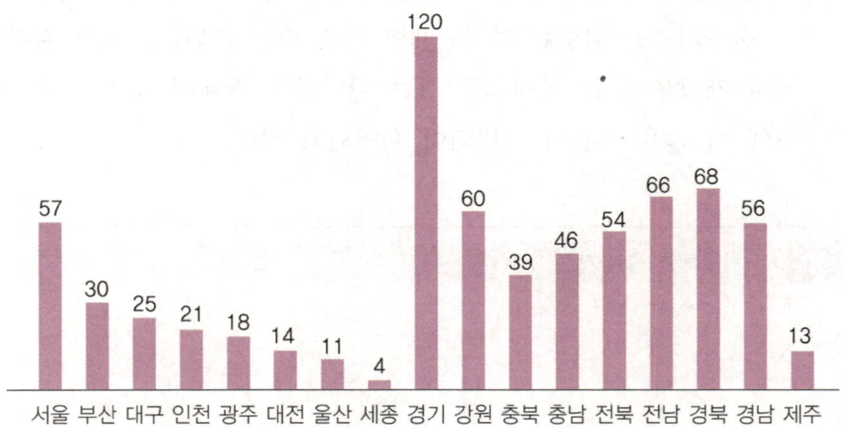

표 2-5 자치단체별 출자 · 출연기관 수

구분	서울	부산	대구	인천	광주	대전	울산	세종	경기	강원	충북	충남	전북	전남	경북	경남	제주
출자기관	3	2	1	4	1			1	13	11	8	2	8	10	9	16	1
출연기관	54	28	24	17	17	14	11	3	107	49	31	44	46	56	59	40	12

각 분류에 해당하는 기관(기업)을 살펴보면 다음과 같다.

1) 출자기관(90개 기관)

출자기관이란 자치단체가 지분의 100분의 10 이상을 출자한 기관이며 공공성이 있어야 하고 큰 규모의 자금이 필요한 사업으로서 안정적인 운영과 효율적인 목표 달성을 위해 설립되는 기관이다. 대부분 상법의 적용을 받는 주식회사 형태이며, 자치단체 출자기관은 대다수가 지역개발을 위해 설립되었다.

출자기관을 설립한 자치단체별 기관 수는 [그림 2-6]과 같다. 주로 지역 개발을 주된 목적으로 하는 산업단지 형태이며, 특·광역시보다 도에 더 많은 기관이 설립되어 운영되고 있다.

그림 2-6 자치단체별 출자기관 수

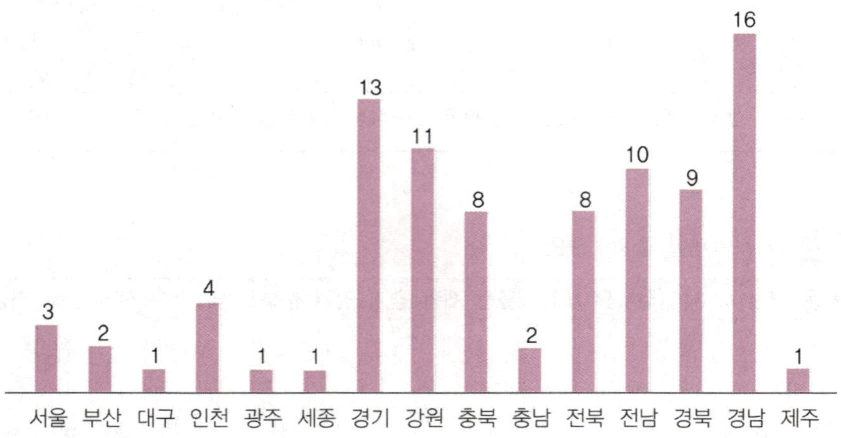

2) 신용보증(16개 기관)

신용보증재단은 자치단체의 소상공인을 대상으로 사업자금 조달에 필요한 신용보증 및 저금리 대출을 지원하며, 창업 및 경영개선과 관련된 컨설팅 및 현장체험을 통해 소상공인의 자생력 강화를 돕는 사업을 추진한다.

그림 2-7 자치단체별 신용보증 관련 기관 현황

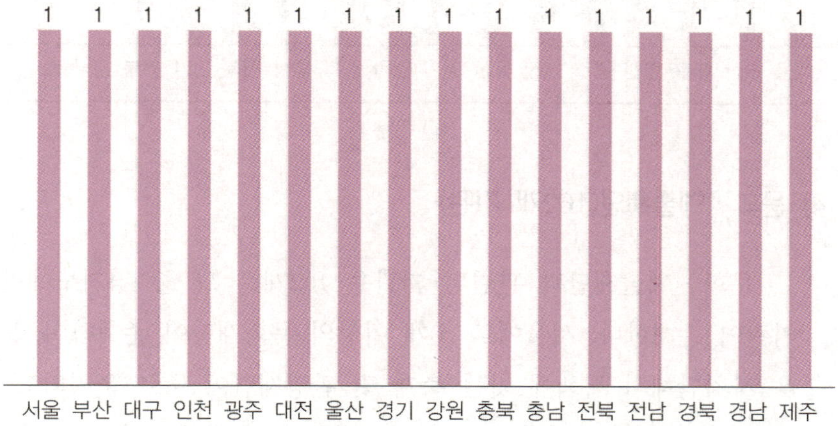

3) 지방연구원(26개 기관)

시정 전반에 관한 중장기 개발계획, 지방행정제도 개선, 지방재정 확충 및 주요 정책과제에 대한 조사 및 연구 등 자치단체와 관련된 연구를 진행하기 위해 설립된 기관이다.

그림 2-8 자치단체별 지방연구원 현황

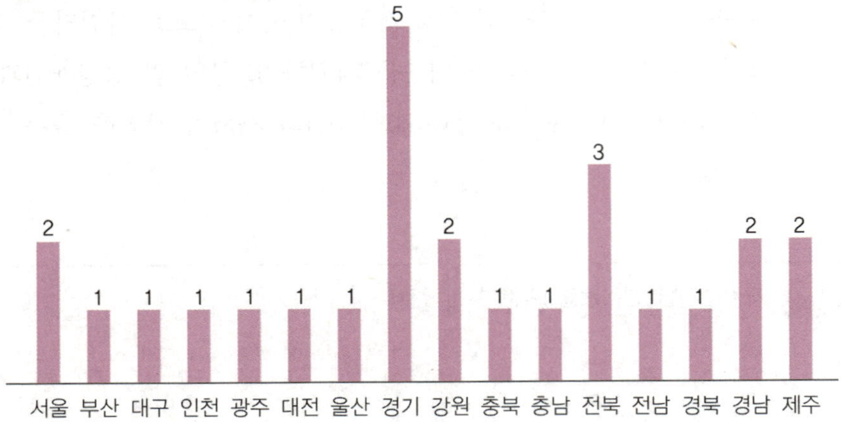

4) 문화 · 예술재단(162개 기관)

문화·예술재단과 관련된 기관은 162개로 그 중 경기도에만 30개 기관이 존재한다. 서울에도 20개 이상의 문화재단이 존재하며, 도의 경우 자치단체의 특색에 맞는 축제 및 관광재단이 주로 운영되고 있다.

해당 분류에 포함하는 기관은 크게 문화의 범주에 속하기 때문에 설립 목적은 유사하다. 문화와 관련된 기관은 대표적으로 세종문화회관이 있으며 예술공연을 목적으로 한다. 수원FC와 같이 체육과 관련된 기관은 자치단체의 출연금을 통해 선수단을 운영하는 기관이며, 부산국제교류재단은 내국인과 외국인의 균형발전을 위해 일자리 창출 등과 관련된 사업을 추진한다.

그림 2-9 자치단체별 문화 · 예술재단 관련 기관 현황

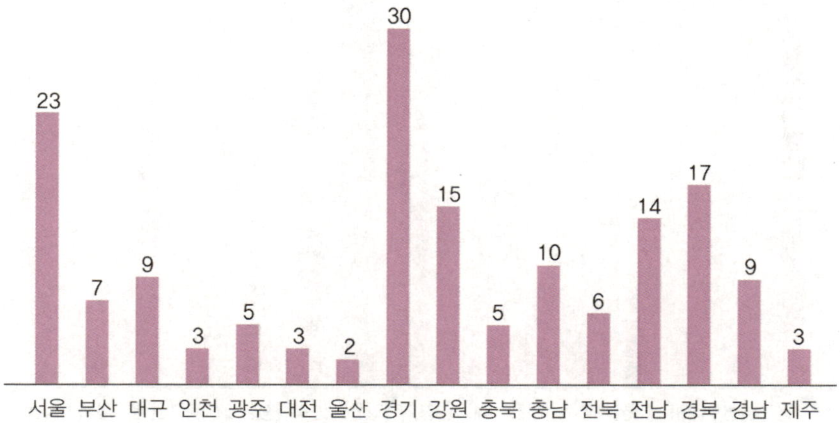

5) 복지 · 자원봉사(46개 기관)

출연기관은 「민법」, 「공익법인의 설립 · 운영에 관한 법률」 또는 개별 법률에 근거하여 지방자치단체가 출연을 통해 설립하고 조례 등에 따라 운영을 지원하는 기관이며, 신용보증, 문화 · 예술진흥, 평생교육 · 장학사업, 의료사업, 복지사업, 지역현안 조사 · 연구 등 다양한 목적으로 설립 · 운영되고 있다.

복지 · 자원봉사와 관련된 기관은 총 46개 기관이며, 서울에 10개, 전남 8개, 경기 7개로 가장 많은 기관이 운영되고 있다. 모두 재단법인이며 해당 자치단체의 출연으로 설립되고, 저소득층 등에게 생계비와 교육을 지원하는 역할 및 자치단체의 주민들에게 복지서비스를 제공하여 삶의 질 향상에 기여를 목적으로 운영 중이다.

그림 2-10 자치단체별 복지·자원봉사 관련 기관 현황

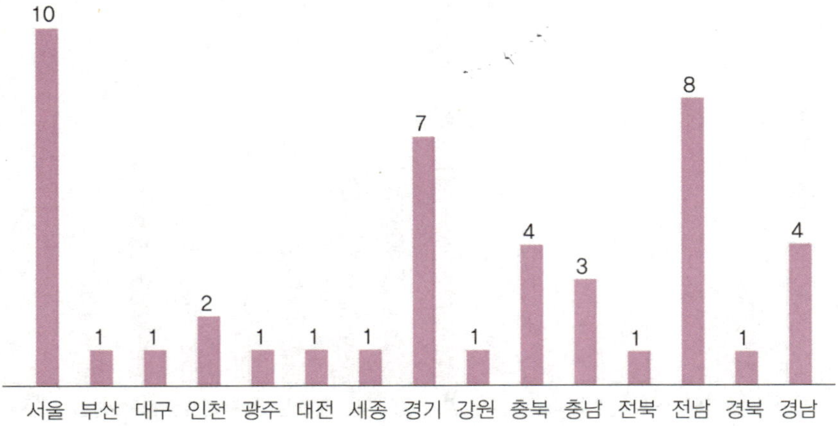

6) 여성 · 청소년(42개 기관)

여성 및 청소년의 지원을 목적으로 설립된 재단이며, 전국에 총 42개의 기관이 설립되어 운영 중이다. 경기도가 19개 기관으로 가장 많이 운영 중이며 대전, 세종을 제외한 자치단체에 1개 이상 설립되어 있다.

여성 및 가족 재단은 여성과 가족을 위한 성평등을 위해 설립되었고, 성평등을 위한 교육, 공연 및 행사를 실시하며 여성활동을 지원한다. 청소년지원재단은 현대사회의 가정 기능 약화와 소득양극화에 따른 학습환경 격차 등으로 인해 증가한 아동·청소년의 문제를 줄이기 위해 아동·청소년에게 복지 및 보호서비스를 제공하는 것을 목적으로 설립되어 운영 중이다.

그림 2-11 자치단체별 여성 · 청소년 관련 기관 현황

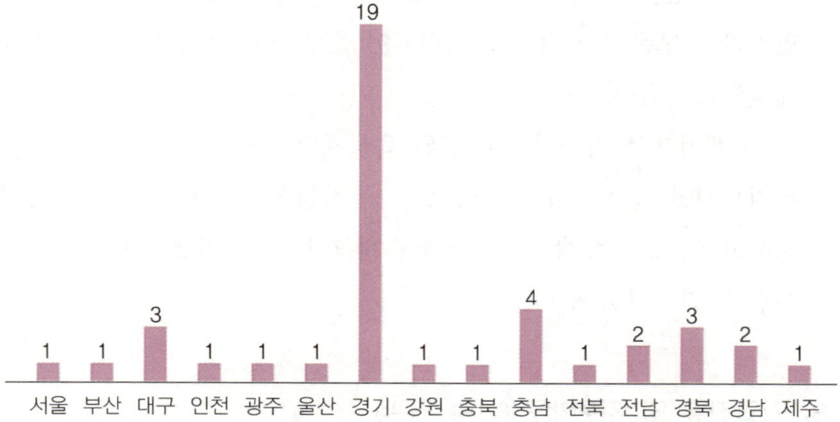

7) 평생교육 · 인재육성재단(178개 기관)

702개 출자 · 출연기관 중 출자기관 90개를 제외하면 출연기관은

그림 2-12 자치단체별 평생교육 · 인재육성재단 관련 기관 현황

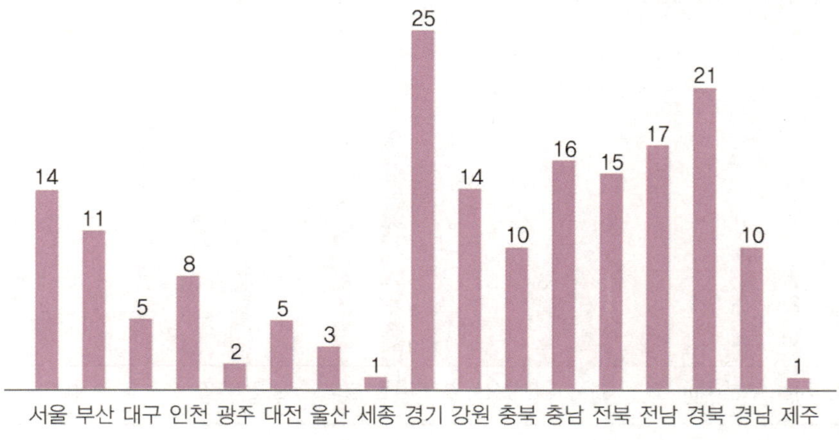

612개이다. 이 중 장학 및 교육과 관련된 기관이 178개로 전체 출연기관의 25%를 차지하고 있다. 장학 및 교육과 관련된 사업을 진행하는 출연기관은 모든 자치단체에 설립되어 운영 중이며 경기도에만 25개 기관에 달하고 있다.

구체적으로 청소년과 관련된 육성재단은 수련관, 문화의 집 및 상담복지센터를 운영하며, 청소년을 직·간접적으로 뒷받침하는 사업을 추진하고 있고, 장학재단은 성적우수학생 또는 특기생에게 장학금을 주는 사업을 진행하고 있다.

8) 기업진흥 및 지원재단(88개 기관)

기업진흥 및 기업 지원과 관련된 사업을 추진하는 출연기관으로 자치단체에 속한 기업에 대한 종합적이고 체계적인 지원사업 및 경영 여건 개선과 경쟁력을 강화시키기 위해 설립된 진흥원과 자치단체의 상권

그림 2-13 기업진흥 및 지원재단 관련 기관 현황

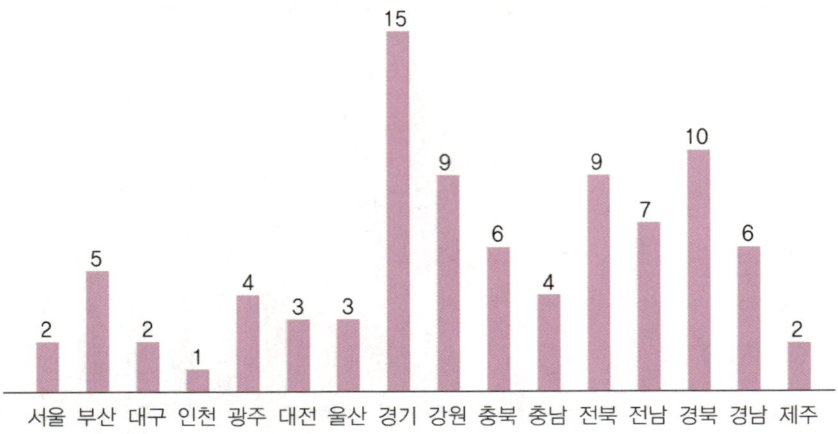

활성화를 위해 설립된 상권 활성화 재단 등이다.

테크노파크는 지역산업의 기술 고도화를 통한 지역경제 활성화를 하기 위해 설립된 기관으로, 지역의 기술과 산업을 혁신·융합하고, 인재 양성, 일자리 창출에 기여하는 사업을 추진한다.

9) 기타(54개 기관)

해당 자치단체 주민의 의료비 부담을 줄이고, 예방접종사업, 진료봉사단을 운영하며, 지역사회 발전에 기여하기 위해 설립된 자치단체 산하 의료원과 그 외 환경, 농어촌, 식품 등 위의 분류에 속하지 않는 출자·출연기관들이 기타로 분류된다.

그림 2-14 자치단체별 의료원 및 기타 기관 현황

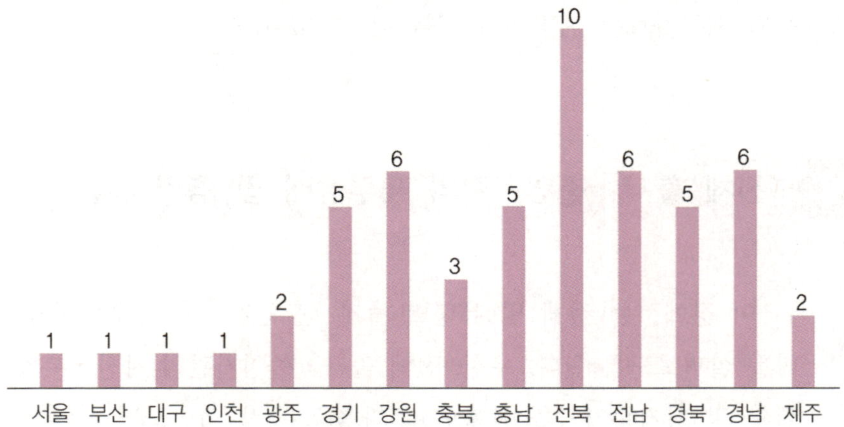

제3장

지방자치단체 출자·출연기관의 재무상태 및 경영성과

출자·출연기관은 민간기업과 마찬가지로 매해 재무상태표와 손익계산서를 작성하고 각 홈페이지에 공시하고 있다. 또한 지방재정365 (http://lofin.mois.go.kr)에 이들 자료를 종합적으로 공시한다. 분석에 사용된 재무자료는 지방재정365를 활용하였다.1)

제 1 절 전체 출자·출연기관의 재무상태 및 경영성과

이 장에서는 전체 및 유형별 출자·출연기관과 재무상태와 경영성과를 살펴보도록 한다. 우선, 전체 출자·출연기관의 자산·부채·자본 현황 및 당기순이익을 살펴보고, 다음으로 각 시·도별, 출자·출연기관 유형별 및 연도별 재무상태와 당기순이익, 부채비율 추세를 살펴본

1) 제2장의 출자·출연기관의 분류와 동일한 재무자료를 사용하였다. 제2장에서 분류한 출자·출연기관의 수는 총 645개이다. 지방재정365에서 제공하는 재무자료 중 대차(자산=부채+자본)가 서로 일치하지 않는 기관이 다수 존재하였고, 이 장의 재무에서는 대차(자산=부채+자본)가 일치하지 않는 기업은 분석에 포함시키지 않았다.

다. 가장 최근의 재무 현황을 살펴보기 위해, 우선 2019년 말 기준 광역자치단체별 출자·출연기관의 자산·부채·자본 현황과 당기순이익을 살펴본다.

1 재무상태

전체 출자·출연기관의 자산 현황을 확인해보면, 출자·출연기관의 총자산은 20조 원에 이른다. 출자·출연기관 수가 가장 많은 경기도가 3.88조 원으로 가장 많은 자산을 보유하고 있다. 경상남도는 출연기관의 수가 적은 편임에도 출자기관 수가 전국적으로도 가장 많은 광역자치단체이기 때문에, 경기도 다음으로 많은 자산을 보유하고 있는 것으로 보인다. 일반적으로 영리를 목적으로 민간자본과 합작하여 설립한 출자기관이 비영리 목적을 위해 설립된 출연기관에 비해 자산이 많다는

그림 3-1 2019년 자치단체별 출자·출연기관 자산 현황

(단위: 억 원)

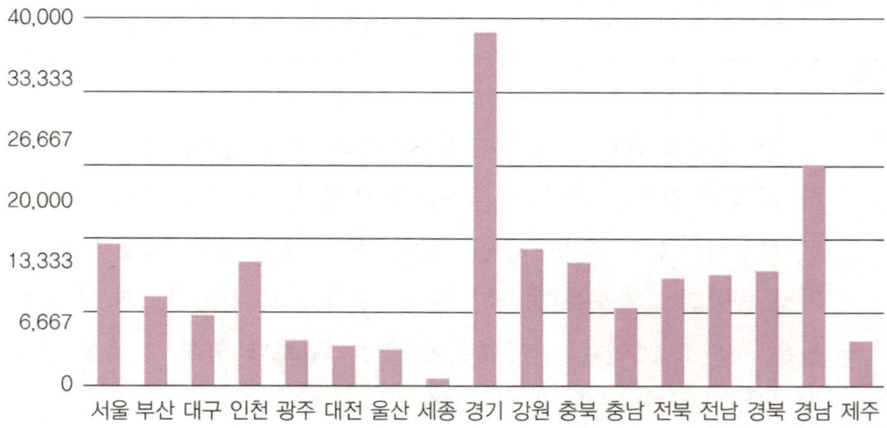

것을 자산 현황을 통해서 파악해 볼 수 있다.

각 광역자치단체별 출자 · 출연기관의 자본 현황은 [그림 3-2]와 다음과 같다. 자본도 자산과 동일하게 출자 · 출연기관의 수가 가장 많은 경기도가 2.4조 원으로 가장 높은 것으로 나타났다. 하지만, 자산과의 차이점이 있다면, 경상남도의 자본이 타 광역자치단체에 비해 큰 편이 아니라는 점이다.

그림 3-2 2019년 자치단체별 출자 · 출연기관의 자본 현황

(단위: 억 원)

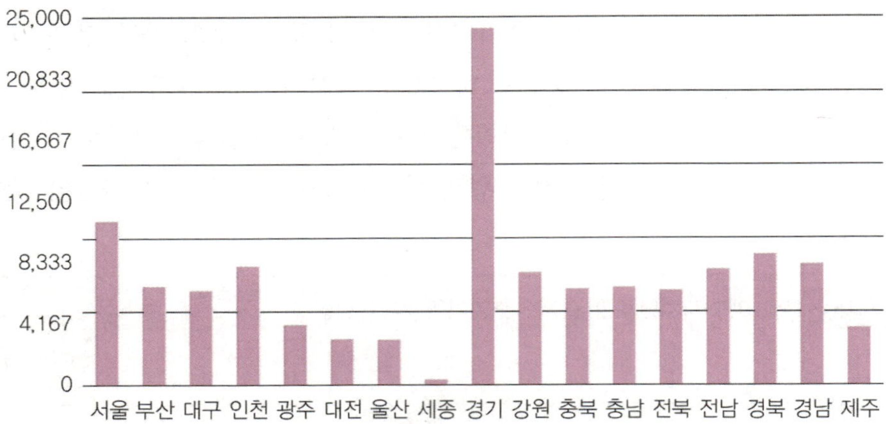

각 광역자치단체별 출자 · 출연기관의 부채 현황은 [그림 3-3]과 같다. 부채의 경우는 자산, 자본과는 다르게 자치단체별 차이가 많은 것으로 보인다. 특히, 출자 · 출연기관의 수가 가장 많아 자산과 자본 모두 가장 높았던 경기도보다 출자기관의 수가 많은 경상남도의 부채가 가장 높은 것으로 보인다. 출자기관이 출연기관보다 규모 경제를 추구하는 특성상, 부채가 높은 것으로 보인다.

그림 3-3 2019년 자치단체별 출자 · 출연기관의 부채 현황

(단위: 억 원)

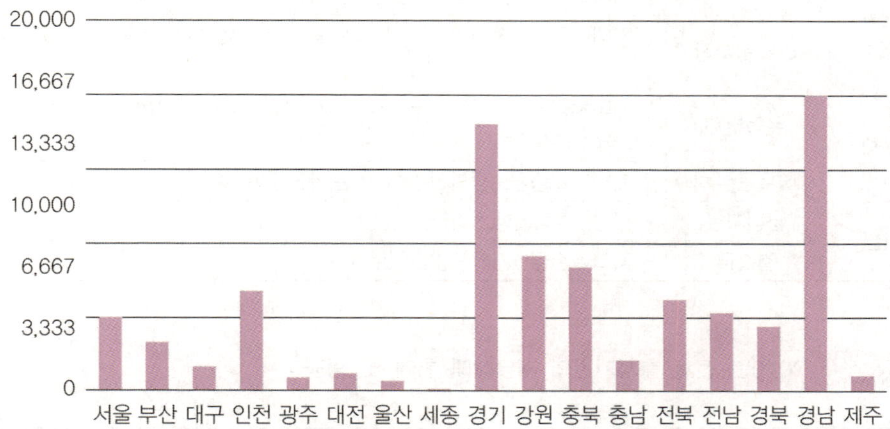

제 2 절 출자기관의 재무상태 및 경영성과

1 재무상태

출자기관의 재무상태표는 자산, 부채, 자본으로 구성되어 있다. 자산과 부채는 1년을 기준으로 유동, 비유동으로 나뉘며, 각 기관의 분류별 계정과목은 거의 유사하다.

출자기관은 영리 목적으로 설립되었기 때문에, 지방자치단체와 민간자본을 합자하여 설립한 만큼 출연기관에 비해 일반적으로 자산 · 부채 · 자본이 높은 편이다. 전체 출자기관의 경우 평균 자산이 575.3억 원, 부채가 410.6억 원, 자본이 164.8억 원인 것을 확인할 수 있다.

표 3-1 출자기관 재무상태표 계정과목

자산2)	유동자산	현금 및 현금성자산, 단기대여금, 단기금융상품, 매출채권, 단기미수금, 단기미수수익, 당기법인세자산, 단기선급금, 단기선급비용
	비유동자산	장기대여금, 종속기업·관계기업 및 공동기업투자, 유형자산, 무형자산, 장기선급비용
부채	유동부채	단기미지급금, 단기미지급비용, 단기임대보증금, 단기선수금, 단기선수수익, 단기예수금
	비유동부채	장기임대보증금, 장기선수수익, 순확정급여부채
자본	납입자본	자본금, 주식발행초과금
	결손금	미처리결손금, 기타포괄손익누계액

표 3-2 2019년 전체 출자기관의 재무상태 총계 및 평균

(단위: 억 원)

	기관 수	합 계			평 균		
		자산	부채	자본	자산	부채	자본
출자기관	97	59,130	45,595	13,535	609.6	470.1	139.5

2 경영성과

출자기관의 경영성과를 살펴보면, 뒤에서 살펴볼 대부분의 출연기관들에 비해 당기순이익 평균이 큰 것을 확인할 수 있다. 출연기관은 지방자치단체의 출연금으로 출자되기 때문에 공공성을 중시하는 반면, 출자기관은 출자자에게 출자금을 지원받아 영리 목적으로 설립되었기 때문에 당기순이익을 비롯한 경영성과에 집중하여 출연기관보다 높은 당기순이익을 달성한 것으로 해석할 수 있다.

2) 재무상태표의 경우 기관별로 서로 유사하기 때문에 종류를 제시하고 있지만, 손익계산서는 같은 유형의 기관에 해당하여도 서로 상이하기 때문에 계정과목을 표로 제시하지 않았다.

표 3-3 2019년 전체 출자기관의 경영성과

(단위: 억 원)

	기관수	합 계					평 균				
		영업수익	영업비용	영업외수익	영업외비용	당기순이익	영업수익	영업비용	영업외수익	영업외비용	당기순이익
출자기관	97	11,889.7	11,171.4	552.2	803.1	388.8	122.6	115.2	5.7	8.3	4.0

그림 3-4 출자기관의 재무상태 추세

(단위: 억 원)

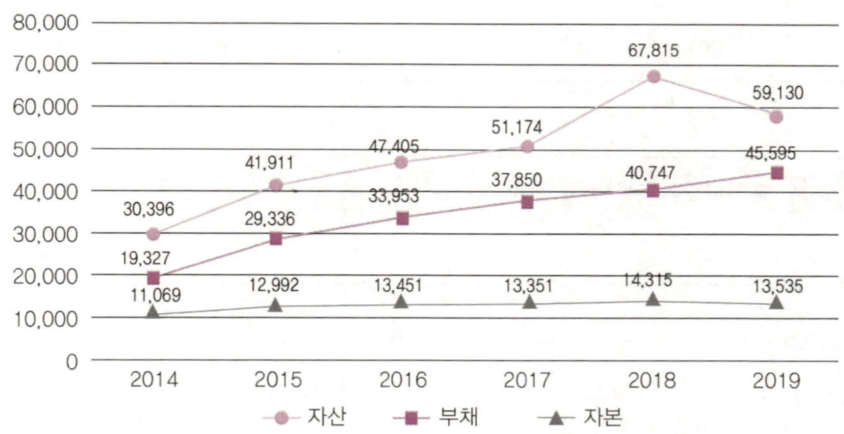

최근 6년 간 출자기관의 재무상태 추세를 살펴보면, 출자기관의 수가 지속적으로 증가함에 따라 자산과 부채가 이에 비례하여 증가하고 있음을 확인해볼 수 있다. 다만, 자본의 경우 증가 추세를 보이다가 2019년 들어 약간 감소하였다. 당기순이익 추세를 살펴보면 2016년부터 2018년까지는 하락세를 보이다가, 2019년 들어서 다시 증가한 것을 확인할 수 있다.

그림 3-5 출자기관의 당기순이익 추세

(단위: 억 원)

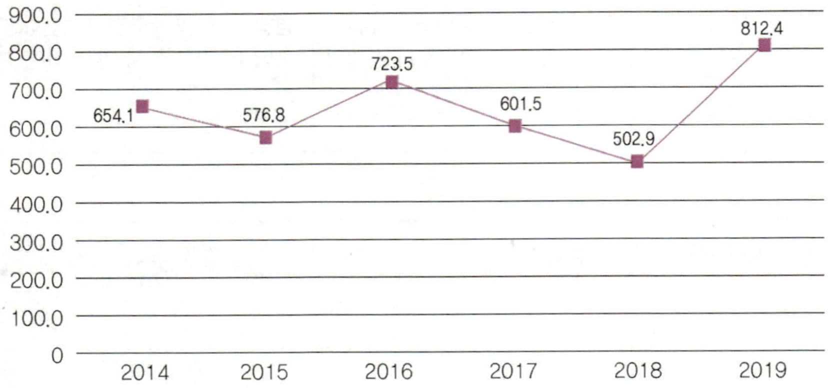

그림 3-6 출자기관의 부채비율 추세

(단위: %)

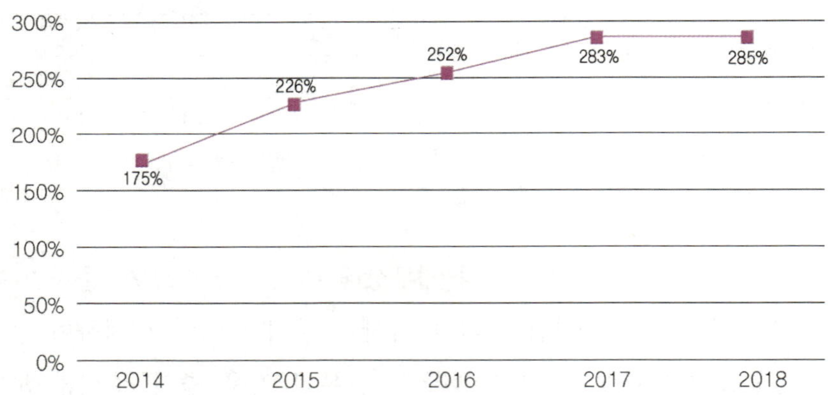

제 3 절 신용보증재단 재무

출연기관의 경우 앞의 분류와 같이 신용보증재단, 지방연구원, 문화·예술기관, 복지·자원봉사기관, 여성·청소년기관, 평생교육·인재육성기관, 기업진흥 및 지원재단, 의료원, 기타 출연기관 순으로 재무상태와 경영성과, 부채비율을 살펴본다.

1 재무상태

신용보증재단은 소상공인의 사업자금 조달을 위한 신용보증, 저금리 대출을 지원하고 있다. 재무상태를 살펴보면 자산 평균이 2,266억 원, 부채 평균이 355억 원, 자본 평균이 1,691억 원으로 기관의 특성상 타 출연기관에 비해 많은 자산, 부채, 자본을 보유하고 있다. 신용보증재단의 재무상태표 계정과목에서는 구상채권[3]같은 특수한 자산 항목과 학자금대여금, 생활안정자금대여금과 같은 신용보증재단의 특징을 보여주는 계정과목들을 확인해 볼 수 있다.

표 3-4 신용보증재단의 재무상태 총계 및 평균

(단위: 억 원)

	기관 수	합 계			평 균		
		자산	부채	자본	자산	부채	자본
신용보증	16	36,257.3	5,678.8	27,050	2,266.1	354.9	1,690.6

3) 신용보증기금이 기업체의 부실 채무를 대신해 채권자에게 갚아줌에 따라 그 기업체와 보증인 등으로부터 신용보증기금이 회수해야 하는 채권(출처: 한경닷컴).

표 3-5 신용보증재단의 재무상태표 계정과목

<table>
<tr><td rowspan="7">자산*</td><td rowspan="3">유동자산</td><td>예치금</td><td colspan="2">요구불예금, 정기예금</td></tr>
<tr><td>기타의 유동자산</td><td colspan="2">미지급금, 공탁금, 미수금, 신용카드미수금, 미수수익, 선급비용, 미수법인세환급액</td></tr>
<tr><td>구상자산</td><td colspan="2">구상채권, 구상채권상각충당금, 재보증손실보전금</td></tr>
<tr><td rowspan="4">비유동자산</td><td>투자자산</td><td colspan="2">만기보유증권</td></tr>
<tr><td>유형자산</td><td colspan="2">업무용비품, 업무용차량</td></tr>
<tr><td>무형자산</td><td colspan="2">개발비</td></tr>
<tr><td>기타비유동자산</td><td colspan="2">보증금, 학자금대여금, 생활안정자금대여금</td></tr>
<tr><td rowspan="2">부채</td><td>유동부채</td><td colspan="3">미지급금, 제수입보증금, 예수금, 선수금, 선수수익, 미환급보증료</td></tr>
<tr><td>비유동부채</td><td colspan="3">대위변제준비금, 퇴직급여충당부채</td></tr>
<tr><td rowspan="3">자본</td><td rowspan="2">기본재산</td><td colspan="2">설립 시 기본재산</td><td>정부출연금, 지방자치단체출연금, 금융기관출연금, 기타출연금</td></tr>
<tr><td colspan="2">출연금</td><td>정부출연금, 지방자치단체출연금, 금융기관출연금, 기타출연금</td></tr>
<tr><td>결손금</td><td colspan="3">미처리결손금</td></tr>
</table>

* 인천신용보증재단.

2 경영성과

신용보증재단의 경영성과를 살펴보면, 각 기관 평균 89억 원의 당기순손실이 발생하고 있는 것을 확인할 수 있다. 이는 영리 목적의 사업을 하기보다는, 자치단체 내의 소상공인을 대상으로 사업자금 조달에 필요한 신용보증 및 저금리대출사업을 하고 있는 신용보증재단의 특징이 드러나는 것으로 해석할 수 있다.

표 3-6 신용보증재단의 경영성과

(단위: 억 원)

	기관수	합 계					평 균				
		영업 수익	영업 비용	영업외 수익	영업외 비용	당기 순이익	영업 수익	영업 비용	영업외 수익	영업외 비용	당기 순이익
신용보증	16	2,867.9	4,543.0	319.7	86.0	−1,423.9	179.2	283.9	20.0	5.4	−89.0

그림 3-7 신용보증재단의 재무상태 추세

(단위: 억 원)

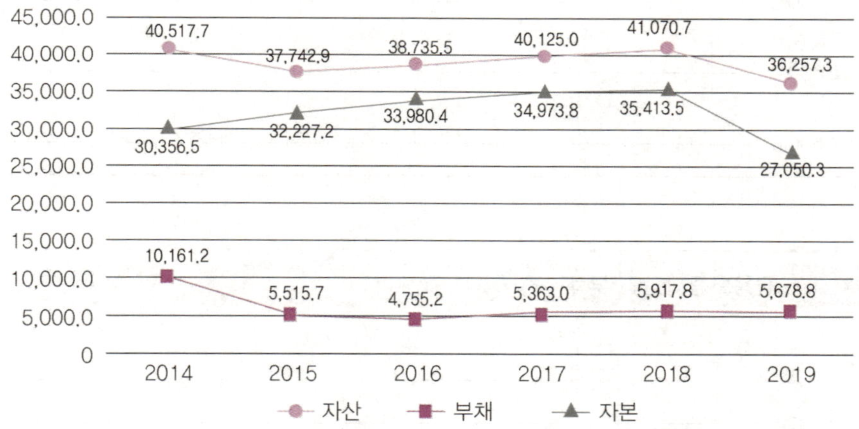

신용보증재단의 자산과 자본은 2016년부터 증가 추세를 보이고 있었으나, 2019년에 감소하였다. 신용보증재단의 당기순이익 추세 중 주목할 만한 부분은 2018년에 급격한 당기순이익의 감소가 있었는데, 이는 특정 신용보증재단의 충당금 계산산식의 변경이 주된 원인으로 밝혀졌다.

부채비율을 보면, 2014년 33.5%에서 2016년에는 14%까지 급락을 한 이후, 2018년에는 16.7%까지 다소 증가하였다. 이는 당기순손실 규모가 커짐에 따라 2016년 이후 부채비율이 다소 증가한 것으로 보인다.

그림 3-8 신용보증재단의 당기순이익 추세

(단위: 억 원)

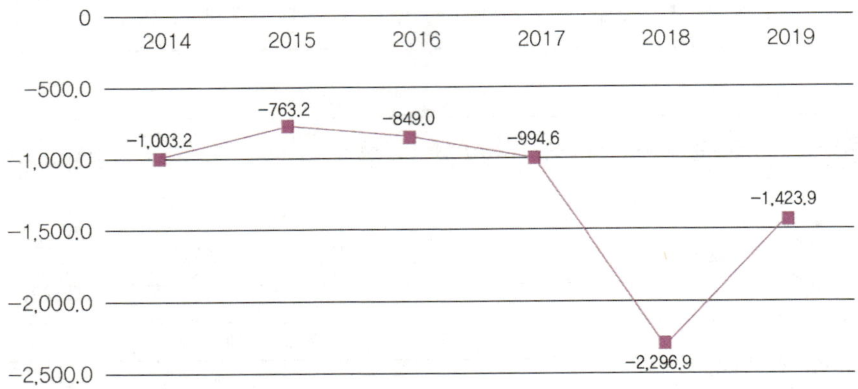

그림 3-9 신용보증재단의 부채비율 추세

(단위: %)

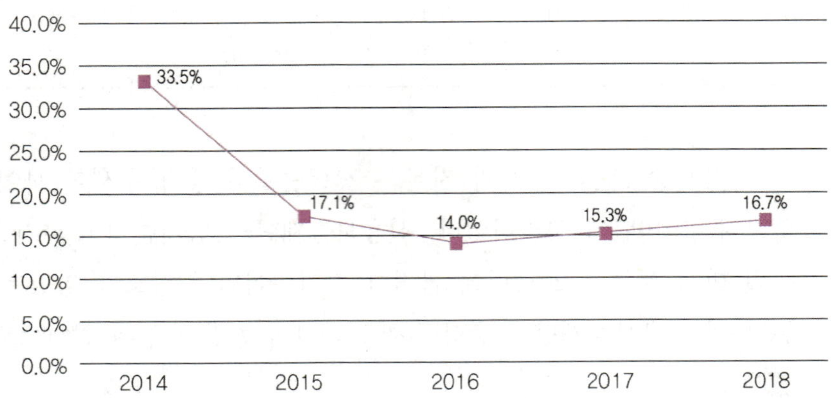

제 4 절 지방연구원 재무

1 재무상태

연구원기관에서 타 출자 · 출연기관과 구분되는 계정과목은 문화재센터조사장비이다. 연구원기관의 특성상 지방자치단체에 관련된 연구를 진행하는데, 예시의 울산발전연구원의 경우 자치단체의 문화재를 조사하는 데 필요한 장비를 구매해 유형자산에 포함시킨 것으로 보인다. 이를 통해 연구기관에서 해당 자치단체의 요청에 따라 자치단체에 관련된 연구를 진행하고 있다는 사실을 확인할 수 있었으며, 각 기관과 자치단체의 특성에 따라 연구 장비에는 차이가 있을 것으로 보인다.

표 3-7 연구원기관의 재무상태표 계정과목

자산*	유동자산	당좌자산	현금 및 현금성자산, 단기금융상품, 선급법인세
	비유동자산	유형자산	토지, 건물, 차량운반구, 비품, 시설장치, 문화재센터조사장비, 소프트웨어
		기타비유동자산	임차보증금
부채	유동부채	예수금, 부가세예수금, 단기차입금, 미지급이자, 미지급비용	
자본	자본금	출연금	
	이익잉여금	미처분 이익잉여금	

* 울산발전연구원.

표 3-8 연구원기관의 재무상태 총계 및 평균

(단위: 억 원)

	기관 수	합 계			평 균		
		자산	부채	자본	자산	부채	자본
지방연구원	28	5,575.1	1,610.2	3,915.8	199.1	57.5	139.9

2 경영성과

연구원기관은 시정 전반에 대한 중장기 개발계획, 지방행정제도 개선, 주요 정책과제에 대한 조사 및 연구를 진행한다. 연구원기관은 지방자치단체 운영보조금 수입과 수탁용역수입이 주된 수입원으로 대부분의 영업 수익을 얻고 있다.

표 3-9 연구원기관의 경영성과

(단위: 억 원)

	기관수	합 계					평 균				
		영업수익	영업비용	영업외수익	영업외비용	당기순이익	영업수익	영업비용	영업외수익	영업외비용	당기순이익
지방연구원	28	2,238.7	2,336.2	187.9	54.0	34.6	80.0	83.4	6.7	1.9	1.2

그림 3-10 연구원기관의 재무상태 추세

(단위: 억 원)

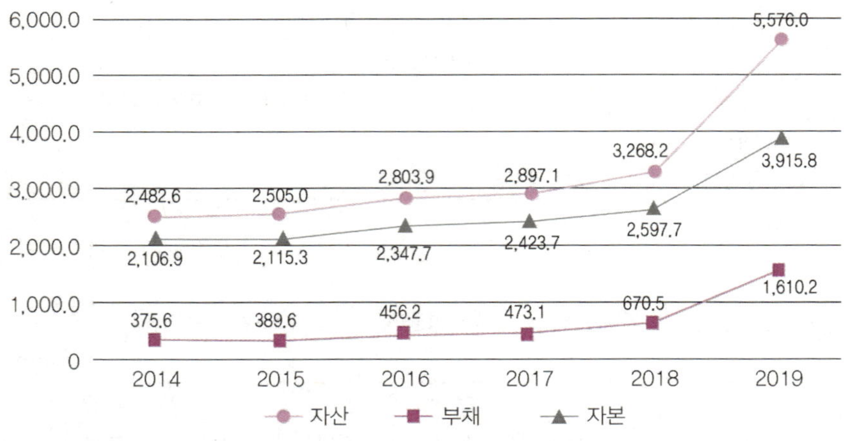

그림 3-11 연구원기관의 당기순이익 추세

(단위: 억 원)

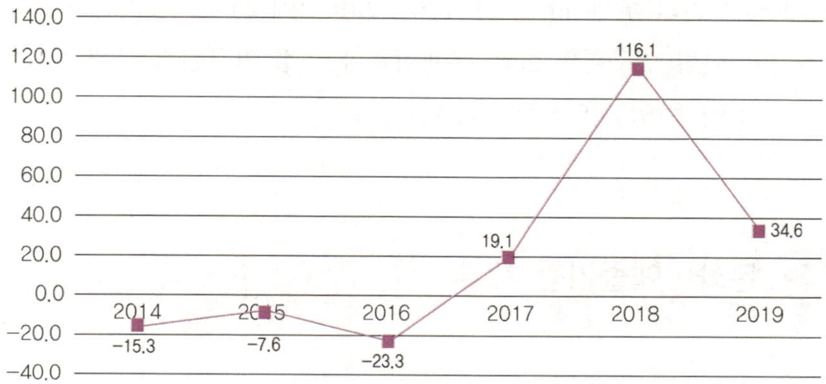

그림 3-12 연구원기관의 부채비율 추세

(단위: %)

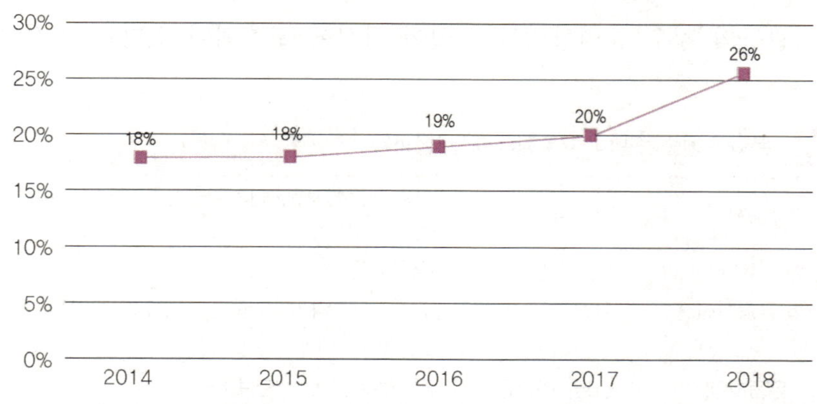

연구원기관 수가 지속적으로 증가함에 따라 연구원의 자산, 부채, 자본이 이에 비례하여 지속적으로 증가하고 있는 추세를 보이고 있다. 연구원은 2017년부터 당기순손실에서 당기순이익으로 전환되며 경영성

과가 개선되었으나, 2019년에는 다소 감소하여 34.6억 원의 당기순이익이 발생하였다. 부채비율을 살펴보면, 2014년부터 2017년까지는 18~20% 수준의 부채비율을 보이다가 2018년에 26%로 증가한다. 그 이유는 신규 설립 연구원의 높은 부채비율과 특정 연구원의 부채가 대폭 증가한 것이 주요 원인으로 보인다.

제 5 절 문화·예술기관 재무

1 재무상태

문화·예술기관은 주로 지역의 예술공연을 목적으로 하는 기관들과 축제와 관광을 담당하는 기관들로 구성되어 있다. 공연을 담당하는 기관들의 경우 공연장비와 시설이 자산에 포함되어 있다는 특징이 있다.

표 3-10 문화·예술기관의 재무상태표 계정과목

자산*	유동자산	당좌자산	현금 및 현금성자산, 단기금융상품, 미수금, 미수수익, 선급비용, 선급법인세
	비유동자산	투자자산	장기금융상품
		유형자산	시설장치, 연주악기, 차량운반구, 공연장비, 비품
		무형자산	소프트웨어
부채	유동부채	미지급금, 예수금, 선수금, 선수수익, 반환보조금	
	비유동부채	퇴직급여충당부채, 퇴직연금운용자산	
자본	기본재산	출연금	
	보통재산	후원기금적립금, 처분전보통재산	

* 고양문화재단의 예.

표 3-11 문화·예술기관의 재무상태 총계 및 평균

(단위: 억 원)

	기관 수	합 계			평 균		
		자산	부채	자본	자산	부채	자본
문화·예술재단	189	17,082.5	2,396.4	13,759.1	90.4	12.7	72.8

2 경영성과

문화·예술기관의 경영성과를 살펴보면, 평균 당기순이익이 1.3억 원인 것을 확인할 수 있다. 문화·예술기관의 주요 수익은 보조금수입, 입장료수입, 전시료수입, 대관료수입 등이 있으며, 사업비용으로 행사원가를 지출한다.

문화·예술기관을 살펴보면, 2016년에 자산과 부채가 약간 감소했던 것과, 2019년에 자본이 약간 감소한 것을 제외하면 지속적으로 기관 수가 증가하는 추세에 비례하여 꾸준히 자산과 자본이 증가하는 추세를 보이고 있다. 당기순이익 추세를 살펴보면, 2016년까지 당기순손실이 발생하다가 2017년부터 당기순이익이 발생하며 경영성과가 점차 개선되고 있는 것을 확인할 수 있다.

표 3-12 문화·예술기관의 경영성과

(단위: 억 원)

	기관 수	합 계					평 균				
		영업 수익	영업 비용	영업외 수익	영업외 비용	당기 순이익	영업 수익	영업 비용	영업외 수익	영업외 비용	당기 순이익
문화·예술재단	189	17,609.1	18,014.1	997.3	321.6	252.1	93.2	95.3	5.3	1.7	1.3

그림 3-13 문화·예술기관의 재무상태 추세

(단위: 억 원)

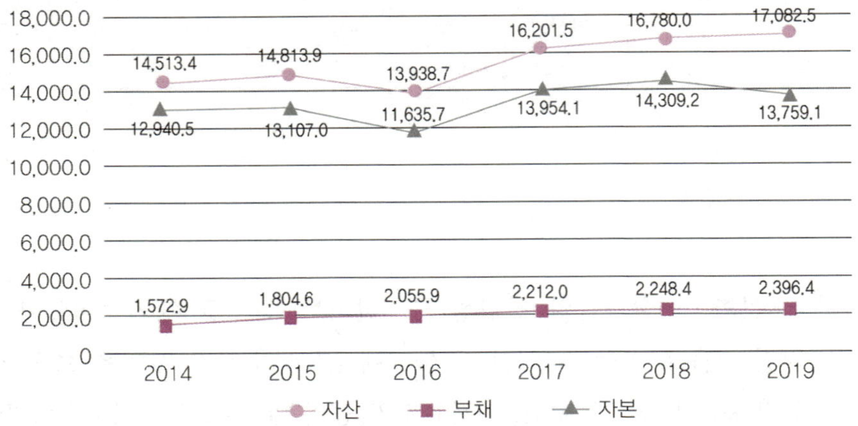

그림 3-14 문화·예술기관의 당기순이익 추세

(단위: 억 원)

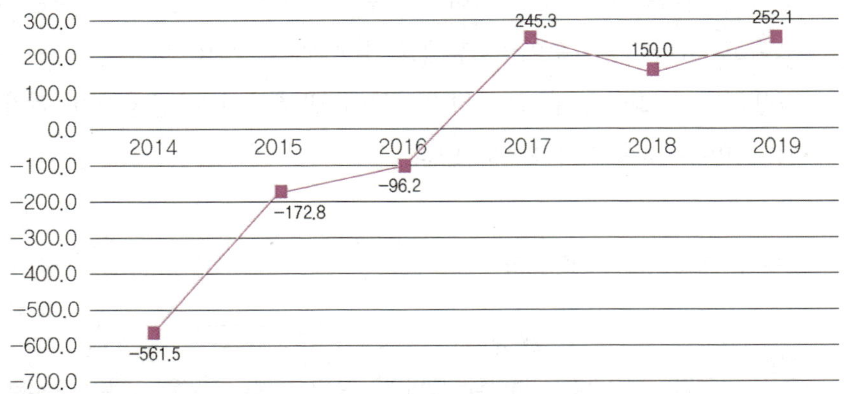

부채비율 추세를 살펴보면 2014년 14%에서 2016년 18%까지 증가한 뒤, 2016년부터 2018년까지 16~18% 수준을 유지하는 추세이다. 그 중

그림 3-15 문화·예술기관의 부채비율 추세

(단위: %)

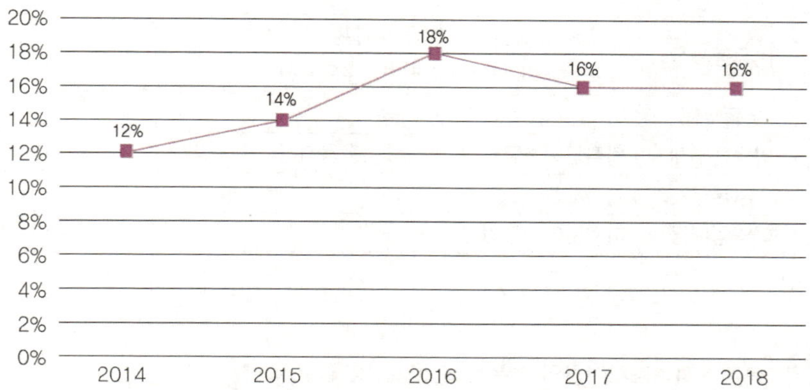

비교적 큰 폭으로 부채비율 증가가 있었던 2016년에는 문화·예술기관의 수가 증가함에 따라 부채가 증가하였다. 반면에, 기존 기관들의 자본이 감소했기 때문에 부채비율이 증가하였다.

제 6 절 복지·자원봉사기관 재무

1 재무상태

복지·자원봉사기관은 기관의 특성상 타 출자·출연기관과 다르게 기관의 성격을 보여주는 계정과목은 확인할 수 없다는 특징이 있다. 또한 재무상태를 살펴보면, 타 출자·출연기관들에 비해 자산, 자본 대비 부채비율이 높은 것을 확인할 수 있다.

표 3-13 복지·자원봉사기관의 재무상태표 계정과목

자산*	유동자산	당좌자산	현금 및 현금성자산, 단기투자자산, 미수수익, 미수금, 선납세금
	비유동자산	유형자산	비품, 시설장치
		기타비유동자산	퇴직연금운용자산
부채	유동부채	미지급금, 예수금, 선수금	
	비유동부채	퇴직급여충당부채, 퇴직연금운용자산	
자본	자본금	기본재산	
	이익잉여금	미처분이익잉여금	

* 경기복지재단.

표 3-14 복지·자원봉사기관의 재무상태 총계 및 평균

(단위: 억 원)

	기관 수	합 계			평 균		
		자산	부채	자본	자산	부채	자본
복지재단	53	3,781.8	1,721.6	2,060.1	71.4	32.5	38.9

2 경영성과

복지·자원봉사기관은 주로 자치단체의 복지·자원봉사사업을 수행하기 위한 목적으로 설립된다. 복지·자원봉사기관의 주요 수익은 보조금수익과 기부금수익, 용역수익으로 구성된다. 특히, 복지기관의 특성상

표 3-15 복지·자원봉사기관의 경영성과

(단위: 억 원)

	기관 수	합 계					평 균				
		영업 수익	영업 비용	영업외 수익	영업외 비용	당기 순이익	영업 수익	영업 비용	영업외 수익	영업외 비용	당기 순이익
복지재단	53	2,087.0	2,182.3	283.1	30.3	157.1	42.6	44.5	5.8	0.6	3.0

기부금수익의 비중이 높은 편이다. 영업비용은 복지사업 수행비용, 관리비, 모금비용 등으로 사용된다.

그림 3-16 복지·자원봉사기관 재무상태 추세

(단위: 억 원)

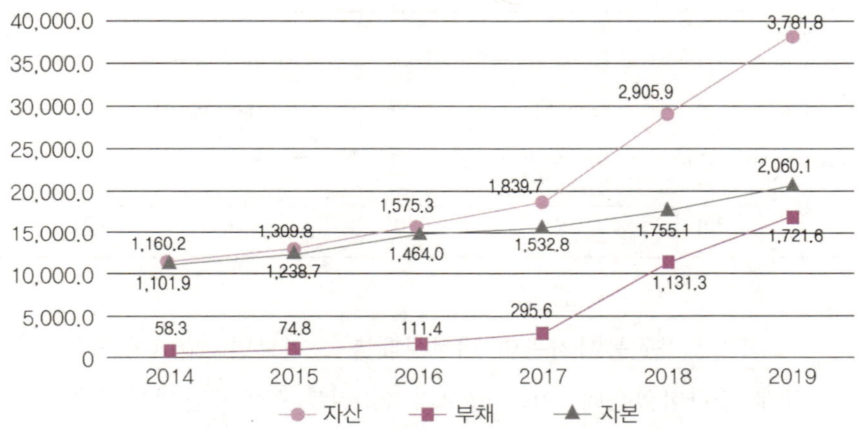

그림 3-17 복지·자원봉사기관 당기순이익 추세

(단위: 억 원)

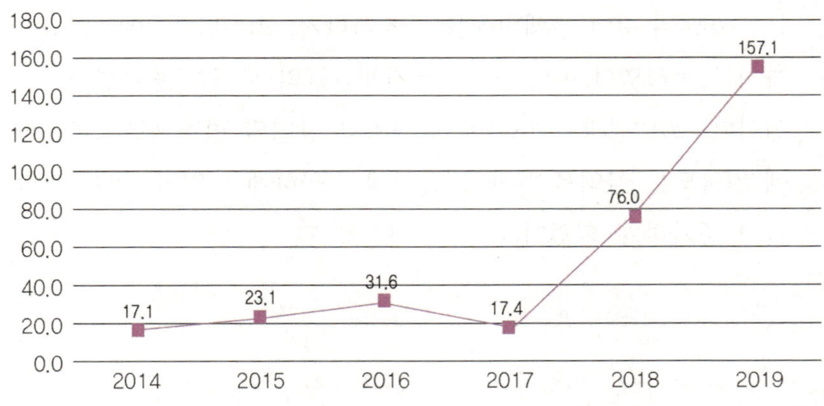

그림 3-18 복지·자원봉사기관 부채비율 추세

(단위: %)

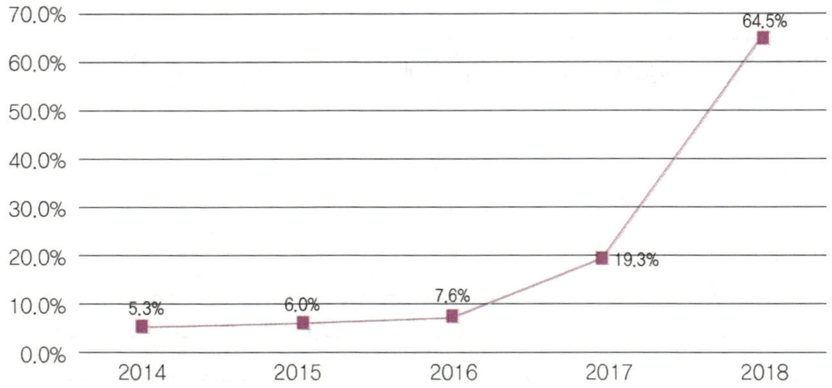

복지·자원봉사기관의 재무상태를 살펴보면, 2018년 부채와 자산이 크게 증가하였는데, 이는 규모가 큰 일부 복지재단에서 수행하던 청년통장사업의 회계처리 방법의 변화에 따라 자산과 부채를 일시에 인식했기 때문이다. 당기순이익 추세를 살펴보면, 2018년과 2019년에는 일부 기관들의 당기순이익이 크게 증가하면서 전반적으로 당기순이익이 증가한 것으로 확인되었다. 부채비율을 살펴보면, 2014년부터 2016년까지는 5~8% 수준의 부채비율을 유지하다가, 2017년에 19%, 2018년에 64%까지 급등하였다. 이는 몇몇 복지재단들의 부채가 증가한 것이 주된 원인이다. 2017년과 2018년에 회계처리 방법의 변경으로 인해 특정 사업에 지출되는 금액을 부채로 일시에 인식하게 되었고, 이에 따라 부채비율이 증가하게 되었다.

제 7 절 여성·청소년기관 재무

1 재무상태

여성·청소년기관도 계정과목을 확인해보면, 복지·자원봉사기관과 유사하게 기관 내 특정 사업을 위해 사용되는 물품이 포함되어 있지 않은 것을 볼 수 있다. 여성·청소년기관의 재무상태 특징은 평균 자산과 부채, 자본이 모두 다른 기관 유형에 비해 상당히 적은 편이라는 점이다. 타 유형 기관들이 고유목적사업을 위해 필요한 설비자산, 금융자산 등을 보유한 것과 다르게 여성·청소년기관에서는 별도의 설비자산이나 금융자산을 필요로 하지 않기 때문에 이러한 성향을 가진 것으로 보인다.

표 3-16 여성·청소년기관의 재무상태표 계정과목

<table>
<tr><td rowspan="4">자산*</td><td>유동자산</td><td>당좌자산</td><td>현금 및 현금성자산, 미수금, 선급비용, 선납세금</td></tr>
<tr><td rowspan="3">비유동자산</td><td>투자자산</td><td>비상운영기금</td></tr>
<tr><td>유형자산</td><td>시설장치, 차량운반구, 집기비품</td></tr>
<tr><td>무형자산</td><td>소프트웨어</td></tr>
<tr><td rowspan="2">부채</td><td>유동부채</td><td colspan="2">미지급금, 예수금, 부가세예수금, 보증금, 선수금</td></tr>
<tr><td>비유동부채</td><td colspan="2">퇴직급여충당부채, 퇴직연금운용자산</td></tr>
<tr><td rowspan="2">자본</td><td>기본재산</td><td colspan="2">기본재산</td></tr>
<tr><td>이익잉여금</td><td colspan="2">고유목적사업준비금, 비상운영준비금, 미처분이익잉여금</td></tr>
</table>

* 한국여성수련원.

표 3-17 여성 · 청소년기관의 재무상태 총계 및 평균

(단위: 억 원)

	기관 수	합 계			평 균		
		자산	부채	자본	자산	부채	자본
여성 · 청소년	48	859.7	248.9	610.8	17.9	5.2	10.0

2 경영성과

여성 · 청소년기관은 여성과 가족을 위한 성평등을 위해 설립되었으며, 주로 자치단체 출연금으로 운영되며 수강료, 관리사업수입 등을 수익사업으로 수행하고 있다.

여성 · 청소년기관의 재무상태 추세를 살펴보면, 기관 수의 증가에 따라 자산과 자본, 부채가 꾸준히 증가하는 것을 확인해 볼 수 있다. 2019년에 자본이 다소 감소한 것은 회계처리 방법의 변경 때문이다. 여성 · 청소년기관의 당기순이익은 매년 변동이 있지만, 당기순손실이 발생하지 않고 당기순이익이 꾸준하게 발생하고 있다. 부채비율을 살펴보면, 2014~2015년에는 20% 수준을 유지하다가, 2016년에 25%로 증가하고, 2017년과 2018년에는 각각 33%, 32%로 다소 증가한 것을 확인할 수 있다. 2017년과 2018년에 부채비율이 증가했던 원인은 2017년과 2018년

표 3-18 여성 · 청소년기관의 경영성과

(단위: 억 원)

	기관 수	합 계					평 균				
		영업 수익	영업 비용	영업외 수익	영업외 비용	당기 순이익	영업 수익	영업 비용	영업외 수익	영업외 비용	당기 순이익
여성 · 청소년	48	2,401.1	2,608.1	305.5	37.6	60.7	50.0	54.3	6.4	0.8	1.3

그림 3-19 여성·청소년기관의 재무상태

(단위: 억 원)

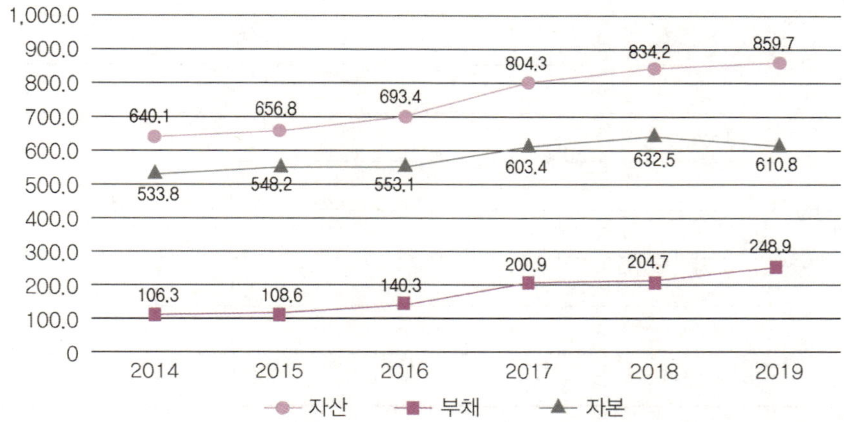

그림 3-20 여성·청소년기관의 당기순이익 추세

(단위: 억 원)

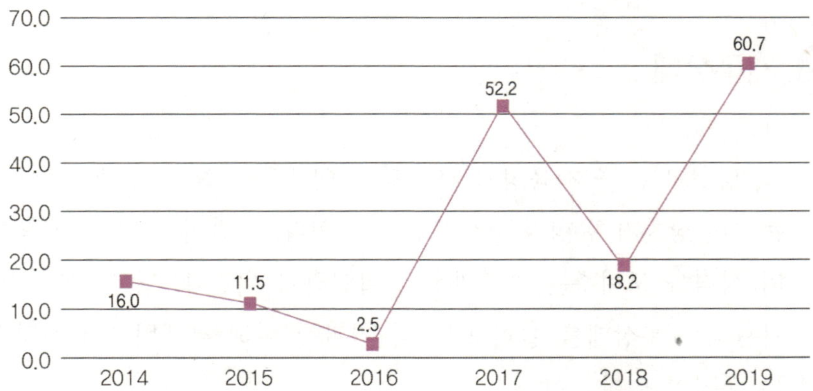

에 각각 여성·청소년기관이 4개 기관, 3개 기관이 설립되었고, 신규 기관들의 부채비율이 기존 기관들에 비해 다소 높았기 때문인 것으로 보인다.

그림 3-21 여성·청소년기관의 부채비율

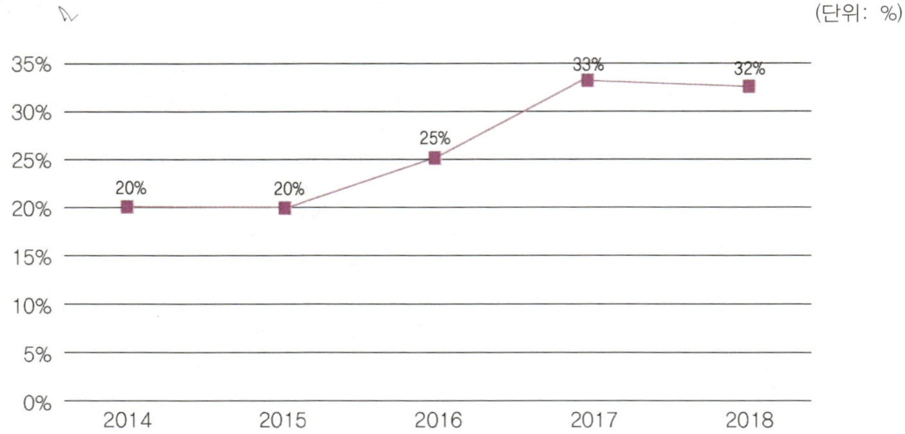

제 8 절 평생교육·인재육성기관 재무

1 재무상태

평생교육·인재육성기관의 경우 인재육성 혹은 평생교육에 이용하는 시설장치가 유형자산에 포함되어 있다. 기관의 특성상 그 외에 기관의 성격을 보여주는 계정과목은 확인하기 어렵다. 평생교육·인재육성기관의 재무상태를 살펴보면, 타 기관에 비해 부채비율이 상당히 낮다는 특징이 있다.

표 3-19 평생교육·인재육성기관의 재무상태표 계정과목

자산*	유동자산	당좌자산	현금 및 현금성자산, 단기금융상품, 미수금, 선급비용, 선납세금
	비유동자산	투자자산	장기금융상품
		유형자산	차량운반구, 비품, 시설장치
		무형자산	소프트웨어
부채	유동부채	미지급금, 예수금	
	비유동부채	퇴직급여충당부채	
자본	자본금	기본재산	
	이익잉여금	미처분이익잉여금	

* 화성시 인재육성재단.

표 3-20 평생교육·인재육성기관의 재무상태 총계 및 평균

(단위: 억 원)

	기관 수	합 계			평 균		
		자산	부채	자본	자산	부채	자본
평생교육·인재육성기관	183	20,043.5	794.8	19,248.7	109.5	4.3	92.7

2 경영성과

평생교육·인재육성기관은 평균 4.4억 원의 당기순이익이 발생하고 있다. 평생교육·인재육성기관의 수입은 출연금과 보조금, 기부금, 대행사업수익 등으로 구성된다. 비용은 사업수행비용, 일반관리비 등으로 지출되고 있다.

평생교육·인재육성기관의 재무상태를 살펴보면, 큰 변화 없이 기관수의 증가에 비례하여 자산·부채·자본이 증가하고 있는 추세로 보인다. 당기순이익 추세를 살펴보면 타 기관에 비해 많은 당기순이익이

표 2-21 평생교육·인재육성기관의 경영성과

(단위: 억 원)

	기관 수	합 계					평 균				
		영업 수익	영업 비용	영업외 수익	영업외 비용	당기 순이익	영업 수익	영업 비용	영업외 수익	영업외 비용	당기 순이익
평생교육·인재육성기관	183	2,867.5	2,404.2	723.6	369.7	812.4	15.7	13.1	4.0	2.0	4.4

그림 3-22 평생교육·인재육성기관의 재무상태 추세

(단위: 억 원)

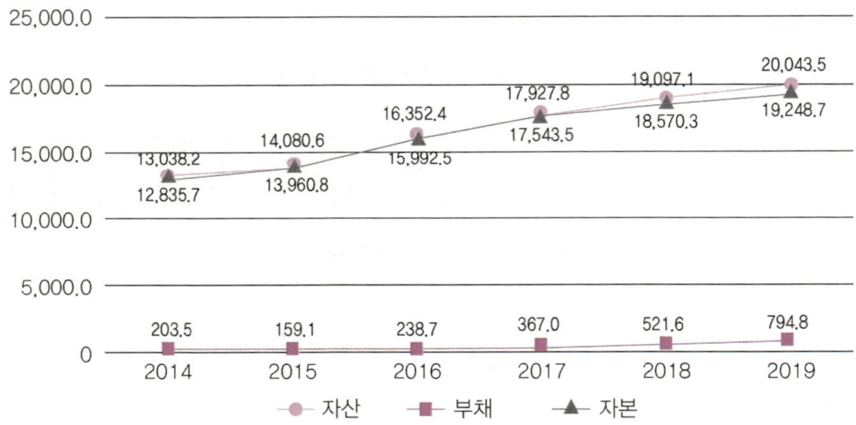

발생하고 있는 것으로 보이는데, 타 기관에 비해 영업비용이 영업수익에 비해 적다는 특징과 평생교육·인재육성기관은 출연기관 중 가장 많은 수를 차지하고 있기 때문에 큰 당기순이익이 지속적으로 발생하고 있는 것으로 보인다. 부채비율을 살펴보면, 타 출연기관 들에 비해 상당히 낮은 수준의 부채비율을 가지고 있는 것이 특징이라고 할 수 있다. 2014년 1.6%에서 2018년 2.8%까지 다소 증가는 추세를 보이고 있으나, 여전히 낮은 수준의 부채비율을 유지하고 있다.

그림 3-23 평생교육·인재육성기관의 당기순이익 추세

(단위: 억 원)

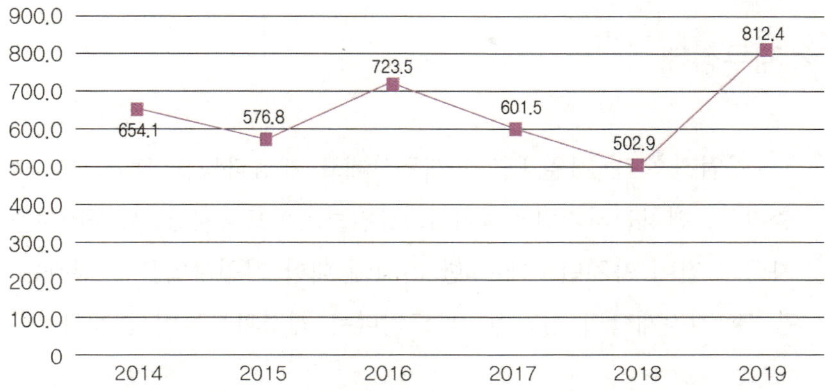

그림 3-24 평생교육·인재육성기관의 부채비율 추세

(단위: %)

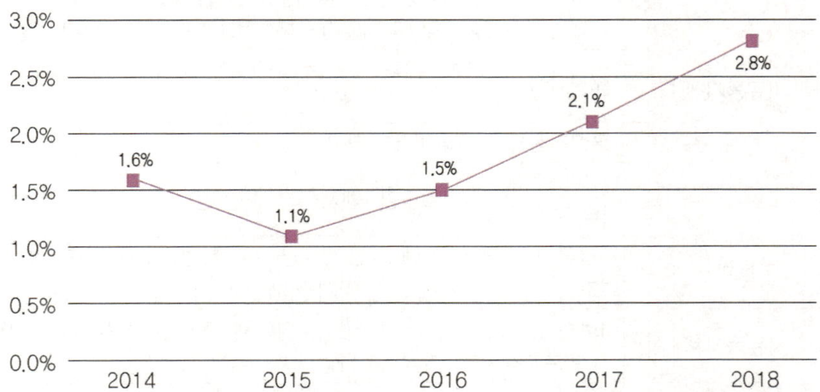

제 9 절 기업진흥 및 지원재단 재무

1 재무상태

기업진흥 및 지원재단의 재무상태표 계정과목을 살펴보면, 혁신센터출자금, 벤처센터기반조성기금, 창업보육펀드출자금, 일자리창출펀드출자금과 같이 자치단체에 속한 기업에 대한 지원사업을 시행하는 기업진흥 및 지원재단의 성격이 잘 드러나는 계정과목들이 존재하는 것을 확

표 3-22 기업진흥 및 지원재단의 재무상태표 계정과목

구분	대분류	중분류	계정과목
자산*	유동자산	당좌자산	현금 및 현금성자산, 국고보조금, 단기금융상품, 미수수익, 미수금, 미수법인세환급액, 선급비용, 부가세대급금
	비유동자산	투자자산	매도가능증권, 혁신센터출자금, 벤처센터기반조성기금, 충남경기상생펀드출자금, 경기창업보육펀드출자금, 녹색펀드출자금, 경기일자리창출펀드출자금, 슈퍼맨펀드출자금
		유형자산	토지, 건물, 구축물, 차량운반구, 비품, 시설장치, 건설중인자산
		무형자산	기타의 무형자산
		기타 비유동자산	임차보증금, 벤처센터기반조성기금, 기타의 투자자산
부채	유동부채	미지급금, 미지급비용, 예수금, 선수금, 수탁사업선수금, 도지원사업선수금, 펀드조성기금, 부가세예수금, 미지급법인세	
	비유동부채	임대보증금, 예수보증금, 퇴직급여충당부채, 퇴직연금운용자산, 국민연금전환금, 펀드조성기금, 고유목적사업준비금	
자본	출연금	기금출연금	
	기타 포괄손익누계액	매도가능증권평가손익	
	결손금	기기구입적립금, 미처리결손금	

* 경기도경제과학진흥원.

표 3-23 기업진흥 및 지원재단의 재무상태 총계 및 평균

(단위: 억 원)

	기관 수	합 계			평 균		
		자산	부채	자본	자산	부채	자본
기업진흥 및 지원재단	88	36,588.5	8,193.1	27,898.1	415.8	93.1	317.0

인해 볼 수 있다. 또한 테크노파크 같은 대형 기관들이 포함되기 때문에 자산과 부채, 자본의 평균이 타 유형 기관들에 비해 큰 편인 것을 확인할 수 있다.

2 경영성과

기업진흥 및 지원재단의 경영성과를 살펴보면 당기순이익이 평균 0.4억 원 발생하는 것을 확인할 수 있다. 기업진흥 및 지원재단의 주요 수익은 보조금수익, 수탁사업비 수익 등으로 구성되는 것으로 확인되며, 비용은 사업비용(기업지원비용, 수탁사업비용)과 관리비 등으로 발생하고 있다.

기업진흥 및 지원재단의 재무상태는 기관 수의 증가에 따라 꾸준히 증가하는 추세를 보이다가, 2019년에 자본이 다소 감소한 것으로 보인

표 3-24 기업진흥 및 지원재단의 경영성과

(단위: 억 원)

	기관 수	합 계					평 균				
		영업 수익	영업 비용	영업외 수익	영업외 비용	당기 순이익	영업 수익	영업 비용	영업외 수익	영업외 비용	당기 순이익
기업진흥 및 지원재단	88	21,618.4	21,967.4	1,182.4	733.9	35.3	245.7	249.6	13.4	8.3	0.4

그림 3-25 기업진흥 및 지원재단의 재무상태 추세

(단위: 억 원)

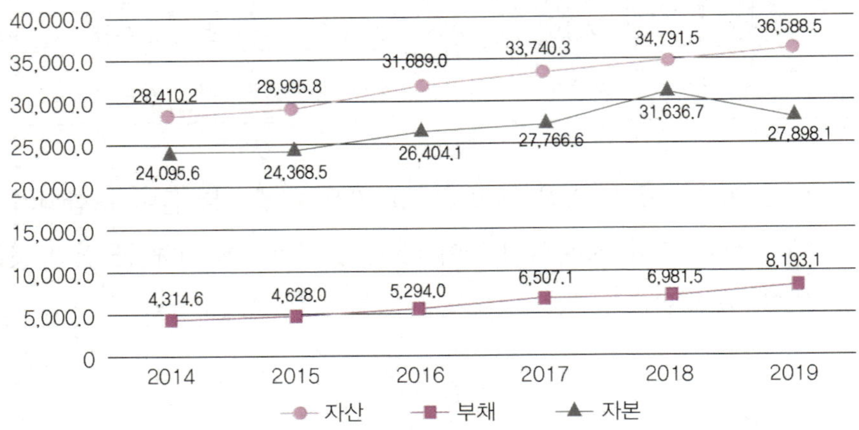

그림 3-26 기업진흥 및 지원재단의 당기순이익 추세

(단위: 억 원)

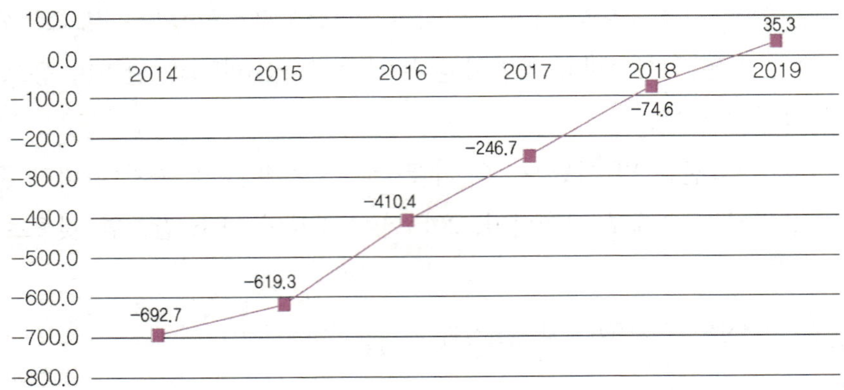

다. 당기순이익 추세를 살펴보면, 2014년 약 693억 원의 당기순손실이 발생하다가, 이후 지속적으로 당기순이익이 증가하여 2019년에는 약 35

그림 3-27 기업진흥 및 지원재단의 부채비율 추세

(단위: %)

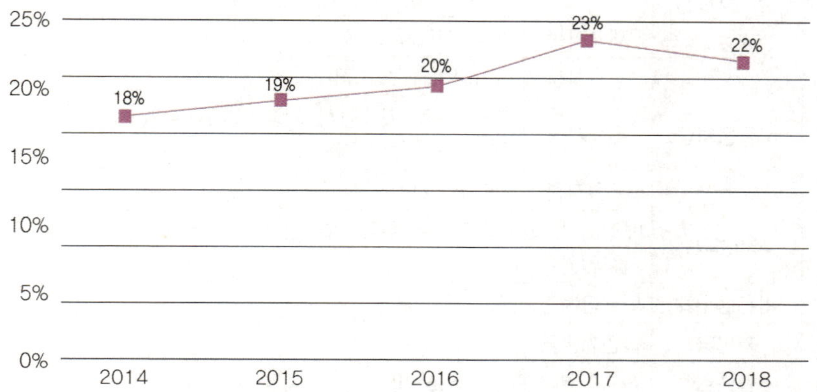

억 원의 당기순이익이 발생하였다. 이는 기업진흥 및 지원재단의 경영성과가 지속적으로 개선되고 있는 것으로 해석할 수 있다. 부채비율 추세를 살펴보면, 전체적으로 18~23% 정도 수준에서 등락을 거듭하고 있는 것을 확인할 수 있다.

제10절 의료원 재무

1 재무상태

지방공기업 평가원의 출자·출연기관 분류에 따르면, 의료원은 기타 출연기관으로 분류되나 의료원은 다른 기타 출연기관들과는 규모나 특성에 차이가 있기 때문에 의료원을 따로 분류하여 정리하였다.

표 3-25 의료원의 재무상태표 계정과목

<table>
<tr><td rowspan="5">자산*</td><td rowspan="2">유동자산</td><td>당좌자산</td><td>현금 및 현금성자산, 단기금융상품, 의료미수금, 단기대여금, 미수금, 미수수익, 선급금, 선급비용, 선급제세</td></tr>
<tr><td>재고자산</td><td>약품, 진료재료, 저장품</td></tr>
<tr><td rowspan="3">비유동자산</td><td>투자자산</td><td>장기대여금, 보증금</td></tr>
<tr><td>유형자산</td><td>토지, 건물, 기계장치, 차량운반구, 공기구비품, 의료장비, 건설중인자산</td></tr>
<tr><td>무형자산</td><td>기타무형자산</td></tr>
<tr><td rowspan="2">부채</td><td>유동부채</td><td colspan="2">매입채무, 미지급금, 선수수익, 예수금, 미지급비용, 예수보증금, 선수금, 단기차입금</td></tr>
<tr><td>비유동부채</td><td colspan="2">퇴직급여충당금</td></tr>
<tr><td rowspan="2">자본</td><td>기본금</td><td colspan="2">법인기본금</td></tr>
<tr><td>결손금</td><td colspan="2">전기이월결손금, 당기순이익</td></tr>
</table>

* 서울의료원.

표 3-26 의료원의 재무상태 총계 및 평균

(단위: 억 원)

<table>
<tr><td rowspan="2"></td><td rowspan="2">기관 수</td><td colspan="3">합 계</td><td colspan="3">평 균</td></tr>
<tr><td>자산</td><td>부채</td><td>자본</td><td>자산</td><td>부채</td><td>자본</td></tr>
<tr><td>의료원</td><td>30</td><td>7,486.6</td><td>5,922.3</td><td>1,564.3</td><td>249.6</td><td>197.4</td><td>52.1</td></tr>
</table>

의료원의 재무상태표 계정과목을 살펴보면, 약품, 진료재료, 의료장비와 같은 의료원의 특징이 드러나는 자산들을 보유하고 있는 것을 확인해 볼 수 있다. 의료원의 기관 수는 30개 기관으로, 분류된 기관 중 가장 적은 기관 수를 차지하고 있지만, 대부분 의료원의 규모가 크다는 특징이 있기 때문에 평균적으로 자산과 부채, 자본이 타 유형 기관들에 비해 높다.

2 경영성과

의료원은 자치단체 주민의 의료비 부담을 줄이기 위해 설립되었다. 의료원의 주요 수익은 의료수익이며, 주요 비용 역시 의료비용으로 지출되고 있는 것으로 확인되었다.

의료원의 재무상태 추세를 살펴보면, 자산과 자본의 규모가 2016년을 기점으로 크게 감소하였는데, 이는 의료원에서 사용하던 병원회계

표 3-27 의료원의 경영성과

(단위: 억 원)

	기관 수	합계					평균				
		영업 수익	영업 비용	영업외 수익	영업외 비용	당기 순이익	영업 수익	영업 비용	영업외 수익	영업외 비용	당기 순이익
의료원	30	10,740.1	12,135.4	2,296.8	874.1	85.7	358.0	404.5	76.6	29.1	2.9

그림 3-28 의료원의 재무상태 추세

(단위: 억 원)

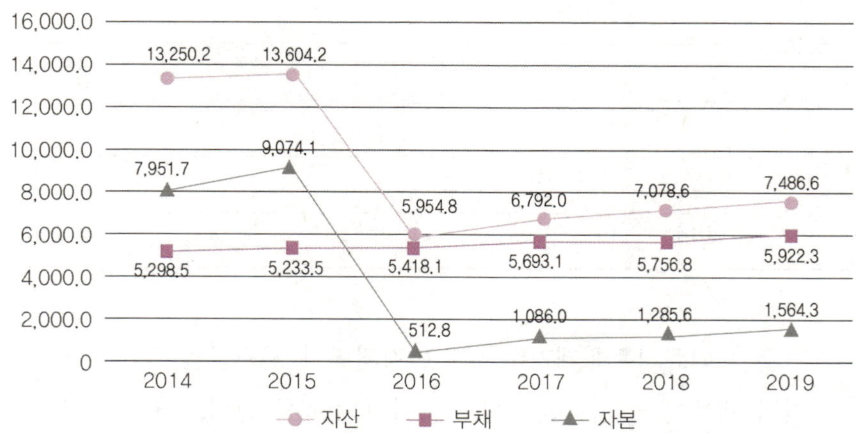

그림 3-29 의료원의 당기순이익 추세

(단위: 억 원)

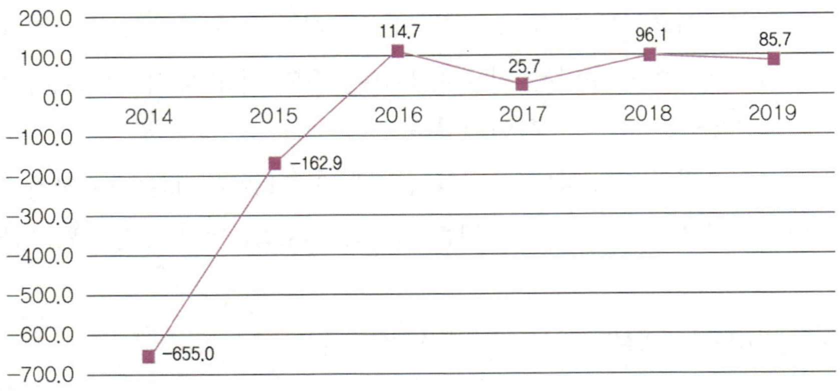

그림 3-30 의료원의 부채비율 추세

(단위: %)

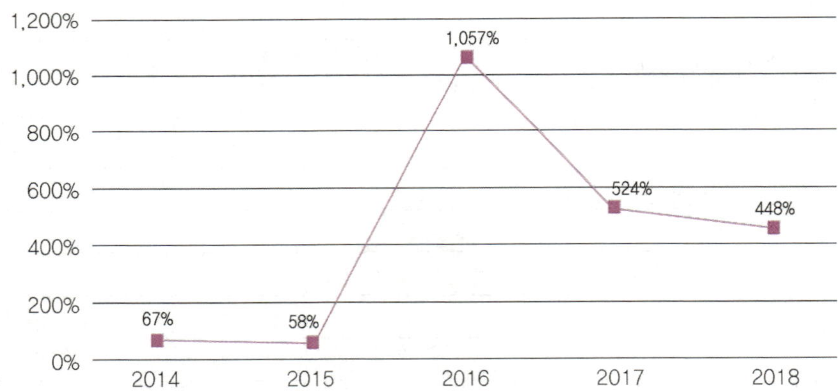

기준이 의료기관회계기준으로 변경되면서 지원금들이 자본에서 제외되었기 때문이다. 의료원의 당기순이익 추세를 살펴보면 2014년과 2015년에는 당기순손실을 기록하다 2016년부터 당기순이익이 발생하면서 경

영성과가 개선되고 있음을 보여주고 있다. 2016년에는 전년보다 현저히 높은 추세를 보인다. 의료원의 부채비율을 살펴보면, 2016년에 전년도보다 부채비율이 급격하게 높아진 것을 확인할 수 있다. 2016년의 부채규모가 크게 늘지 않았음에도 부채비율이 크게 상승한 이유는 2016년 회계기준 변경에 따라 자본이 크게 감소한 것 때문이다. 2016년에 부채비율이 크게 증가한 후 2017년부터는 점차 다시 부채비율이 감소하는 추세를 보이고 있다.

제11절 기타 출연기관의 재무

1 재무상태

기타 출연기관은 위의 분류에 속하지 않은 출연기관들이며, 각 지방자치단체의 특산품 홍보, 유통활성화 등을 위해 설립된 기관과 특산품 연구소 등이 큰 비중을 차지하고 있으며, 공동급식관리, 환경 및 기후관리 기관들이 기타 출연기관에 포함된다. 기타 출연기관의 경우 각 기관의 특징이 다양하기 때문에 재무상태표가 통일되지 않았으며, 예시에서는 고유목적사업 시행 이전에 고유목적사업준비금 계정과목을 부채로 인식하여 기관에서 고유목적사업을 준비하는 것을 확인할 수 있었다.

표 3-28 기타 출연기관의 재무상태표 계정과목

<table>
<tr><td rowspan="5">자산*</td><td rowspan="2">유동자산</td><td>당좌자산</td><td>현금 및 현금등가물, 정기예 · 적금, 미수수익, 선급비용, 선납세금</td></tr>
<tr><td colspan="2">재고자산</td></tr>
<tr><td rowspan="3">비유동자산</td><td colspan="2">투자자산</td></tr>
<tr><td>유형자산</td><td>차량운반구, 비품, 시설장치</td></tr>
<tr><td>무형자산</td><td>소프트웨어</td></tr>
<tr><td rowspan="2">부채</td><td>유동부채</td><td colspan="2">미지급금, 예수금, 선수금</td></tr>
<tr><td>비유동부채</td><td colspan="2">퇴직급여충당금, 퇴직연금운영자산, 고유목적사업준비금</td></tr>
<tr><td rowspan="5">자본</td><td>기본금</td><td colspan="2">기본재산, 보통재산</td></tr>
<tr><td>이익잉여금</td><td colspan="2">미처분이익잉여금</td></tr>
<tr><td colspan="3">자본잉여금</td></tr>
<tr><td colspan="3">자본조정</td></tr>
<tr><td colspan="3">기타포괄손익누계액</td></tr>
</table>

* (재)경북농민사관학교.

표 3-29 기타 출연기관의 재무상태 총계 및 평균

(단위: 억 원)

	기관 수	합 계			평 균		
		자산	부채	자본	자산	부채	자본
기타	28	1,188.8	465.3	627.5	42.5	16.6	22.4

2 경영성과

기타 출연기관의 경영성과를 살펴보면, 당기순이익이 0.2억 원으로 타 유형 기관들에 비해 적은 편인 것으로 확인된다. 기타 출연기관의 주요 수익은 기관의 유형별로 차이가 있으나 보조금과 출자 · 출연금을 주요 수입으로 하며, 기관의 고유목적사업으로 수익을 내는 것을 확인할 수 있었다.

기타 출연기관의 재무상태 추세를 살펴보면, 기관 수가 증가함에 따라 자산과 부채, 자본이 모두 증가 추세를 보이고 있다. 다만, 2019년에는 다소 자본이 감소하고 부채가 증가한 것을 확인할 수 있는데, 이는 일부기관의 회계처리 방식의 변경으로 인한 변동으로 보인다. 또한 당기순이익 추세를 살펴보면, 2015년에 46.9억 원의 당기순손실이 발생하다가, 2018년부터는 당기순이익으로 전환되어 경영성과가 개선되고 있다는 사실을 확인할 수 있었다. 부채비율을 살펴보면, 2014년 부채비율이

표 3-30 기타 출연기관의 경영성과

(단위: 억 원)

	기관 수	합 계					평 균				
		영업 수익	영업 비용	영업외 수익	영업외 비용	당기 순이익	영업 수익	영업 비용	영업외 수익	영업외 비용	당기 순이익
기타	28	2,320.2	2,352.7	48.7	6.4	4.9	82.9	84.0	1.7	0.2	0.2

그림 3-31 기타 출연기관의 재무상태 추세

(단위: 억 원)

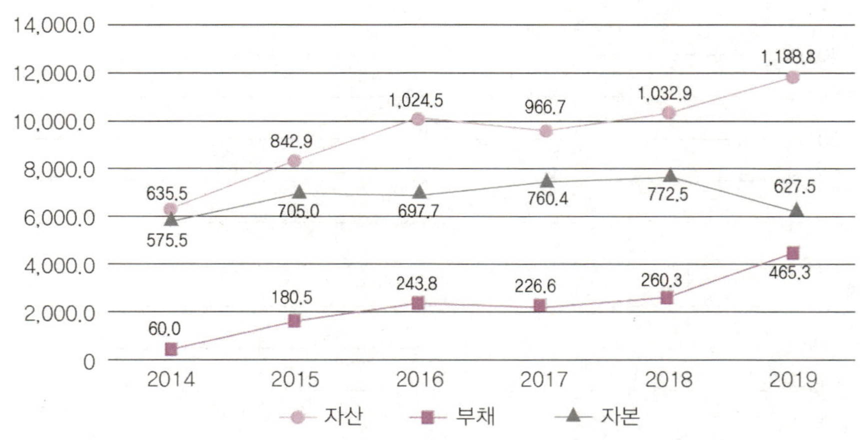

10%에서 2016년 35%까지 올라갔다가 2018년 21%까지 감소 추세를 보이고 있다.

그림 3-32 기타 출연기관의 당기순이익 추세

(단위: 억 원)

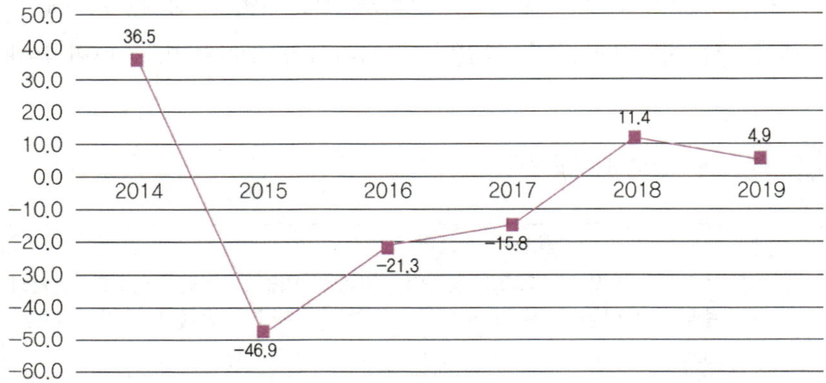

그림 3-33 기타 출연기관의 부채비율 추세

(단위: %)

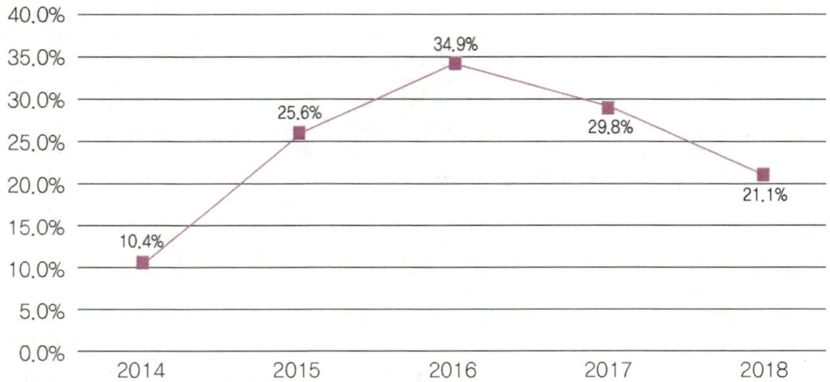

02

출자 · 출연기관의 운영

제4장

출자·출연기관의 인사 및 조직

지방자치단체 출자·출연기관의 인사 및 조직에 관한 규정은 행정안전부 공기업지원과의 「지방출자·출연기관 인사조직지침」에 규정되어 있으며, 이 장에서는 이 규정들을 중심으로 살펴본다.

제1절 총 칙

1 목 적

행정안전부에서는 「지방자치단체 출자·출연기관 운영에 관한 법률」 제27조에 근거하여 지방자치단체 출자·출연기관의 조직 및 운영에 관한 기준을 정하고, 이 기준에 따라 합리적이고 공정한 인사관리를 위해 지방출자·출연기관 인사조직지침을 두고 있다(행정안전부, 2017: 1).

제27조(운영지침의 통보)

행정안전부장관은 출자 · 출연기관에 공통적으로 적용할 다음 각 호의 사항에 관한 운영지침을 정하고, 이를 각 지방자치단체의 장 또는 출자 · 출연기관의 장에게 통보할 수 있다.

1. 조직운영과 정원 · 인사 관리에 관한 사항
2. 예산의 편성 · 집행과 자금운영에 관한 사항
3. 회계와 결산에 관한 사항

2 기본원칙

「지방출자 · 출연기관 인사조직지침」에서는 출자 · 출연기관 인사운영의 기본원칙을 규정하고 있다.

1) 객관적 절차와 기준에 따른 임용

출자 · 출연기관의 임원 및 직원(이하 임직원)의 임용은 법령, 행정안전부 지침, 정관, 자체 규정에서 정하는 바에 따라 객관적인 절차와 기준에 따라 공정하고 투명하게 운영하여야 한다.

2) 실증에 따른 인사 및 적극적인 정책 실시

출자 · 출연기관 임직원의 신규채용, 승진, 전보 등은 시험성적, 근무성적, 그 밖의 실증에 따라 행하여야 한다.

다만, 장애인, 저소득층 등에 대한 인사관리상의 우대와 실질적인 양성평등을 구현하기 위한 적극적인 정책을 실시할 수 있다.

3) 성과관리체계 구축 · 운영

임직원의 업무성과를 객관적으로 측정할 수 있는 성과관리체계를 구축 · 운영하여 책임경영체제가 정착되도록 하여야 한다.

4) 직무수행 능력 향상 및 자기개발 기회 확대

다양한 프로그램 운영과 교육 훈련 예산 확보의 노력을 통해 임직원의 직무수행 능력 향상과 자기개발 기회가 확대되도록 하여야 한다.

5) 적정 규모의 조직 및 정원

출자 · 출연기관은 해당 기관의 목적 달성 및 기능수행을 위해 적정한 규모의 조직 및 정원을 운영하여야 한다.

제 2 절 출자 · 출연기관 임원의 인사

1 출자 · 출연기관 임원의 인사

출자 · 출연기관의 임원은 「지방출자 · 출연법」 제9조, 제10조의 규정에 따라 임명한다.

표 4-1 직무수행 요건(예시)

직위명: ○○○

1. 담당 직무

가. 법령 · 정관상의 담당직무

○

나. 대내 · 외적 관계 관련 업무

○

다. 기관의 사업수행 관련 업무

○

라. 조직 내부관리 관련 업무

○

마. 기타 관련 업무

○

2. 직무수행 요건

가. 조직 내부관리 관련 업무

○

나. 기타 수행 능력 요건

분야별	필요한 주요 능력	요구되는 능력 수준
① 개혁성		크게 요구
② 리더십		크게 요구
③ 기업가적 능력		상당히 요구
④ 전문성		크게 요구
⑤ 종합적 판단 및 정책결정 능력		크게 요구
⑥ 비전 제시 능력		크게 요구
⑦ 의사전달 및 협상 능력		상당히 요구
⑧ 청렴도		크게 요구
⑨ 도덕성		크게 요구
⑩ 준법성		상당히 요구

○ 학력 및 전공 분야

○ 경력

○ 자격증

○ 기타 능력

1) 직무수행 요건 및 자격 요건

출자 · 출연기관의 임원 직위에 대해서 직위별로 그 역할과 책임, 직무수행 요건 [표 4-1]을 정관 또는 자체 규정으로 명확하게 설정하여야 한다. 임원 직위별 자격 요건은 직무수행 요건 및 다음 각 호의 사항을 고려하여 정관 또는 자체 인사규정 등에 정해야 한다.

1. 전문가적 능력, 전략적 리더십, 문제해결 능력, 조직관리 능력, 의사소통 능력, 협상 능력, 위기관리 능력 등 임원으로서의 일반적인 기본역량
2. 감사의 경우 조직운영 및 경영에 대한 감사 능력, 청렴성과 도덕성 등 건전한 윤리의식, 해당 분야의 이해도
3. 기관의 특성과 여건을 반영하여 특별히 요구되는 고유 역량

2) 임명 과정

(1) 임원추천위원회 설치 및 운영

출자 · 출연기관은 임원 임용의 공정성, 전문성, 투명성을 제고하기 위해 자체적으로 임원추천위원회를 설치하여 운영할 수 있다. 이때 위원회의 설치 및 운영과 관련해서 「지방공기업인사운영기준」을 준용할 수 있다.

(2) 임원 후보자의 모집

출자 · 출연기관 임원은 공개 모집해야 하는 것이 원칙이다(법 제9조 제2항). 다만, 비상근 · 무보수 임원은 공개모집 방식에 있어서 다른 임원과 달리 간소화할 수 있다. 또한 연임 시에는 성과계약의 이행실적(법 제11조), 경영실적 평가 결과(법 제28조), 직위별 이행 요건 및 자격 요건 등을 고려하여 공개모집 절차의 생략이 가능하다.

이러한 공개모집 원칙 및 그 방법은 특별한 사유가 없는 출자·출연기관의 정관 또는 내부 인사규정에 명시하도록 해야 한다.

표 4-2 출자·출연기관 임원의 자격 요건(예시)

〈○○진흥원 임원의 자격 요건〉

○○진흥원의 임원으로 채용되려면 다음에서 정한 요건 중의 어느 하나를 충족한 사람이어야 한다.

① 학력 요건
- 석사학위 이하인 자: 공무원 또는 민간근무 경력 10년 이상인 자로서 진흥원과 관련된 분야에서 근무·연구한 경력이 4년 이상인 자
- 박사학위 소지자: 공무원 또는 민간근무 경력 7년 이상인 자로서 진흥원과 관련된 분야에서 근무·연구한 경력이 4년 이상인 자

② 자격증 요건
- 변호사자격증 소지자로서 실근무 경력이 4년 이상인 자
- 의사·한의사·치과의사 자격증 소지 후 7년 이상 근무한 자
- 공인회계사 또는 변리사자격증 취득 후 실근무 경력이 8년 이상인 자
- 세무사 또는 법무사자격증 취득 후 실근무 경력이 11년 이상인 자
- 기술사자격증 취득 후 4년 이상, 기능장 또는 기사자격증 취득 후 10년 이상 근무한 자

③ 공무원 경력기준
- 3급 이상 또는 이에 준하는 직위에 속하는 공무원 이었던 자(또는 공무원인 자)로서 연구원과 관련된 분야에서 2년 이상 근무한 자
- 4급 이상 또는 이에 상당하는 공무원이었던 자(또는 공무원인 자)로서 연구원과 관련된 분야에서 4년 이상 근무한 자

④ 민간 경력기준
- 관련 분야에서 3년 이상 근무·연구한 자로서 법인 등에서 채용예정 직위에 상당하는 책임자 이상으로 3년 이상 근무한 경력이 있는 자

※ 기관장·이사·감사 등의 임원 자격 요건은 위의 자료를 참고하여 정하되, 자격 요건을 과도하게 설정하여 부당하게 응모기회가 제한되지 않도록 유의함.

표 4-3 출자·출연기관 임원 공개모집 절차

공개모집 계획 수립	출자·출연기관은 임원의 공개모집을 위한 임원 선임 계획을 기관별 임원의 임기 및 인사 절차에 소요되는 기간을 고려하여 사전적으로 수립하여야 한다. 공개모집 계획에는 공개모집 공고, 지원서 접수, 임원 임명대상자 결정 등의 내용이 포함되어야 한다.
공고 시기	임원 임기 종료 등 미리 결원이 예상되는 경우 인사 절차 소요 기간을 고려하여 공개모집 계획을 공고하여야 한다. 임기 중 결원 발생 시에는 가능한 최단 시일 내에 공고하여야 한다.
모집 및 공고 기간	모집 및 공고 기간은 15일 이상을 원칙으로 하되, 신속한 채용을 위하여 부득이한 경우에는 모집 기간을 단축할 수 있다(이 경우에도 7일 이상 모집 및 공고하여야 함).
공고 매체	임원을 공개모집하는 경우 그 지방자치단체와 출자·출연기관의 인터넷 홈페이지에 공고하고, 전국 또는 해당 지방자치단체를 주된 보급 지역으로 하는 일간신문에도 공고할 수 있다.
공고 내용	임용예정 직위, 선발인원, 응모자격, 직무수행 요건, 임용계약 및 지원서 접수, 시험 방법, 합격자 결정 및 발표에 관한 사항 등을 공고하여야 한다.
재공고·변경공고	최초 공개모집에서 응모자 수가 결원예정 직위 수의 2배수에 미달하거나, 심사 결과 적격자가 없는 경우 최초의 공개모집과 동일한 절차와 방법에 따라 재공고를 실시하여야 한다. 재공고를 실시하였는 데도 불구하고 응모자가 결원예정 직위 수의 2배수에 미달하는 때에는 공개모집에 응모한 사람 중에서 선임할 수 있다. 한편, 불가피한 사유로 이미 공고한 내용을 변경하는 경우에는 시험 기일 7일 전까지 변경공고를 하여야 한다.
응시원서 접수	응시원서 접수는 가능한 지원자의 편의를 위하여 인터넷을 통해 접수하되, 필요시 방문 접수, Fax 또는 우편 등을 통해 접수할 수 있음.
응모자 제출서류	임원 후보자를 심사하기 위하여 응모할 자에게 〈지원서〉, 〈직무수행계획서〉, 〈자기소개서〉, 〈최종학력증명서〉, 〈경력증명서〉, 〈관련 자격증〉, 기타 해당 직무수행과 관련한 필요자료 등의 서류를 요구할 수 있다.

(3) 대상자의 결정

출자·출연기관에서는 다음의 요건을 고려하여 출자·출연기관이 정하는 후보자 심사기준에 의해서 임원 후보를 심사한다.

1. 해당 분야에 대한 전문지식과 경험을 평가할 수 있는 사항
2. 경력 · 학위 등 경영 · 경제에 관한 지식을 객관적으로 평가할 수 있는 사항
3. 과거 경영실적 · 경영 기간 등 경영경험을 객관적으로 평가할 수 있는 사항
4. 기타 해당 임원으로서 자질과 능력을 평가할 수 있는 사항

① 1차 서류심사

기관이 정한 임원의 직무수행 요건 및 자격 요건에 의해서 응모자를 대상으로 1차 서류심사를 실시하여 면접시험 대상자를 결정한다. 서류심사는 절대평가한다.

② 2차 면접심사

1차 서류심사 합격자를 대상으로 지원서, 직무수행계획서, 자기소개서 등을 참고하여 면접심사를 실시한다. 단, 면접심사를 진행하지 않기로 결정한 때에는 면접을 실시하지 않을 수 있다. 면접심사는 응모자의 능력을 정확히 파악한 후 상대평가한다.

최종 임원 후보자는 면접심사 결과 고득점자 순으로 결정하며, 면접을 실시하지 않는 경우에는 서류심사 결과에 의한 고득점자 순으로 결정한다. 서류 및 면접심사 시 응모자 1인에 대한 위원별 평가 점수는 100점 만점으로 하고, 위원별 점수를 산술평균한 점수로 결정한다. 단, 공정성을 위해 위원별 최고점수 및 최저점수 각 1개를 제외한 점수를 산술평균한 점수로 결정이 가능하다.

표 4-4 블라인드 채용 예시

1. 인적사항					
지원 구분	신입 ( ), 경력 ( )	지원직무		접수번호	
성명	(한글)				
현주소					
연락처	(본인휴대폰)	전자우편			
	(비상연락처)				
최종학교 소재지	* 지역인재 응시자 확인	가점 항목	□ 장애대상 □ 보훈대상		
추가 항목	□ 지역인재(예: 지방대학) □ 기능인재(예: 고졸인재) □ 청년 □ 여성과학기술인				

2. 교육사항		
* 지원직무 관련 과목 및 교육 과정을 이수한 경우 그 내용을 기입해 주십시오.		
교육 구분	과목명 및 교육 과정	교육 시간
□ 학교교육 □ 직업훈련 □ 기타		

직무 관련 주요 내용

3. 자격사항

* 지원직무 관련 국가기술/전문자격, 국가공인민간자격을 기입해 주십시오.

자격증명	발급기관	취득일자	자격증명	발급기관	취득일자

4. 경험 혹은 경력사항

* 지원직무 관련 경험 혹은 경력사항을 기입해 주십시오.

구분	소속 조직	역할	활동 기간	활동 내용
□ 경험 □ 경력				

* 직무활동, 동아리/동호회, 팀 프로젝트, 연구회, 재능기부 등이 주요 직무경험을 서술하여 주십시오.

직무 관련 주요 내용

위 사항은 사실과 다름이 없음을 확인합니다.

지원날짜:

지원자: (인)

(4) 채용 과정의 공개 및 비밀누설 금지

기관장은 임원 채용 과정의 투명성과 공정성이 담보될 수 있도록 공개하여야 한다. 단, 임원 후보자의 비공개 요청이 있거나, 공개로 인해 개인의 신상이나 사생활 침해가 우려되는 경우, 이사회 등에서 공개하지 않기로 의결한 때에는 공개하지 않을 수 있다.

한편, 추천(심사)위원회 등의 위원은 기관의 임원 심사 과정에서 알게 된 비밀을 누설하여서는 안 되며, 이를 담보하기 위한 보안각서 등을 요구해야 한다.

(5) 위원의 제척 · 기피 · 회피

임원추천위원회 혹은 임원심사위원회 등 위원회 위원은 아래의 경우 중 하나에 해당하는 때에 심의 및 의결 과정에서 제척 · 기피 · 회피할 수 있으며, 기관장은 사전에 위원들에게 공지하여야 한다.

1. 위원 또는 그 배우자나 배우자였던 자가 후보자인 경우
2. 임원 후보자와 친족 관계에 있거나 있었던 경우
3. 기타 이해당사자로서 공정을 기대하기 어려운 특별한 관계나 사정이 있는 경우

(6) 임원의 결격사유

임명권자는 임원으로 추천된 후보가 「지방출자 · 출연법」 제10조의 규정에 의한 임원의 결격사유에 해당하거나 출자 · 출연기관의 경영에 현저하게 부적당하다고 인정되는 때에는 임원 후보의 재추천을 요구할 수 있다. 이 경우에는 지체 없이 임원 후보를 재추천하여야 한다.

제10조(임원의 결격사유 등)

① 다음 각 호의 어느 하나에 해당하는 사람은 출자 · 출연기관의 임원이 될 수 없다.

1. 미성년자
2. 「지방공무원법」 제31조제1호부터 제6호까지, 제6호의3, 제6호의4, 제7호 및 제8호의 어느 하나에 해당하는 사람
3. 「형법」 제355조 및 제356조에 규정된 횡령과 배임의 죄를 범한 사람으로서 300만 원 이상의 벌금형을 선고받고 그 형이 확정된 후 2년이 지나지 아니한 사람
4. 제9조제4항에 따라 해임된 후 3년이 지나지 아니한 사람

② 임원이 제1항 각 호의 어느 하나에 해당하게 되거나 임명 당시 그에 해당한 사람으로 밝혀졌을 때에는 당연히 퇴직한다.

(7) 임원의 임명

임명권자는 임원 추천 심의 결과에 이의가 없는 때에는 지체 없이 추천자 중에서 임원을 임명하여야 한다.

3) 연임 및 해임

출자 · 출연기관장은 각 기관의 정관 등에서 정하는 바에 의해 연임이 가능하며, 임기 중이라도 해임이 가능하다. 인사권자는 연임 또는 해임 여부를 다른 법령에 규정된 경우를 제외하고는 아래의 기준을 반영하도록 하여야 한다.

(1) 기관장의 연임기준

성과계약에 의한 평가 결과(법 제11조) 및 경영실적의 평가 결과(법 제28조) 그 실적이 우수한 경우에 기관장의 연임이 가능하다.

(2) 기관장의 해임기준

① 의무와 책임에 관한 사항 불이행

직무상 의무를 성실히 수행하고, 고의나 중대한 과실로 해당 기관에 손실이 생기지 않도록 하며, 직무 여부와 관계없이 품위를 손상하는 행위를 하지 않도록 하는 의무와 책임에 관한 준수사항(법 제9조 제3항)을 이행하지 않았을 경우 기관을 해임할 수 있다.

② 성과계약실적 목표치 미달

또한 성과계약에 의한 평가 결과(법 제11조), 그 실적이 목표치의 50% 수준에 미달한 경우에 기관장을 해임할 수 있다.

③ 경영실적 평가 결과 기준 미달

경영실적 평가의 결과(법 제28조)가 임기 중 특별한 사유 없이 기관의 수익이 2년 이상 최근 5년 간 평균 수익의 2분의 1 이상 감소한 경우, 임기 중 경영실적이 사업 목적이 유사한 다른지방 출자 · 출연기관에 비해 현저히 낮은 경우 해임이 가능하다.

④ 경영진단 결과 해임 조치 필요 인정

경영진단의 결과(법 제30조) 해임 조치가 필요하다고 인정되는 경우 기관장의 해임이 가능하다. 한편, 기관장이 아닌 임원의 연임 및 해임기준은 직위별 직무수행실적을 객관적이고 공정하게 반영하되 기관장의 연임 및 해임기준을 준용한다.

4) 의원면직 제한

임명권자는 임원 등이 비위와 관련하여 조사 또는 수사 중인 때 또는 내부감사부서 및 외부감사기관에서 감사 결과 중징계 처분을 요구하거나, 징계위원회 등에 중징계의결 요구 중인 때에는 의원면직을 제한할 수 있다.

2 출자·출연기관 직원의 인사

1) 직원의 채용

(1) 신규채용

출자·출연기관장은 시험의 요건, 시험 방법 등을 직종·직위·직무의 특성을 고려하여 자체 인사규정 등으로 정해야 한다. 또한 직원을 모집 및 채용함에 있어서 연령 등을 이유로 차별하여서는 아니 된다. 직원을 신규로 채용하는 방법은 크게 공개경쟁시험과 경력경쟁시험이 있다.

① 공개경쟁시험

출자·출연기관의 장은 신규로 직원을 채용할 때 불특정 다수인을 대상으로 공개경쟁시험을 통해 채용하는 것을 원칙으로 한다. 또한 응시자의 공평한 기회 보장을 위하여 성별, 신체조건, 용모, 학력, 연령 등에 대한 불합리한 제한을 두어서는 안 된다.

② 경력경쟁시험

출자·출연기관의 장은 공개경쟁시험에 의하여 충원이 곤란한 직위나 직무 분야에 대하여는 우수 전문인력 및 유경험자를 경력경쟁시험으로 채용할 수 있다. 경력경쟁 또한 동일한 요건에 해당하는 경력·자격을 가진 출자·출연기관 내부 및 외부 다수인을 대상으로 시험공고를 하여 경쟁의 방법으로 채용하여야 한다.

공직에서와 마찬가지로 출자·출연기관에서도 공개경쟁시험이 존재하며, 직위 분류도 존재한다. 직위에 대해 이해를 돕기 위해 다음 [표

4-5]에서는 공직에서 직위 분류 기본개념을 정리하였다.

표 4-5 직위 분류의 기본개념

직위	한 사람에게 부여할 수 있는 직무와 책임. 직무는 각 직위에 부여된 해야 할 의무를 의미함. 야구의 투수나 포수, 축구의 골키퍼 등
직급	직무의 종류, 곤란도, 책임도가 모두 유사한 직위의 군으로 동일한 직급에 대해서는 임용자격, 시험, 보수 기타 인사행정상 동일한 취급 가능
등급	직무의 종류는 다르나 직무수행의 곤란도나 책임도는 유사한 직위의 군. 동일한 보수를 지급할 수 있음.
직류	동일직렬 내에서 담당 분야가 동일한 직무의 군을 의미. 직렬을 세분화한 것
직렬	직무의 종류는 유사하나 직무수행에 요구되는 곤란도나 책임도가 상이한 직급의 군
직군	직무의 종류가 광범위하게 유사한 직렬의 군

출처: 정일섭(2018).

(2) 채용 과정

① 채용계획 수립

채용계획 사전 협의	1. 기관장은 공고예정일 15일전까지 채용계획을 자치단체장에게 통보하여야 함. 다만, 법령에서 정한 의무인력의 채용, 기간의 정함이 있는 근로자(비정규직 근로자)의 채용 등 자치단체의 사전 동의가 있는 경우 15일 이후에도 통보가 가능하다. 2. 자치단체장은 통보된 채용계획의 적정성 등에 대하여 기관장과 협의를 완료한 후, 그 결과를 채용공고일 5일 전까지 기관장에게 통보해야 한다. 3. 인력수요의 변화 등으로 채용계획이 변경된 경우에는 자치단체장과 사전 협의가 필요하다. 4. 자치단체장은 채용계획에 대하여 통합채용 등 의견을 제시할 수 있으며, 기관장은 자치단체장이 제시한 의견을 원칙적으로 반영하여야 한다.
사전 통보 내용	채용계획에는 채용의 필요성, 예상결원 및 정 · 현원 현황, 채용인원, 응시자격 요건, 필기시험 여부, 서류심사기준, 면접 방법, 시험 단계별 시험위원 위촉 계획 등을 포함하여야 한다.

② 공 고

공고 시기	공개경쟁시험을 실시하려면 시험 기일 20일 전(선발예정 인원이 10명 이하일 때에는 10일 전)까지, 경력경쟁시험을 실시하려면 시험 기일 10일 전까지 모든 응시자격자가 알 수 있도록 공고하여야 한다.

공고 매체	공개경쟁·경력경쟁시험의 채용공고는 출자·출연기관 및 그 지방자치단체의 인터넷 홈페이지에 공고하여야 한다. 그 밖에 필요할 경우 신문, 방송, 인터넷 또는 게시판 등 효과적인 방법을 통하여 공고할 수 있으며, 관련 협회·단체 및 대학 등에 모집공고문을 송부하여 많은 적격자가 응모할 수 있도록 노력하여야 한다.
공고 내용	1. 임용예정 직급, 응시 자격, 선발 예정 인원, 시험의 방법·시기·장소 2. 시험과목 및 배점비율 3. 서류전형 및 면접시험의 경우 평가기준 4. 합격자발표의 시기 및 방법 5. 응시원서의 교부장소 및 접수장소와 그 기한 6. 그 밖에 시험실시에 필요한 사항

③ 시험의 방법

서류전형	서류전형은 해당 직무수행에 관련되는 응시자의 자격·경력 등이 정해진 기준에 적합한지 등을 서면으로 심사하여 적격 또는 부적격을 판단
필기시험	필기시험은 일반교양 정도와 해당 직무수행에 필요한 지식 및 그 응용 능력을 검정
면접시험	면접시험은 해당 직무수행에 필요한 능력 및 적격성을 검정
실기시험	실기시험은 해당 직무수행에 필요한 지식·기술 또는 체력을 실험·실습 또는 실기의 방법으로 검정

기관장은 시험출제 및 채점, 면접시험·실기시험·서류전형, 그 밖에 시험 시행에 필요한 사항을 담당하는 시험위원으로 해당 직무 분야에 관한 전문적인 학식 또는 능력을 가진 사람, 시험 출제에 관하여 전문적인 학식 또는 능력을 가진 사람, 임용 예정 직무에 관한 실무에 정통한 사람을 위촉할 수 있다.

또한 서류심사기준 다양화, 직무 능력을 포괄적으로 측정할 수 있는 필기·면접시험의 도입 등을 통하여 해당 직위·직무에 적합한 인재가 채용될 수 있도록 해야 한다.

이외 채용 과정 공개, 비밀누설 금지 및 시험위원의 제척·기피·회피는 임원의 채용 과정과 동일하다.

2) 직원 보직관리

(1) 보직관리의 원칙

출자 · 출연기관의 장은 보직을 부여함에 있어 해당 직원의 전공 분야 · 훈련 · 근무경력 · 전문성 · 적성 등을 고려하여 적격한 직위에 임용하여야 한다. 출자 · 출연기관의 장은 교육훈련실적을 승진 · 전보 등 인사고과에 반영하여야 한다.

(2) 경력개발제도 도입 · 운영

출자 · 출연기관의 장은 소속 직원의 보직을 체계적으로 관리하고 전문성을 향상시키기 위해 경력개발제도를 도입하여 운영할 수 있다.

(3) 개방형 임용

출자 · 출연기관의 장은 직원 선호도가 높거나 영향력이 큰 직위 등을 사전에 지정하고, 당해 직위에 대한 사내공모 · 개방형 임용 등을 실시하여 능력 중심의 인사운영이 되도록 노력하여야 한다.

(4) 인사원칙의 사전공개

출자 · 출연기관의 장은 소속 직원에 대한 승진 · 전보 등 인사를 실시하기 전에 인사운영 방향 · 기준을 사전에 공지하여 투명하고 예측 가능한 인사를 실시하여야 한다. 출자 · 출연기관의 장은 승진 · 전보 등 임용기준을 변경할 때에는 소속 직원이 알 수 있게 공문시행, 인터넷 홈페이지에 게시하는 방법 등으로 예고하여야 한다.

3 출자 · 출연기관 임직원의 성과관리

1) 지방자치단체장 - 기관장 간 성과계약 체결

지방자치단체장과 출자 · 출연기관장은 회계연도 개시 후 1개월 이내(회계연도 중 채용되거나 출자 · 출연기관으로 신규 지정된 때에는 채용 날로부터 1개월 이내)에 성과계약서를 작성한다(법 11조).

다만, 출자 · 출연기관장과 실제로 기관의 경영을 총괄하는 자가 다른 경우에는 실제 경영을 총괄하는 자도 성과계약을 체결한다.

체결된 성과계약서의 달성 정도를 반영해서 다음 연도 보수를 책정한다.

2) 성과관리체계 구축 · 운영

출자 · 출연기관의 장은 각 기관의 각 직위별 역할과 책임을 명확히 하고, 소속 직원의 업무성과를 객관적으로 측정하고 기관의 경영목표 등을 달성할 수 있도록 성과관리체계를 구축하고 운영해야 한다.

3) 성과관리보상체계 구축 · 운영

출자 · 출연기관의 장은 소속 직원에 대해 성과평가 결과에 따라 업무실적 성과급 및 연봉의 차등 지급, 승진 · 전보 등에 활용하는 등 다양하고 실효성 있는 보상체계를 구축 및 운영하여야 한다.

4 출자 · 출연기관 임직원의 징계

출자 · 출연기관의 장은 소속 임직원에 대한 징계에 관한 사항을 지방공무원 징계규칙을 참고하여 자체 인사규정 등으로 정하여야 한다.

소속 임직원에 대한 징계처분을 할 때 소정의 사유가 있으면 징계 양정을 감경하거나 가중 처벌하는 규정을 두어야 한다. 음주운전, 성폭력범죄, 성매매, 성희롱, 금품 및 향응 수수와 공금의 횡령 · 유용의 비위는 징계를 감경할 수 없다. 징계의결 등의 요구는 징계 등의 사유가 발생한 날부터 3년(금품 및 향응 수수, 공금의 횡령 · 유용의 경우에는 5년)이 지나면 하지 못한다.

[표 4-6]은 음주운전 유형별 징계기준으로, 기준에 따라 징계의결하여야 한다.

표 4-6 음주운전 징계기준

<table>
<tr><th colspan="2">유형별</th><th>징계요구
(처리기준)</th><th>징계기준</th><th>비 고</th></tr>
<tr><td rowspan="2">최초
음주운전을
한 경우</td><td>혈중알코올 농도
0.1% 미만인
경우</td><td rowspan="4">경 · 중징계</td><td>감봉~견책</td><td rowspan="4">1. 음주운전이란 「도로교통법」 제44조 제1항을 위반하여 운전한 것을 말한다.
2. 음주운전으로 「도로교통법」 제44조 제2항을 위반하여 음주측정에 응하지 않은 경우를 포함한다.
3. “중상해”란 뇌 또는 주요 장기에 대한 중대한 손상, 사지 절단 등 신체 중요 부분의 상실 · 중대 변형, 신체 기능의 영구상실 등 완치 가능성이 희박한 불구 · 불치의 부상 · 질병 또는 이에 상응하는 부</td></tr>
<tr><td>혈중알코올 농도
0.1% 이상인 경우
또는 음주측정에
응하지 않은
경우</td><td>정직~감봉</td></tr>
<tr><td colspan="2">음주운전으로 운전면허가
정지되거나 취소된 상태에서
운전을 한 경우</td><td>정직~감봉</td></tr>
<tr><td colspan="2">음주운전으로 경상해 또는
물적 피해가 있는 교통사고를
일으킨 경우</td><td>정직~감봉</td></tr>
</table>

<table>
<tr><td colspan="2">2회 음주운전을 한 경우</td><td rowspan="9">중징계</td><td>해임~정직</td><td rowspan="9">상 · 질병을 말한다.
4. "운전업무 관련 직원"이란 운전원 등 운전을 주요 업무로 하는 직원을 말한다. 다만, 운전업무 관련 직원이 음주운전을 하였더라도 운전면허취소나 운전면허정지 처분을 받지 않은 경우에는 혈중알코올농도에 따른 처분을 받아야 한다.</td></tr>
<tr><td colspan="2">3회 이상 음주운전을 한 경우</td><td>파면~해임</td></tr>
<tr><td colspan="2">음주운전으로 인적 · 물적 피해가 있는 교통사고를 일으킨 후 「도로교통법」 제54조 제1항에 따른 조치를 하지 않은 경우</td><td>파면~정직</td></tr>
<tr><td colspan="2">음주운전으로 사망사고를 일으킨 경우</td><td>해임~강등</td></tr>
<tr><td colspan="2">음주운전으로 운전면허가 정지되거나 취소된 상태에서 음주운전을 한 경우</td><td>해임~정직</td></tr>
<tr><td colspan="2">음주운전으로 중상해의 인적 피해가 있는 교통사고를 일으킨 경우</td><td>해임~정직</td></tr>
<tr><td rowspan="2">운전업무 관련 직원이 음주운전을 한 경우</td><td>운전면허 취소처분을 받은 경우</td><td>파면~해임</td></tr>
<tr><td>운전면허 정지처분을 받은 경우</td><td>강등~정직</td></tr>
</table>

* 음주운전 여부는 도로교통법시행규칙 제129조의2 제3항에 따라 별지 제144호의3 서식의 운전경력증명서를 제출받으면 확인할 수 있음.

제 3 절 출자 · 출연기관의 조직과 정원 운영

1 조직과 정원 등의 운영 원칙

출자 · 출연기관은 법 제15조에 의해서 조직과 정원에 관한 내부규정을 정하거나 조직과 정원의 운영 시에 다음의 내용을 준수해야 한다.

1) 하부 조직 간 기능상의 중복 회피

기관 하부 조직은 기능상의 중복이 없도록 하며, 종합적이고 체계적으로 편성한다.

2) 적정 규모의 조직과 정원 운영

기관의 기능과 사무를 효율적으로 수행할 수 있도록 적정 규모의 조직과 정원을 운영하도록 한다.

3) 상위직 위주의 편성 지양

직급별 정원은 합리적인 체계를 이룰 수 있도록 하며 상위직 위주로 편성되지 않도록 하여야 한다.

표 4-7 출자 · 출연기관 유형별 인원 현황(2018년)

	기관 수	정 원			현 원			정원 대비 현원	임원 수
		합계	평균	편차	합계	평균	편차		
출자	83	1,120	13.5	23.5	1,126	13.6	22.4	100.5%	575
신용보증재단	16	1,141	71.3	74.8	1,094	68.4	71.6	95.9%	121
지방연구원	16	870	54.4	21.8	717	44.8	22.5	82.4%	236
문화 · 예술재단	148	5,308	35.9	45.6	4,302	29.1	42.8	81.0%	1,975
복지재단	36	656	18.2	27.8	583	16.2	25.9	88.9%	482
여성 · 청소년	34	1,155	34.0	34.6	1,023	30.1	33.1	88.6%	465
평생교육 · 인재 육성재단	173	870	5.0	16.9	688	4.0	11.0	79.1%	2,708
기업진흥 및 지원재단	79	3,597	45.5	42.3	3,069	38.8	38.6	85.3%	1,057
의료원	30	10,913	363.8	287.6	8,633	287.8	234.1	79.1%	344
기타 출연기관	30	596	19.9	13.1	413	13.8	10.1	69.3%	368
합계	645	26,226	40.7	101.7	21,648	33.6	82.8	82.5%	8,331

출처: 지방공공기관 경영정보 공개시스템 클린아이(Cleaneye).

4) 내부규정의 명확화

조직과 정원에 관한 내부규정에는 조직별 · 직급별 정원을 명확하게 나타내야 한다.

출자 · 출연기관의 장은 기능과 업무량이 변경될 때에는 그에 따라 조직과 정원을 조정하여야 한다. 또한 출자 · 출연기관의 정원과 현원은 원칙적으로 일치하도록 운영하여야 한다.

2 출자 · 출연기관 유형별 조직도

전체 출자 · 출연기관 중 각 유형별로 선정된 기관의 조직도를 통해 조직구조와 업무의 세분화 정도를 파악할 수 있다. 아래에서 보여 주듯이 기관 유형별로 또 같은 유형 내에서도 조직구조와 업무 세분화 정도는 상이하다.

1) 출자기관

[그림 4-1]은 대전광역시에 위치한 출자기관인 (주)엑스코의 조직도다. 주식회사로서 대표자로 대표이사 사장이 있으며, 그 아래에 경영지원본부와 마케팅본부로 구성되어 있다.

그림 4-1 (주)엑스코의 조직도

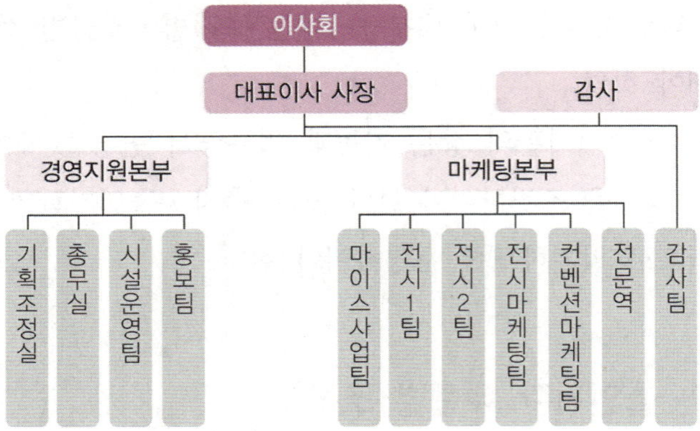

2) 신용보증재단

[그림 4-2]는 충남신용보증재단의 조직도다. 경영본부 아래에 신용보증 관련 부서인 보증기획부, 재기지원부 등이 설치되어 있으며, 도 내 거점 도시에 지점이 운영되고 있다.

그림 4-2 충남신용보증재단의 조직도

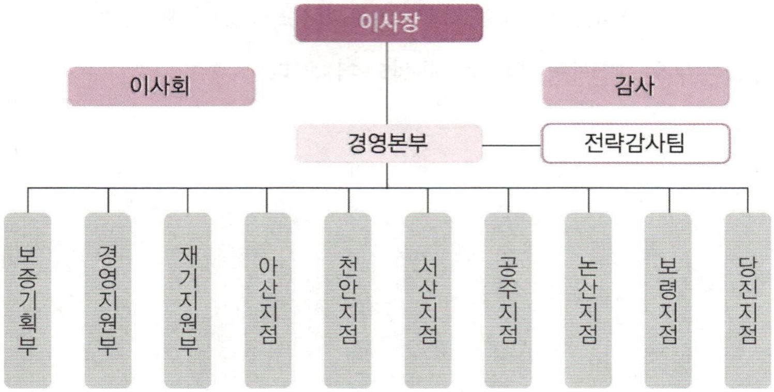

3) 지방연구원

[그림 4-3]은 서울연구원의 조직도다. 기획조정본부에서 연구원 운영 전반을 지원하고 있으며, 도시사회, 사회경제, 교통 시스템 등 다양한 연구실이 설치되어 있다.

그림 4-3 서울연구원의 조직도

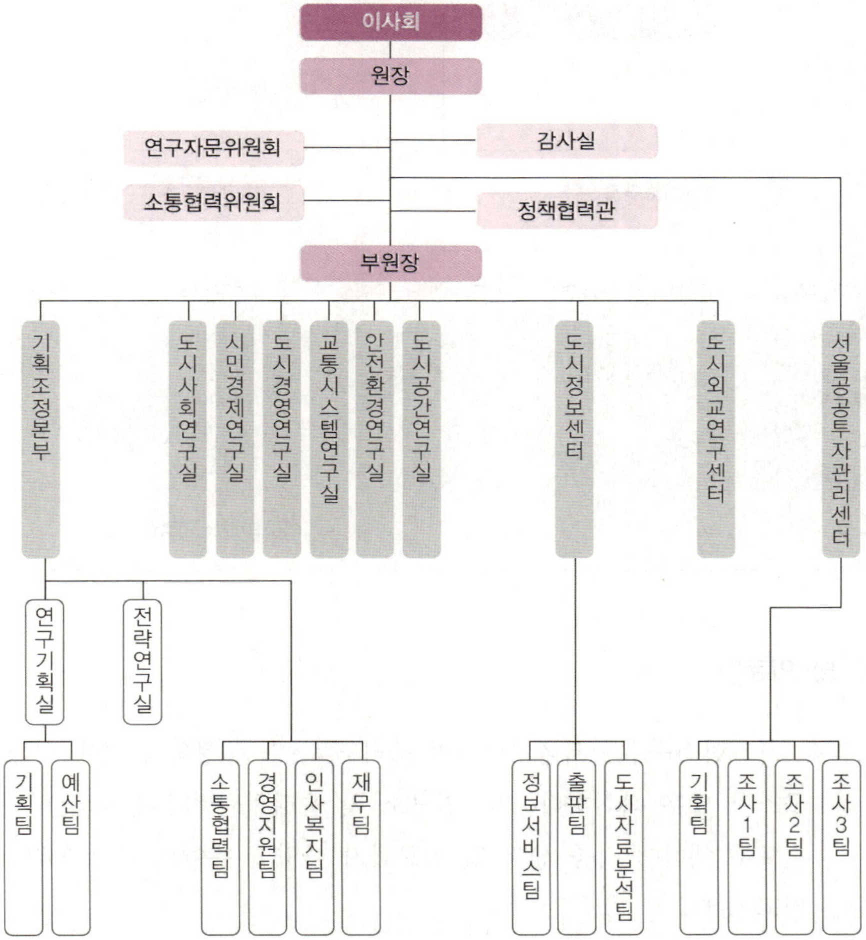

4) 문화 · 예술재단

[그림 4-4]는 강원문화재단의 조직도다. 사무처에서 재단의 기획, 경영, 사업 등을 담당하며, 도 단위 지역축제도 기획 · 운영하고 있다. 이외에 문화재 연구소 및 영상위원회도 설치되어 있다.

그림 4-4 강원문화재단의 조직도

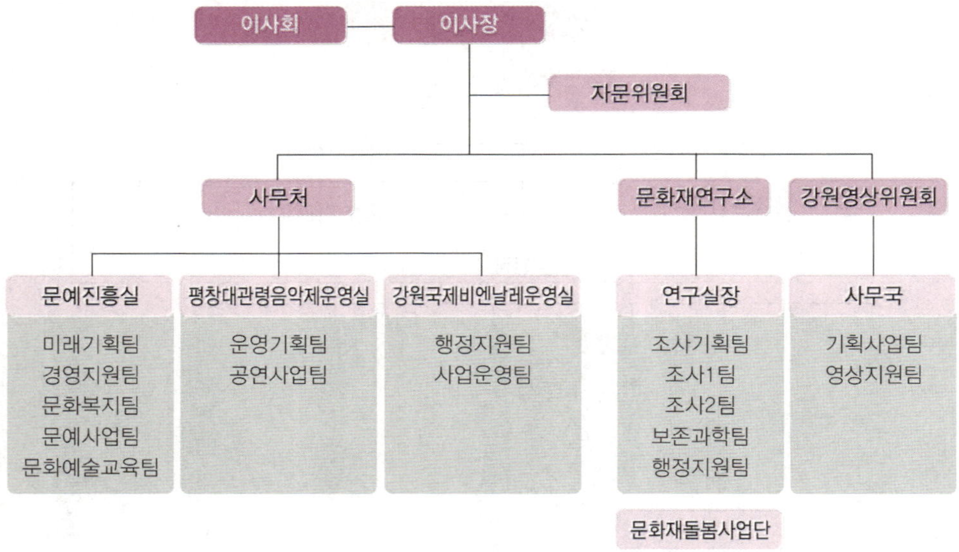

5) 의료원

[그림 4-5]는 서울의료원의 조직도로, 타 유형의 기관에 비해 조직 구조가 매우 복잡하다. 의학연구소 및 윤리위원회가 설치되어 있으며, 진료부 예하에 각종 센터 및 진료과가 다양한 분야로 세분화되어 운영되고 있다.

그림 4-5 서울의료원의 조직도

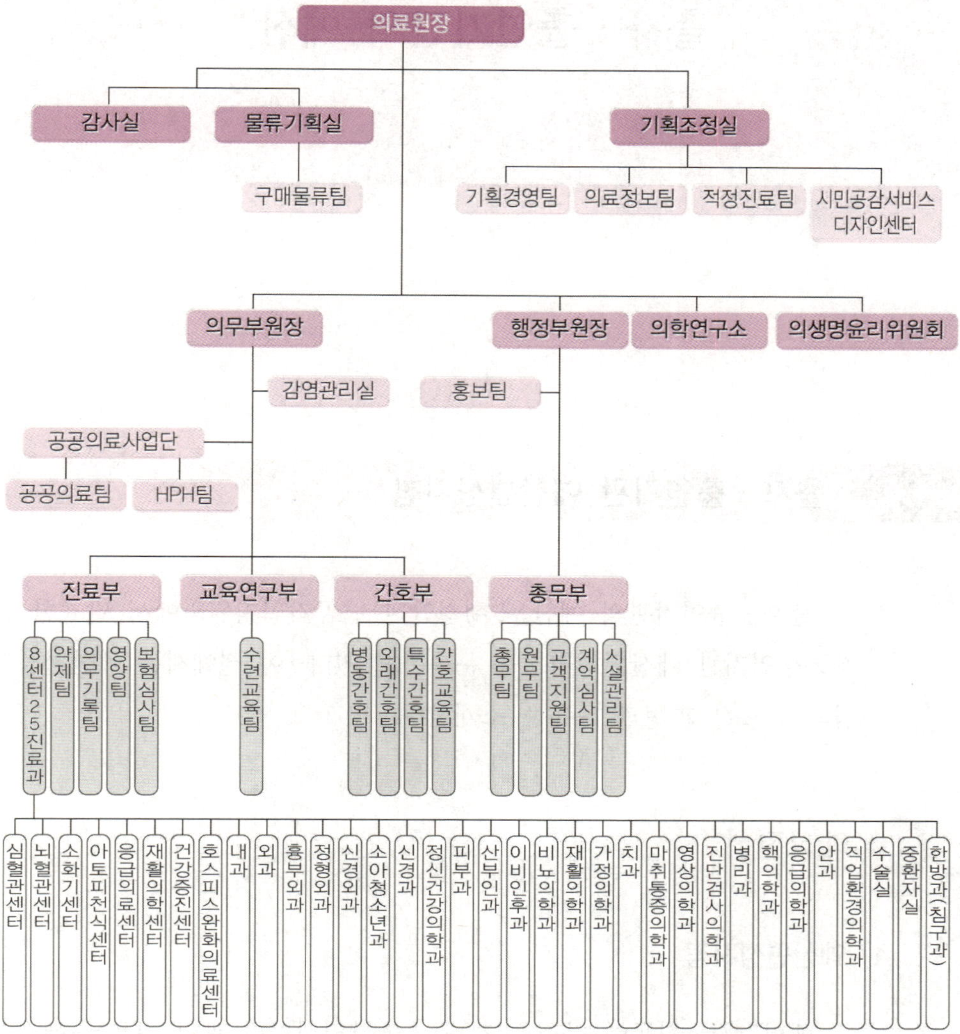

제5장

출자 · 출연기관의 예산

제 1 절 출자 · 출연기관 예산편성지침

출자 · 출연기관의 예산은 행정안전부 공기업지원과에서 발표한 출자 · 출연기관 예산편성지침을 준수하고 있다. 이 절에서는 예산편성지침의 중요한 과정과 내용을 소개한다.

1 예산편성

1) 예산편성지침

매년 세부 항목이 다소 변경되는 예산편성지침 관련 내용은 행정안전부(공기업지원과)에서 발표한 2021년도 지방출자 · 출연기관 예산편성지침, 2020년 6월 개정안에 근거하여 서술한다. 예산편성지침은 「지방자치단체 출자 · 출연기관의 운영에 관한 법률」의 적용을 받는 출연기관과 지방자치단체 지분이 100분의 50 이상인 출자기관에 대해 적용된다. 또한 예산편성지침에 별도의 규정이 없는 경우에는「지방공기업 예산편성기준」,「지방자치단체 예산편성 운영기준」을 준용하도록 한다. 다만, 경비의 주체, 지급 대상, 사용 용도 등 성격상 준용하기가 적절치 않은 경우에는 반영하지 않는 것을 원칙으로 한다.

2) 절 차

행정안전부장관은「지방출자 · 출연법」제27조 제2호 및 같은 법 시행령 제14조 제2항에 따라 다음 연도 예산의 편성 · 집행과 자금운영에 관한 사항을 정하여 6월 30일까지 지방자치단체의 장에게 통보하여야 한다.

지방자치단체의 장은 동법 시행령 제14조 제3항에 따라 통보받은 예산편성지침에 관한 세부사항을 작성하여 출자 · 출연기관의 장에게 통보하여야 한다.

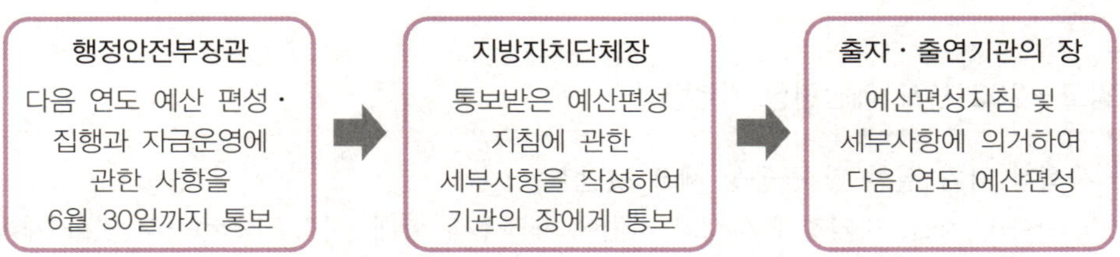

지방자치단체 출자 · 출연기관의 운영에 관한 법률
제27조(운영지침의 통보) 행정안전부장관은 출자 · 출연기관에 공통적으로 적용할 다음 각 호의 사항에 관한 운영지침을 정하고, 이를 각 지방자치단체의 장 또는 출자 · 출연기관의 장에게 통보할 수 있다.
2. 예산의 편성 · 집행과 자금운영에 관한 사항

지방자치단체 출자 · 출연기관의 운영에 관한 법률 시행령
제14조(예산의 편성 등)
③ 지방자치단체의 장은 제2항에 따라 통보받은 예산편성지침에 관한 세부 사항을 작성하여 출자 · 출연기관의 장에게 통보할 수 있다.

3) 예산편성지침기준의 성격 및 적용

지방출자 · 출연기관 예산편성지침은 국가 및 지방자치단체의 재정 운용과 연계하여 예산을 편성함에 있어 출자 · 출연기관이 공통적으로 적용할 기준을 제시한다.

이러한 기준은 지방자치단체 일반회계와의 형평성 및 지방출자 · 출연기관 간의 균형을 유지하는 성격을 가진다. 또한 예산운영의 건전성, 효율성 및 생산성을 도모하여 지방재정 확충에 기여하고 경영실적 평가의 기초자료로 활용된다.

지방차치단체에서는 공통기준 범위 내에서 자체적인 여건과 특성을 고려하여 세부지침을 마련하고 시행한다.

※ 참고 – 2021년도 예산편성 기본방향

▸ **사회적 가치 실현 및 공공성 제고 뒷받침**
– 일자리 창출, 지역경제 활성화 사업에 재정투자 확대, 비정규직 정규직 전환 계획의 차질 없는 추진, 주민참여예산제 확립, 복리후생 수준 점검, 불합리한 관행 해소 노력, 소상공인 · 자영업자 부담 완화 및 경영애로 해소 지원, 재정집행을 통한 일자리 창출 등 지역경제 활성화

▸ **경영효율성 제고 노력 및 혁신성장 분야 투자 확대**
– 사업수행 방식 개선, 수입원 확대 발굴 등 경영수지 개선, 성과관리, 예산사업 성과평가 등으로 불요불급한 예산편성 억제, 재무건전성을 유지하면서 임대주택 건설 등 공적 기능 강화와 지역경제 활성화 지원을 위한 합리적 범위 내 적정부채 수준

유지. 경영효율화를 통해 절감된 재원을 혁신성장 분야에 투자, 지속가능 성장 토대 마련

▸ **윤리경영체제 확립으로 낡은 관행 혁신 및 신뢰회복**

- 채용비리 근절을 위한 투명한 채용 및 인사운영체계 구축, 근로 시간 단축에 따른 적정 인건비 반영, 갑질 방지 및 계약 거래 공정성 확보 위한 시스템 구축, 경영공시 책임성 강화를 통한 투명한 경영환경 구축 등

제 2 절 출자 · 출연기관의 예산편성 원칙

1 재정건전성 강화

출자 · 출연기관은 합리적인 기준에 의해 지출경비를 산정하고, 관련 자료에 의거 정확하게 수입을 산정하여 예산을 계상해야 한다. 또한 재정의 건전한 운영을 위해 노력하고 지방자치단체에 부담을 전가하는 사업이 시행되지 않도록 노력하여야 한다.

1) 예산편성의 효율성 강화

예산편성의 효율성을 높이기 위해 지출예산은 지출의 목적 달성에 필요한 최소한의 경비만을 예산에 편성하고, 수입예산은 과대하게 편성되지 않도록 관련 근거에 의거하여 적정하게 편성되도록 해야 한다. 예산을 편성할 때 급격한 지출의 증가나 수입의 감소가 있을 경우에는 당해 연도와 다음 연도 재정 상황을 고려하여 편성하여야 한다. 지방출자 · 출연기관 예산 중 경상경비, 행사성 경비는 전년도 수준 내에서 편

성하고, 기타 사업비는 자율 절감하여 생산성 사업 등에 재투자하도록 한다. 지방출자 · 출연 예산경비의 종류 등에 관련된 사항은 제3절에서 서술한다.

2) 예산집행의 투명성 강화

국회, 감사원, 자치단체, 지방의회, 언론 등의 지적 사항에 대한 타당성을 신중히 검토하여 예산의 편성 및 집행이 이루어져야 한다. 예산집행이 투명하게 이루어지도록 외부회계감사, 개별경영공시 · 통합공시 공개 등을 탄탄히 추진해야 한다.

예산집행 과정 중 예산 절감이 가능한 부분은 적극적으로 절감을 위해 노력해야 한다. 예산 절감이 가능한 경우는 다음과 같다.

1. 공공요금, 유류비 지급 등 예산집행 과정에서 발생된 신용카드 포인트 등은 당해 경비에 사용하여 예산을 절감
2. 원자재 가격 하락에 따른 사업비 감소 시, 예산 감액 조정
3. 조달 · 구매예산은 수의계약을 축소하고 경쟁을 확대하여 관련 예산을 절감

3) 건전재정 운영

재정은 수지균형의 원칙에 따라 건전하게 운영하여야 하며, 세출은 세입의 범위 내에서 충당되어야 한다. 출자 · 출연기관은 세입 증대 방안을 마련하고, 세출예산 집행 시 불요 · 불급한 지출은 최대한 억제하도록 하여야 한다.

2 독립채산의 원칙

출자 · 출연기관은 경영합리화에 의한 조직역량 강화 및 책임경영체제를 구축하기 위해 당해 사업의 수입으로 그 비용을 충당할 수 있도록 노력해야 한다. 이를 위해서 사업수행과 지방자치단체 또는 국가의 업무를 대행하는 경우에 수반되는 비용은 그 비용을 유발한 원인자에게 최대한 부담하도록 하여야 한다.

「지방출자 · 출연법」 제21조 제1항에 따라 출자 · 출연기관은 국가 또는 지방자치단체의 업무를 대행할 수 있으며, 그에 수반되는 비용을 받아야 한다. 비용에는 사업 실시에 따른 사업계획 수립, 사전조사와 용역 등에 소요되는 경비, 사업의 집행에 소요되는 시설비, 인건비 및 부대경비 등이 있다. 비용의 부담 중 지방자치단체 사무에 관한 경비의 범위, 비용 부담의 방법 · 절차, 그 밖에 필요한 사항은 조례로 정한다고 법 제21조 제2항에 명시되어 있다.

출자 · 출연기관은 사업을 대행하거나 수탁하고자 하는 경우에 국가(또는 지방자치단체)와 위탁계약을 체결한다. 위탁계약 체결 시에 사업별 위탁계약 체결 방식을 적극적으로 활용하여 효율적인 경영운영을 도모할 수 있다. 또한 해당 기관은 사업위탁에 따른 자금집행계획을 국가 또는 지방자치단체에 제출하여 다른 자금에 앞서 해당 사업에 대한 자금을 우선적으로 지원받을 수 있다.

제21조(대행 사업의 비용 부담)

① 출자 · 출연기관은 국가 또는 지방자치단체의 사업을 대행할 수 있다. 이 경우, 그 대행에 필요한 비용은 국가 또는 지방자치단체가 부담한다.

② 제1항에 따른 비용의 부담 중 국가사무에 관한 경비의 범위, 비용 부담의 방법 · 절

차, 그 밖에 필요한 사항은 대통령령으로 정한다. 다만, 제1항에 따른 비용의 부담 중 지방자치단체 사무에 관한 경비의 범위, 비용 부담의 방법 · 절차, 그 밖에 필요한 사항은 조례로 정한다.

3 발생주의 원칙

출자 · 출연기관은 경영의 성과 및 재무상태를 명백히 하기 위해 재산의 증감 및 변동을 그 발생의 사실에 따라 기업회계원칙에 따라 계리하여야 한다. 출자 · 출연기관의 예산은 당해 사업연도의 사업운영을 위한 예상손익계산서의 역할을 하는 것으로서, 이를 잘 나타내기 위해 비현금성 지출경비를 계상하여야 한다.

1) 발생주의 회계처리

수익은 실현주의 원칙에 따라 그 수익을 조사결정한 날이 속하는 연도로 하여야 하며, 이에 의할 수 없는 경우에는 그 원인이 되는 사실이 속한 기간이 속하는 연도에 포함된다.

비용은 발생주의 원칙에 따라 지급을 수반하는 비용에 대하여는 채무가 확정된 날이 속하는 연도로 한다. 한편, 감가상각비는 감가상각을 행하여야 하는 날이 속하는 연도로 한다.

2) 예산편성

수입예산은 사업수익의 경우, 영업수익은 재화 및 서비스 공급의 공급량 등을 감안하여 적정하게 계상하고, 이자수입, 부대시설의 임대수입 등 각종 영업외수익은 현실성 있게 계상한다. 자본적 수입의 경우에는 관계규정 및 경비부담 구분의 원칙에 의해 계상한다. 차관을 포함한 사채수입은 국가 또는 지방자치단체가 상환을 보증한 경우에 한해서만 계상한다.

지출예산은 예산편성 단계부터 사업계획 등을 면밀히 검토하여 불용액 과다 발생 등 재원이 사장되는 사례가 없도록 편성한다. 경상비는 영기준(zero base) 예산을 활용하고, 편성 단계에서부터 예산 절감을 적극적으로 추진해야 한다. 투자사업은 중기지방재정계획과 연계하여 정확한 예측수요에 의한 사업비를 책정하고 사업의 필요성 및 타당성 등을 적극 검토하여 추진하되, 계속사업과 미완공사업의 마무리를 위주로 사업을 추진하여야 한다. 법령에 근거한 재정 투 · 융자 승인 또는 허가를 받아야 할 사항은 반드시 사전적 절차를 이행한 후 예산을 편성해야 한다. 부채 감축을 위한 채무관리의 효율성을 강화하고, 상환원리금 등 법정 필수경비는 연간 소요액을 당초예산에 전액 계상한다.

3) 현금을 수반하지 아니하는 경비의 계상

출자 · 출연기관의 예산에는 비현금성경비를 계상하도록 하고 있기 때문에 수입예산 총액과 지출예산의 총액이 반드시 일치하지는 않는다. 비현금성경비로 계상한 감가상각비는 각 자산별 감가상각 방법에 따라 당년도분을 계산하여 예산에 계상하고, 이에 따른 유보재원 등 보전재원을 최대한으로 확보해야 한다. 이익잉여금 등 보전재원은 예산총칙에는 명시하고, 자본적 수입의 예산과목에는 반영하지 않는다.

4 회계연도 독립의 원칙

출자 · 출연기관의 사업연도는 지방자치단체의 일반회계의 회계연도에 의하며, 각 회계연도의 경비는 당해 연도 세입으로 충당하여야 하며, 매 회계연도의 세출예산은 다음 연도에 사용할 수 없다.

회계연도란 재정활동의 시간적 구분으로서 지방자치단체가 세입 · 세출의 상황을 명확히 하고 재정을 적절히 통제하기 위해 설정한 기간으로 1년(1월 1일~12월 31일)을 단위로 한다.

한편, 예산 운영상의 신축성을 유지하기 위한 회계연도 독립의 예외로 계속비, 예산의 이월, 세계잉여금의 세입이입 등이 있다. 예산의 이월은 명시이월과 사고이월 등이 있다.

- 명시이월: 세출예산 중 경비의 성질상 당해 연도 내에 그 지출을 끝내지 못할 것이 예상되어 그 취지를 세입세출예산에 명시하여 미리 지방자치단체 협의 및 이사회 의결을 얻어 다음 연도에 이월하여 사용
- 사고이월: 세출예산 중 당해 연도 내에 지출원인부담행위를 하고 불가피한 사유로 인하여 그 연도 내에 지출하지 못할 경비와 지출원인행위를 하지 아니한 그 부대경비를 다음 연도에 이월하여 사용

5 예산총계주의 원칙

한 회계연도의 모든 수입은 세입으로 하고 모든 지출은 세출로 하며, 세입과 세출은 모두 예산에 편입되어야 한다.

세입예산은 이자수입, 사업수입, 잉여금, 출연금, 출자금, 이월금 등이 포함되어야 하고, 세출예산은 인건비, 운영경비, 사업비, 예비비, 기

본재산 적립, 보조금 반납금 등이 포함된다. 매 회계연도의 세입세출결산 결과 발생한 잉여금은 다음 연도 세입예산에 포함하여 처리한다. 출자 · 출연기관은 '기본재산' 또는 '기금'을 감액하여 세입예산의 부족한 재원을 충당하고자 할 때는 세입예산에 '출연금수익'으로 계상하여야 하고, 순세계잉여금을 기본재산에 편입하여 적립하기 위해서는 세출예산에 '기본재산 적립'으로 계상하여 처리해야 한다. 2개 이상 회계를 구분하여 회계처리 하는 경우에는 예산 · 결산 시 회계별로 작성하여 내용이 누락되는 사례가 없도록 해야 한다. 모든 수입은 법령에서 별도로 정한 경우를 제외하고는 직접 사용해서는 안 되며, 세출예산에 계상하여 집행하여야 한다.

6 잉여금의 처리

매 회계연도 세입세출 결과 발생한 잉여금은 다음 연도 세입예산에 편성하여 처리하는 것이 기본원칙이다.

순세계잉여금을 반영하여 출연기관의 예산 요구액을 조정하고 보조금 형태의 목적사업 불용예산은 차감 후 예산을 요구한다.

출연기관의 세입세출결산 결과 발생한 잉여금은 세입예산에 편성하여 사업주관 부서와 협의 후 이사회 승인을 거쳐 기본재산(자본금)에 편입하거나 차입금변제에 우선적으로 활용한다.

발생주의 복식부기에 의한 재무회계 결산 결과로 이익이 생긴 경우에 출연기관은 사업주관 부서와 협의 후 이사회 승인 등을 거쳐 이월결손금을 보전한 후, 기본재산에 편입하거나 준비금 등으로 적립한다. 출자기관은 정관 등의 내부규정이 정하는 바에 따라 이사회 승인 등을 거쳐 이월결손금을 보전한 후 주주 배당 등의 실시가 가능하다.

발생주의 복식부기에 의한 재무회계 결산에 따라 손실이 생긴 때에는 이사회 승인 등을 거쳐 준비금으로 이를 보전하고, 부족할 때는 이월한다.

7 에너지 절약 용역사업

에너지 절약 시책의 효율적 추진을 위하여 에너지 절약 전문기업을 활용한 절약 시설 투자에 대한 금융 · 세제 지원 강화 및 성과배분계약에 의한 에너지 절약을 추진한다.

제 3 절 주요 항목별 편성기준

1 인건비

1) 총인건비

총인건비는 모든 인건비와 인건비 항목 외에 계정과목 및 명목 여하에 불구하고, 임직원의 소득세법상 근로소득에 해당하는 모든 항목을 포함한다. 단, [표 5-1]에 해당하는 경우에는 총인건비 인상률 산정 시 제외한다. 당해 연도 총 인건비 예산은 전년도 말 정원(무기계약직 포함)을 기준으로 총 인건비를 편성하되, 기존 직원과 무기계약직에 대한 인건비는 별도 관리[1]하도록 하고 있다. 승진, 승급, 채용 등에 따른 추

1) 무기계약직 인건비 예산은 원칙적으로 인건비 비목(104)에 편성하되 정부수탁사업 등으로 불가피하게 사업비 비목에 편성할 경우 사업비 비목 내에 별도로 계상한다.

표 5-1 총인건비 인상률 산정 시 제외분

- ▶ 기관장 및 정원 외 직원(비정규직) 인건비 ▶ 퇴직급여충당금
- ▶ 의사직 운영기관의 진료성과급
- ▶ 경영실적 평가 및 직무수행실적 성과급
- ▶ 연구수당(과제수행에 따른 총괄책임자 및 참여연구원의 보상 · 장려금)
- ▶ 가족수당(배우자 및 직계존속 부양에 따라 지급되는 수당)
- ▶ 영유아보육비(영유아보육법 제14조에 의해 지급되는 지원금)
- ▶ 자녀학비보조수당(초중등교육법상 학교에 취학 중인 자녀에 대한 학비 지원금)
- ▶ 4대 보험* 사업자 부담분
  * 고용보험, 산업재해보상보험, 국민건강보험(노인장기요양보험 포함), 국민연금
- ▶ 시간선택제 일자리에 따른 추가인건비(급식비, 교통비 등) ▶ 「지방출자 · 출연기관 임금피크제 도입권고안」('15.9.30) 및 「지방출자 · 출연기관 임금피크제 운영지침」('16.5.12)에 따라 임금피크제를 도입하고, 「고용보험법 시행령」 제17조에 따라 지원받는 지원금(상생고용지원금)
- ▶ 임금피크제 도입을 통해 마련한 절감재원 중 신규자 인건비를 충당하고 남은 금액
- ▶ 비정규직의 정규직 전환 결과에 따라 정규직으로 전환되는 인력에 대한 「공공부문 비정규직 근로자 정규직 전환 가이드라인('17.7.20)」상의 처우개선 소요액(급식비 월 13만 원, 복지포인트 연 40만 원, 명절상여금 연 80만 원) 및 정규직 전환에 직접 소요되는 인건비
- ▶ 최저임금 인상*에 따른 인건비 증가분
  * 최저임금법 제10조 제1항에 따라 고시된 직전 연도 대비 당해 연도 최저임금의 증가분
- ▶ 지방출자 · 출연기관 청년고용의무제 시범도입지침('18.3.23)에 따른 별도정원에 소요되는 인건비
- ▶ 육아휴직대행업무수당
- ▶ 「기술의 이전 및 사업화 촉진에 관한 법률」에 따른 공공기술 이전에 대한 성과 배분 보상금(직무발명 보상금)

가 인건비 소요분은 총인건비 예산 범위 내에서 운영하며, 일부 사항[2]에 한해서는 예비비로 편성하고 편성된 예산을 편법적인 인건비 인상으로 활용하지 않도록 해야 한다. 총인건비 인상률을 위반한 기관은 평가

2) - 정원과 현원의 차이에 해당되는 인건비와 지도 · 감독 자치단체와 협의를 거친 정원 증원에 해당하는 소요 인건비
- 연도 중 퇴직, 병가, 장기교육, 출산휴직 등 6개월 이상 장기간 결원 인원의 업무공백에 대체하여 투입되는 대체인력 인건비
- 임금피크제 권고안에 따라 임금피크제를 도입하고 「고용보험법 시행령」 제17조에 따라 지원받는 지원금(상생고용지원금)
- 지방출자 · 출연기관 청년고용의무제 시범도입지침('18.3.23)에 따른 별도 정원에 소요되는 인건비

에 반영하여 패널티를 적용하고, 다음 연도 인건비 예산편성 시 인상률 위반 금액만큼 감액하여 편성한다. 기관장의 연봉액은 성과계약 이행실적 평가, 경영실적 평가 결과에 따라 상향 또는 삭감이 가능하다.

당해 연도의 총인건비 예산은 전년도 총인건비 예산 대비 0.9% 인상률 범위 내에서 지방자치단체장과 협의하여 인상률을 적용하여 편성한다. 호봉승급 등 자연증가 소요는 전년도 총인건비 예산의 1.4% 한도 내에서 자치단체장이 예산에 별도 편성할 수 있도록 하고 있다. 또한 총인건비는 행정안전부장관이 제시하는 인상률(정책인상률+호봉승급분) 범위 내에서 승진, 승급, 채용 등에 따른 추가 소요분을 모두 반영하여야 한다. 출자 · 출연기관은 행정안전부장관이 제시한 범위 내에서 설립 자치단체장이 최종결정하여 통보한 인상률을 적용하여 총인건비 예산을 편성한다. 총인건비 한도내에서의 개인별 · 항목별 등 구체적인 증감은 각 기관이 자율적으로 결정한다. 총인건비에 포함되어야 하는 세부 항목에 대해서는 설립 자치단체가 소득세법 제20조 및 소득세법시행령 제38조를 참조, 「지방출자 · 출연기관 예산편성 세부지침」에 명시하여 공사 · 공단에 통보한다. 또한 예산편성의 기준이 되는 정원은 현원 대비 결원율 5%를 초과할 수 없다.

2) 수 당

총인건비 한도 내에서 개인별, 항목별 등의 구체적인 증감은 각 기관이 자율적으로 결정하되, 새로운 수당, 복리후생비 등의 신설을 억제하고, 기본급 중심의 임금체계로 단순화한다.

3) 퇴직급여

퇴직급여충당금은 근속 1년당 30일분의 평균임금을 적용하여 산정한 퇴직금 추계액에 맞추어 매 분기별 우선적으로 적립한다. 퇴직금의 기준이 되는 평균임금 및 통상임금은 고용노동부의 유권해석에 따라 산정하며, 퇴직금 누진제는 적용하지 않는다. 정년을 상향 조정하고자 하는 경우에는 임금피크제 등 임금유연화 프로그램 도입 여부를 설립 자치단체와 사전에 협의한 후에 결정한다.

4) 인건비의 타 비목 전용 금지

인건비 관련 비목에 잉여재원이 발생하더라도 인건비 관련 비목 상호 간을 제외한 다른 비목으로 전용이 불가하다. 다만, 타당성이 인정되는 경우에는 예외적으로 전용이 가능한 데, 사유는 다음과 같다.

<인건비의 타 비목으로의 전용이 가능한 경우>

- 기관의 업무를 외부 위탁하는 경우의 관련 인건비를 위탁사업비로 전용하는 경우
- 기타 공공요금 등 지출이 불가피한 경비의 부족이 발생하여 전용하는 경우로서 기관장이 특별히 그 필요성을 인정한 경우(업무추진비, 행사비용 등으로의 전용은 불가함)

5) 비정규직 보수

비정규직 근로자의 퇴직금 및 법정경비 등의 예산과 외주화를 포함한 단순 노무인력의 인건비 단가는 고용노동부 「공공부문 비정규직 종합대책」 및 지방자치단체의 「예산안 작성 세부지침」을 준용하여 편성

한다.

6) 정년연장과 임금피크제

2016년부터 「고령자고용촉진법」(2013년 개정)에 따라 정년이 60세로 보장되면서 신규채용의 감소 등 문제가 발생하였으며, 임금체계의 개편이 필요해졌다. 지방출자 · 출연기관은 지방자치단체와 협의하여 임금피크제를 도입하였다. '임금피크제'란 사업주가 근로자에게 일정 연령 이상까지 고용을 보장하는 조건으로 일정 연령, 근속 시점 또는 임금액을 기준으로 임금을 감액하는 제도를 말한다. 임금피크제를 적용하는 기관은 지방자치단체와 사전협의를 통해 별도 정원을 인정받아 신규채용을 할 수 있으며, 별도 정원 인건비는 임금피크제 적용으로 발생한 절감재원으로 충당하고 별도로 지급하지는 아니한다. 임금피크제 도입을 통해 마련한 절감재원 중 신규자 인건비를 충당하고 남은 금액을 차년도 이월하여 별도 정원을 인정받아 채용한 자에 대한 인건비로 충당하려고 할 경우 인건비 내 별도의 과목을 만들어 관리할 수 있다.

2 경 비

1) 경상경비

경상경비는 전년도 경상경비 예산액에서 전년도 1월에서 6월까지 소비자물가 평균상승률 범위 내에서 실소요액을 편성하되, 불요불급한 경비는 최대한 절감하여 편성한다.

2) 복리후생비

복리후생비는 국민 눈높이에 맞추어서 과도한 복리후생제도가 운영되지 않도록 한다. 사회통념상 허용되지 않는 수준의 복리후생비를 편성하지 않도록 하며, 사회통념상 허용 여부는 일차적으로 해당 지방자치단체 공무원의 복리후생 수준을 기준으로 한다.

3) 업무추진비

당해 연도 업무추진비[3](접대비 포함)는 전년도의 경상경비 절감실적 등을 고려하여 최대한 절감하여 편성한다.

4) 관서업무비

(1) 정원가산업무비

직원 사기진작을 위한 경비, 예를 들어 동호인 취미클럽활동, 체육대회 참가자 격려, 생일 기념품, 불우직원 격려 등에 소요되는 경비로 연간 기준액은 전체 정원 수를 기준으로 산정하고 예산은 본부 또는 소속 기관 단위로 편성한다. 전년도 말 기준 정원 수(정규직+비정규직)를 기준으로 편성한다.

표 5-2 정원가산업무비의 1인당 연간 기준액

정 원	100명까지	101~300명	301~600명	601~800명	801명 이상
1인당 연간 기준액	80,000원	60,000원	45,000원	30,000원	15,000원

3) '업무추진비'는 사업추진에 소요되는 연회비, 기타 제경비 및 업무협의, 간담회 등 각 기관의 기본적인 운영을 위하여 소요되는 경비 등을 말한다.

(2) 부서운영업무비

내부직제에 반영된 과 · 팀 등 조직 형태를 유지하고 있는 보조기관에 한하여 조직운영에 소요되는 부서운영업무추진을 위한 경비로써 각 부서 단위로 편성한다. 부서운영 공통경비이므로 부서장의 활동경비로는 사용할 수 없으며, 부서 전체 직원의 사기앙양 경비로 사용한다. 전년도 말 기준 정원 수(정규직+비정규직)를 기준으로 편성한다.

표 5-3 부서운영업무비의 월지급액 범위

과 인원 수	5인 이하	10인 이하	15인 이하	20인 이하	25인 이하	30인 이하	비 고
월지급액 범위	100천 원 이하	100천 원 초과~175천 원 이하	175천 원 초과~250천 원 이하	250천 원 초과~300천 원 이하	300천 원 초과~350천 원 이하	350천 원 초과~400천 원 이하	정원 31인 이상 1인 초과 시 월 5천 원 추가

5) 특정업무수행경비

예산 · 결산 · 계약 · 감사 · 노사 · 보상업무 · 경영평가 실무담당 직원에 대하여 월 80,000원 범위 내에서 편성하며, 세부 지급 대상과 지급액은 기관의 내부규정으로 정한다.

6) 사내근로복지기금

사내근로복지기금[4]은 직원 1인당 출연 규모와 유사 · 동종업종 민간기업의 출연 수준 등을 감안하여 출연금을 편성하고, 다른 특별출연을

4) '사내근로복지기금'은 근로복지기본법 제61조(사내근로복지기금의 조성)에 의하여 조성된 기금을 말한다.

해서는 안 된다.

7) 기 타

핵심역량 제고를 위한 교육훈련 및 연구개발이 강화되도록 노력해야 하며, 불필요한 국외여행을 최대한 자제하고 국외여비는 「공공기관 공무국외여행 개선방안」에 따라 절감하여 편성하여야 한다.

외빈초청경비는 상호주의를 엄격하게 적용해서 예산을 편성하도록 해야 한다. 광고(홍보)예산은 기관설립 목적 및 경영목표와 광고효과 등을 감안하여 절감 편성하고, 기관 이미지 등 단순 홍보성 광고비 편성을 지양해야 한다. 교육여비는 「지방공무원 교육훈련 운영지침」 및 「공무원여비규정」을 준용하여 편성한다.

외래교육강사의 강사료는 '지방자치인재개발원' 또는 지방자치단체 교육연수원 등의 강사료를 준용하여 편성하도록 한다. 다중 이용시설 등 안전을 요하는 출자 · 출연기관은 「지방자치단체 출자 · 출연기관의 운영에 관한 법률」 제13조에 의한 임직원에 대한 자체교육훈련 계획 수립 시 안전 관련 교육을 과정에 반영하는 등 각종 재난발생 시 즉각 대응할 수 있도록 하여야 한다. 지방공무원 수당규정에 의한 「2021년도 지방공무원보수업무 등 처리지침」에서 정한 비목 등을 준용하여 편성한다.

3 성과급

1) 경영평가에 따른 성과급

경영평가에 따른 성과급은 경영평가와 개인별 근무실적에 따라 지급하고, 관련 예산은 기관장, 임원급, 직원으로 구분하여 성과급과목에 편성한다. 성과급 재원 마련, 평가 등급, 지급률, 지급 방법 등은「지방공기업 예산편성지침」을 준용하고, 직원에 대한 성과급 지급률은 [표 5-4]와 같이한다.

표 5-4 경영평가 등급에 따른 성과급 지급률

경영평가 등급	가	나	다	라	마
지방자치단체장의 지급률 결정 범위	201~ 300%	151~ 200%	101~ 150%	10~ 100%	0%

기관장은 지방자치단체장이 결정한 지급률을 개인별로 적용하여 합한 총액 범위 내에서 성과급 지급총액(ceiling)을 결정한다.

적용 대상은 정관상 정원에 포함된 정규직원이며 경영평가 결과를 확정 · 통보받은 날로부터 3월 이내이다. 지급액은 연봉월액×지급률로 산정된다. 기관장은 지급총액 한도 내에서 근무실적 평가 등을 고려하여 개인별 4등급 이상으로 차등을 두어 지급한다.

2) 예산성과금

예산성과금은 신기술 적용, 혁신적인 아이디어로 사업비 예산 절감을 통한 국고(지방재정) 수익 증대의 특별한 사유가 발생한 경우에 제한적으로 운영하고, 이외 사유에 대해서는 임의적으로 예산성과금 운영은 불가하다. 지급 대상, 지급기준, 지급 방법, 지급 절차 및 시기, 후속조치 등은「지방공기업 예산편성지침」을 적용한다.

4 사업비

사업비는 기관 고유업무와 핵심사업 위주로 예산을 편성한다. 기관별 경영목표와 예산 간의 연계를 강화하여 경영목표를 효율적으로 달성할 수 있도록 편성하고, 예산사업 성과평가를 강화하고 비핵심사업이나 예산낭비 요소 발굴 등을 통해 지출 구조조정을 적극적으로 추진한다.

신규투자사업, 자본출자 예산은 관계 법령 · 조례 · 정관상 기관의 고유목적사업으로 한정한다. 일정 규모 이상의 신규사업은 외부 전문기관의 사전타당성 조사를 실시하고 타당성이 인정된 경우에 내부 투자심의위원회의 타당성 심의 및 이사회의 심의 · 의결을 거쳐서 예산에 반영한다. 타당성 조사 이후 사업 내용이 변경된 경우에는 변경된 사항을 반영한 타당성 조사를 재실시하여야 한다.

– 사전타당성 조사

– 사전타당성 조사가 필요한 경우

1. 국내 · 국제경기대회, 공연 · 축제 등 행사성 사업으로서 총사업비가 30억 원 이상인 사업
2. 공모사업 등 유치를 신청하거나 응모하는 사업으로서 총사업비가 100억 원 이상이고, 기관 부담이 50억 원 이상인 사업(지방재정법시행령 제35조의5)

– 사전타당성 조사 대상에서 제외되는 경우

1. 국가정책사업(또는 국고지원사업), 예비타당성 조사에 따른 불필요한 예산낭비와 사업 지연 등이 객관적으로 예상되는 사업
2. 재해예방 · 복구 지원, 시설 안전성 확보 등 긴급을 요구하는 사업

자체재원이 아닌 외부로부터 조달되는 외부차입금 또는 보조금 등

에 대한 예산은 재원조달이 명확화되는 시점에서 예산을 반영한다. 사업확정 후에 예산편성을 할 때 법령에 근거가 없거나 사업 내용과 관련이 없는 기반시설 설치비용을 사업비로 편성하지 않아야 한다.

각 기관이 해외에서의 사업수행을 위한 예산을 반영할 경우에는 사업의 수익성, 타당성을 판단하여 자율적으로 결정하되, 관계 법령, 조례 및 정관에 근거가 있거나 지방자치단체의 승인이 있는 범위 내에서 당해 기관의 핵심역량 분야와 관련한 사업에 진출하여야 한다. 또한 각 기관 내에 「해외사업 리스크관리위원회」를 설치하여 사업별 투자 타당성 및 국가 · 환율 · 금리 위험 등에 따른 투자위험관리 기본계획 등을 심의 · 의결하도록 한다. 해외사업에 대한 성과를 체계적으로 관리하기 위해 해외사업은 국내사업 부문과 별도로 구분하여 계리하여야 한다. 소비 · 투자 기반 확충을 위한 경제활성화 제고, 미래 성장동력 창출, 안전사회 구현, 취약계층 지원, 서민생활 안정 등 국가 및 지방자치단체 정책 방향에 부응하는 투자를 확대하여야 한다.

5 예비비

예비비는 인력증원 봉급예비비, 정 · 현원차 봉급예비비, 시간선택제 일자리 예비비, 통상임금 예비비와 일반 예비비로 구분하여 편성한다. 예비비 항목이 없는 기금관리기관은 인력증원 봉급예비비, 정 · 현원차 봉급예비비, 시간선택제 일자리 예비비, 통상임금 예비비, 성과급에 해당하는 금액을 별도 내역을 관리해야 한다.

6 기 타

외부차입금 축소, 금융비용 최소화, 수익성 강화, 채무보증 축소, 비업무용자산 매각 등을 통하여 재무구조 개선을 위해 노력이 필요하다. 지방자치단체가 자본금을 출자하여 운영되는 기관은 이익발생이 예상되는 경우에 사내유보를 최소화하고 사내유보금은 목적사업 수행 등의 용도에 적합하게 사용한다. 자본예산 중에 계상되는 경비는 사업량 증감 등을 감안하되, 인건비 · 경비예산편성기준을 따른다. 국가 또는 지방자치단체로부터 대행받은 사업의 수입은 기관의 수입이 아니므로, 업무를 대행한 국가 또는 지방자치단체의 세입으로 납부한다.

제 4 절 예산집행 원칙

1 국가 또는 지방자치단체의 정책에 반하는 재정지출의 금지

지방출자 · 출연기관은 국가 또는 지방자치단체의 정책에 반하거나 국가 또는 지방자치단체의 재정에 부당한 영향을 미치는 재정지출을 하여서는 안 된다.

2 당해 출자 · 출연 사무와 관련 없는 경비지출의 금지

법령 또는 조례, 정관 등에 근거 없이 당해 출자 · 출연기관의 사업목적과 관련 없는 경비를 지출할 수 없다.

3 예산의 목적 외 사용 금지

예산으로 정한 목적 외의 용도로 경비를 사용할 수 없다.

4 회계연도 독립의 원칙

예산은 회계연도 개시 전은 물론 당해 회계연도를 경과한 후에는 집행할 수 없으며, 전년도에 발생한 업무와 관련하여 당해 연도 예산에서 집행할 수 없다.

※ 예외: 예산의 이월, 지난회계연도 지출, 회계연도 개시 전 예산지출 등

5 수입의 직접사용 금지

출자 · 출연기관의 모든 수입은 지방자치단체와 협의하여 별도로 정한 경우를 제외하고는 법령 또는 정관에 따라 지정된 수납기관에 납부하여야 하며, 예산에 계상하여 집행해야 한다.

6 내부규정에 근거한 관련 경비집행

급여는 내부규정에 의하지 않고 어떠한 금전 또는 유가물로도 지급할 수는 없다. 명목 여하에도 불구하고, 각종 수당 및 급여성 복리후생비를 신설 또는 변경할 경우에는 법령, 정관 등이 정하는 절차를 거쳐 내부규정 등 근거를 마련한 후 그 근거규정에 명시된 대로 지급하여야

한다. 각종 수당은 지방자치단체의 장이 예산편성운영기준에서 제시하는 기준에 따라 집행한다.

7 정당한 채권자 이외의 예산집행 금지

예산을 집행하는 경우 법령 · 조례 · 정관 · 내부규정 또는 계약 · 기타 정당한 사유로 당해 출자 · 출연기관에 대하여 채권(정당한 청구권)을 가진 자 외에는 집행할 수 없다.

8 예산이월의 합리적 운영

이월된 예산은 이월된 당해 사업에 충당하고 다른 사업으로 전환하여 집행하여서는 아니 된다. 다만, 이월된 예산이라 할지라도 지출원인 행위가 발생되지 않은 예산에 대하여는 동일한 사업을 추진하는 경우에 사용할 수 있다. 이월된 사업의 물량이 증가하여 이월된 예산으로 사업비가 부족한 경우 당해 연도 예산으로 충당하여 집행할 수 있다.

9 유사 · 중복사업의 통합발주 노력

출자 · 출연기관장은 사업 내용이 유사하거나 중복되는 사업은 법령의 범위 내에서 통합발주를 위하여 적극 노력하여 지출성과를 극대화할 수 있도록 해야 한다. 「지방자치단체 입찰 및 계약집행기준」에 의한 '동일구조물공사' 및 '단일공사'는 기본적으로 통합발주를 해야 하며, 예산집행 과정에서 단일사업으로 예상되는 경우에도 통합발주하여야 한다.

통합발주 시에는 계약사무의 위탁(지방출자 · 출연법 시행령 제13조) 방법을 적극 활용할 수 있다. 물품을 일괄하여 구매 또는 제조 · 구매하는 것이 예산 절감이 예상됨에도 특별한 사유 없이 이를 시기적으로 나누어 구매하여서는 아니 된다.

10 연도 말 예산의 몰아쓰기 방지

연초에 수립한 월별 집행계획을 분기별로 재검토하여 연말에 몰아서 지출하는 사례가 발생하지 않도록 유의한다. 각 부서에서는 예산비목별 집행 현황을 수시로 파악하여 연말 무분별한 예산집행을 억제한다. 연말에 무리한 집행잔액의 소진을 방지함으로써 재정의 건전성 및 집행의 균등화를 도모한다.

제 5 절 주요 항목별 집행지침

1 인건비

인건비는 예산의 범위 내에서 법령, 정관 또는 내부규정 등에 지급근거가 명시된 대로 집행하여야 한다. 보수체계는 가급적 기본급 위주로 단순화하여 운영하고, 구체적으로 명시되지 않은 인건비성 경비는 예산편성지침에서 정한 규정대로 편성하여 지급하여야 한다.

정원과 현원의 차에 해당하는 인건비 예산은 인건비 인상 재원으로 활용할 수 없다. 또한 인건비 관련 비목에서 잉여재원이 발생하더라도 원칙상 인건비 관련 비목 상호 간을 제외한 다른 비목으로의 전용은 안 된다. 예산에 인건비가 반영되지 않은 기구 및 인력 증원은 최대한 억제하고 증원이 불가피한 경우에도 소요되는 인건비는 예산상 인건비 및 급여성 복리후생비에서 충당하는 것을 원칙으로 하며, 여타 비목으로부터의 전용은 최소화한다.

예비비에 계상하는 총인건비는 채용에 따른 실소요액 외의 다른 목적으로 사용할 수 없으며, 채용 이후에 예산을 전용하여 실소요액을 집행한다. 기관장의 경우는 지방자치단체의 장과 성과계약을 체결하고, 성과계약 및 경영실적 평가 결과에 따라 연봉 및 성과급을 지급한다.

2 경 비

경상경비는 최대한 절감 집행하여야 하며, 회계연도 말에 집중 집행하거나 과다 전용이 발생되지 않도록 하여야 한다. 또한 예산으로 편성하지 않은 일시자금 등을 재원으로 임직원에게 과도한 복리후생비를 지원하지 않도록 한다.

사업추진을 위한 접대비 성격의 예산은 업무추진비에 일괄 계상하여 집행하여야 한다. 업무추진비는 집행 목적, 일시, 장소 및 집행 대상 등을 증빙서류에 기재하여 사용 용도를 명확히 하여야 한다. 기관장 및 임원의 업무추진비 사용 내역은 매월 각 기관 홈페이지에 공개한다.

「근로기준법」에서 정하고 있는 연차 유급휴가 외에 이와 유사한 형태의 휴가(경조사휴가, 출산휴가 등 지방공무원 복무규정 제7조의3에 해당하는 항목은 제외)를 운영하지 아니하며, 유급휴가의 사용을 촉진하기 위하여 적절한 조치를 취한다. 사용 촉구에도 불구하고 근로자가 휴가를 사용하지 아니하여 연차 유급휴가가 소멸된 경우에는 그 사용하지 아니한 휴가에 대하여 보상할 의무가 없다.

각 기관이 소유 또는 임차하고 있는 주택의 관리비는 입주한 임직원이 부담하도록 한다. 다만, 재산세, 보험료 등의 제세공과금과 건물 및 부대시설의 보존을 목적으로 하는 보수비는 각 기관이 부담할 수 있다.

국내 · 외 출장은 예산을 절약하는 방향으로 출장기간 및 출장인원을 적정하게 조정하여 시행한다. 출장이행 확인은 원칙적으로 신용카드 매출전표로 하되, 신용카드의 사용이 어려운 경우 기관장이 정하는 방법에 의한다. 국제회의 등 행사는 행사계획 수립 단계부터 효율적인 예산집행이 되도록 한다. 회의장 임차는 공공기관(예: 학교시설, 구민회관, 공공 문화시설 등)을 우선 활용하도록 노력하고, 국제회의 · 국제세미나는 국제관례와 상호주의를 적용한다.

3 업무추진비

업무추진을 위한 접대성경비 집행 또는 물품의 구매는 신용카드 또는 현금영수증 사용을 원칙으로 한다. 업무추진비의 경우 심야와 사용자의 자택근처 등 통상적 업무추진과 관련이 적은 시간과 장소에서는 사용할 수 없다. 다만, 직무관련성이 입증되는 객관적 증빙자료(출장명령서 등)를 제출한 경우에는 그러하지 아니하다. 현금지출은 「지방자치단체 업무추진비 집행에 관한 규칙」에 근거한 격려금, 조의금, 축의금 등 현금 집행이 불가피한 경우에 한하여 지출이 가능하다.

업무추진비로 현금에 준하는 상품권 또는 고가의 선물, 기념품, 특산품 등을 구매할 경우에는 사적으로 사용되지 않도록 사용용도와 물품명, 구입 및 지급 일시, 수량, 수령자, 잔고 등이 기재된 물품수불부를 작성하고 결재를 받아 비치하여야 한다.

간담회 등 접대비는 「부정청탁 및 금품 등 수수의 금지에 관한 법률 시행령」에 따라 식사, 다과, 주류, 음료, 그 밖에 준하는 것은 3만 원 이하의 범위에서 집행한다.

4 사업비

공사, 용역 등의 사업추진을 위한 계약은 「지방자치단체를 당사자로 하는 계약에 관한 법률」을 적용한다. 배정된 예산을 전액 집행하여야 한다는 관행에서 탈피하여 집행 및 집행 규모를 주기적으로 점검하여 필요시에는 불용조치를 취하여야 한다. 또한 각 부서별 또는 개인별 예산의 절감 또는 수입의 초과 달성실적을 내부평가에 반영할 수 있다.

5 기 타

명목 여하에도 불구하고, 각종 수당 및 급여성 복리후생비를 신설 또는 변경할 경우에는 법령, 정관 등이 정하는 절차를 거쳐 내부규정 등에 근거를 마련한 후 그 근거규정에 명시된 대로 지급하여야 한다. 명칭 여하에도 불구하고 급여성 경비는 인건비 및 복리후생비 이외의 비목에서 지급할 수 없다.

지방자치단체가 자본금을 출자하여 운영되는 주식회사에서는 이익이 발생하였을 경우 결손보전금이나 법정적립금 등 필수 소요에 충당하고 남은 금액은 주주에게 우선 배당하는 것을 원칙으로 한다.

한편, 지방자치단체가 위탁 · 대행한 사업을 다른 단체 · 법인에 일괄 위탁 · 대행할 수 없다.

제6장

출자 · 출연기관의 결산

결산은 출자 · 출연기관의 당해 사업연도 영업활동의 결과인 경영성과 및 재무상태를 재무제표로 확정하는 회계 절차로서, 출자 · 출연기관과 직 · 간접적 이해관계를 지니는 외부이용자 및 지방자치단체, 내부관리자 등 정보이용자에게 경영성과와 재무상태에 대한 정보를 제공하는 데 의의가 있다.

제 1 절 출자 · 출연기관 결산기준

출자 · 출연기관의 수가 지속적으로 증가하고 다양화되는 추세임에도 체계적인 결산기준이 마련되지 않아 출자 · 출연기관의 결산지침의 필요성이 제기되고 있었다. 이에 따라 2020년, 행정안전부에서는 출자 · 출연기관 결산기준을 발표해 출자 · 출연기관의 결산에 적용하도록 하였다.

출자 · 출연기관 결산기준은 크게 네 가지의 목적을 위하여 제정되었다. 첫째, 결산서의 정확성 및 비교가능성 제고이다. 출자·출연기관 결산기준에서는 회계처리 중 주로 오류가 발생하는 거래에 대한 구체적인 지침을 제공하며, 각 기관사업 유형별 특수성을 반영하여 예산회계 및 재무제표의 통일성·비교 가능성을 높이기 위한 공통의 기준을 제시하고 있다. 둘째, 내부통제기준의 제시이다. 신뢰성 있는 재무제표 작성을 위한 적절한 내부통제의 기준 및 검토 요령을 제시하고 있다. 셋째, 재무제표 등 주요 서식 작성 요령의 제공이다. 결산에 대한 상세한 정보 제공 및 분석을 위한 결산 서식과 작성 요령을 제공하며, 주요 명세서의 작성을 통해서 자체 결산의 적정성을 점검할 수 있게 되었다. 넷째, 새로운 제도를 통해 도입된 내용 및 처리 방법을 정의하였다.

행정안전부는 최근에 「지방자치단체 출자·출연기관의 운영에 관한 법률」, 「지방출자·출연기관 예산편성기준」을 반영하여 새로운 변경사항에 대한 내용을 반영하여 실무처리할 수 있도록 하였다.

출자·출연기관 결산기준은 「지방자치단체 출자·출연기관의 운영에 관한 법률」 제19조에 근거하여 제정되었다. 출자·출연기관에서는 매 회계연도가 끝난 후 2개월 이내에 결산을 완료하고, 그 이후에 지체 없이 결산서를 작성하여 지방자치단체장에게 제출하도록 하고 있다. 자산총액, 부채 규모, 종업원 수, 수익 등 시행령으로 정하는 기준에 해당하는 출자·출연기관에서는 「주식회사 등의 외부감사에 관한 법률」 제2조 제7호에 따른 감사인에 해당하는 자 중에서 선임한 회계감사인의 회계감사 보고서를 첨부하여 제출하도록 하고 있다.

출자·출연기관 결산기준에서 정의하는 회계연도는 지방자치단체의 회계연도에 따르고 있으며, 지방자치단체의 회계연도는 매년 1월 1일에 시작하여 12월 31일에 끝난다(지방회계법 제6조 제1항). 또한 지방출자·출연기관의 운영에 관한 법률 제17조와 시행령 제11조에 의거하여 회계처리하도록 하고 있다.

1 출자 · 출연기관 결산서 작성

결산서 작성의 책임은 「공인회계사법」 제21조, 제33조 및 「주식회사의 외부감사에 관한 법률」 제6조 등을 근거로 한다. 결산서 작성의 책임은 감사인이 아닌 각 출자 · 출연기관의 임원(기관장, 이사 등)에게 있으며, 외부회계감사인에게 의존하지 않고 담당자가 직접 결산을 수행하도록 하고 있다. 이에 기관장은 결산담당자가 업무에 미숙하여 자체 결산서 작성이 어려운 경우에는 결산담당자의 교육 확대, 회계업무 전문인력 확충 등을 통해 결산서 품질을 향상시키도록 노력해야 한다. 결산수행 시 결산서 작성 등의 결산업무를 외부전문가를 통해 수행하고자 할 경우에는 당해 기관의 외부회계감사인이 아닌 별도의 회계전문가를 선정하여 감사인의 독립성이 훼손되지 않도록 해야 한다.

지방자치단체장은 출자 · 출연기관의 회계업무의 관리감독을 수행하고 문제점들에 대한 분석 · 개선 등의 노력을 하도록 하고 있다. 또한 업무 관리 · 감독에 필요한 사항은 내부규정으로 두도록 한다. 출자 · 출연기관장은 결산서와 경영실적 평가 결과 등을 기관 등의 인터넷 홈페이지에 공시하도록 하고 있다.

2 출자 · 출연기관의 결산 과정

결산자료는 출자 · 출연기관의 운영에 관한 법률 시행령 제22조에 따라 총괄표, 사업보고서, 예산 · 재무결산 보고서(부속명세 포함), 경영분석지표, 참고자료 등을 제출하도록 하고 있으며, 지방출자 · 출연기관 예산편성기준상의 계정과목 체계 및 순서를 준수하도록 하고 있다. 결산 결과를 공시하고 결산자료를 제출한 이후에는 결산서의 재무수치를

그림 6-1 출자·출연기관 결산 과정

구 분	일 정	내 용
결산	2월 말	• 직전 사업연도 결산
결산서 작성		• 직전 사업연도 결산서 작성
회계감사		• 회계감사인의 감사 완료
결산서 제출		• 설립 자치단체장에게 제출
결산서 검증		• 설립 자치단체장이 실시
자료 제출	7월	• 기관 → 기초자치단체 → 광역자치단체 → 행정안전부
통합경영공시	10월 말	• 지방공공기관 경영정보 공개시스템 (클린아이, www.cleaneye.go.kr)

※ '출자·출연기관의 회계감사, 결산서 검증·제출·보고·승인' 일정은 설립 자치단체와 내부적으로 결정하여 추진한다. 단, 결산서 제출·검증·보고·승인 일정은 자료제출 및 통합경영공시 전에 수행되어야 한다.
출처: 출자·출연기관 결산기준.

임의로 변경하지 못한다. 부득이하게 결산서를 수정해야 하는 경우에는 설립 자치단체장의 승인이 필요하다.

3 재무결산

1) 공통사항

(1) 적용회계 원칙

출자·출연기관은 지방출자·출연법 및 결산기준에 규정되지 않은 사항에 대해서는 일반기업회계기준(출자기관) 또는 공익법인회계기준(출연기관) 등에 따른다.

(2) 공통사항

경영성과 및 재무상태를 명확히 하기 위하여 회계거래를 발생 사실에 따라 처리한다(법 제17조 제1항, 시행령 제11조). 수익, 비용 등 지방출자 · 출연법 및 결산기준에서 규정하는 사항을 우선 적용한다.

(3) 기관별 회계기준 적용

출자 · 출연기관의 경우 법인의 특성과 조직의 형태, 설립 목적에 따라서 영위하는 업종이 매우 다양하기 때문에 결산의 특성을 표준화하는데 어려움이 있어 수익, 비용 등 지방출자 · 출연법 및 출자 · 출연법 및 결산기준에서 규정하는 사항을 우선시하되, 기관별 특성에 맞는 회계기준을 적용하게 하여 각 출자 · 출연기관의 성격에 맞게 결산기준을 보완하도록 하고 있다.

표 6-1 출자 · 출연기관 유형별 보완회계기준

기관 구분		적용회계기준
출자기관		일반기업회계기준(필요시 한국채택국제회계기준)
출연기관	일반	공익법인회계기준
	지방의료원	의료기관회계기준 규칙
	테크노파크	산업기술단지 사업시행자의 회계처리에 관한 규정
	지역신용보증재단	일반기업회계기준

(4) 각 보완회계기준별 특징

① 공익법인회계기준

일반적인 출연기관의 경우 보완회계기준으로 공익법인회계기준을 사용하고 있다. 공익법인은 「민법」 및 각종 개별법에 근거하여 설립된다. 공익법인 등에 적용되는 회계기준인 공익법인회계기준은 「상속세 및 증여세법」 제50조의4, 「상속세 및 증여세법 시행령」 제43조의4에 따라 기획재정부에서 제정 · 고시하고 있다. 공익법인회계기준은 일반기업회계기준이나 K-IFRS에서 언급하고 있지 않은 기부금, 순자산 등 공익법인의 특성을 감안한 기준으로 이를 적용할 경우 공익법인의 재무상태 및 운영성과를 명확하게 표시하기에 적절하다는 특징을 가지고 있다.

② 의료기관회계기준 규칙

현재 의료원 기관에서는 의료기관회계기준 규칙을 회계기준으로 사용하고 있다. 의료기관회계기준은 의료법 제62조(의료기관회계기준)에 따라 100병상 이상의 병원급 의료기관을 대상으로 의료기관회계기준을 적용하는 것을 의무로 정하고 있다. 의료기관회계기준 규칙은 의료미수금 등 의료기관에서만 나타나는 특수한 계정을 병원 내부적으로 관리하며 통제하기 용이할 수 있고, 추후 의료기관이 성장할 경우에 회계처리의 연속성을 유지할 수 있는 등의 장점이 존재한다. 또한 의료기관끼리의 재무제표 비교가 용이해진다는 장점이 존재한다.

의료기관회계기준 규칙과 일반기업회계기준과의 가장 큰 차이점은 역시 의료기관의 특성에 맞는 재무제표 작성이 가능하다는 점이다. 특히 손익계산서의 경우 수익과목을 의료수익과 의료외수익으로 구성하며 의료수익에는 입원수익, 외래수익 및 기타의료수익으로 구분하고 의료수익 감면을 차감한 후의 수익을 계상하도록 하고 있다.

의료수익 감면은 진료비에누리(또는 진료비할인), 연구용환자 감면 및 자선환자 감면 등으로 구분하도록 하고 있다. 의료외수익은 의료부대수익, 이자수익 등으로 구성된다. 비용과목은 의료비용과 의료외비용으로 구성된다. 의료비용은 인건비, 재료비, 관리운영비로 구성되고, 의료외비용은 의료부대비용, 이자비용, 기부금 등으로 구분한다. 또한 지방자치단체로부터 혹은 중앙정부로부터 보조금을 받은 경우에 대한 회계처리 규정도 기재되어 있어 일반기업회계기준과 차별점을 가지고 있다. 이에 따라 중앙정부에서는 의료기관회계기준 적용기준을 100병상 이상 병원으로 확대하는 방안을 모색하고 있다.

③ 산업기술단지 사업시행자의 회계처리에 관한 규정

테크노파크의 경우 산업기술단지 사업시행자의 회계처리에 관한 규정에 따라 결산을 처리하고 있다. 실제 테크노파크의 경우는 산업기술단지 사업시행자의 회계처리에 관한 규정 제5조에 따라서 일반기업회계기준을 사용해 부족한 결산기준을 보완하고 있다. 산업기술단지 사업시행자의 회계처리에 관한 규정은 산업기술단지 지원에 관한 특례법 제4조에 의해 사업시행자로 지정된 재단법인의 결산기준으로 사용되고 있다. 산업기술단지 사업시행자의 회계처리에 관한 규정에서는 재단의 특성에 맞는 재무정보를 재무제표에 표시할 수 있도록 하고 있다. 일반기업회계기준과 차이점을 예시로 들면, 사업수익을 고유목적사업수익과 수익사업수익으로 구분 표시하도록 하고 있다. 고유목적사업수익은 출연금수익과 수탁사업수익, 기타수익으로 구성되며, 수익사업수익은 임대료수익, 장비활용수익, 기술료수익, 이자수익 등으로 구성된다. 그 외에 일반기업들에서 사용하지 않는 출연금과 보조금 같은 계정과목을 사용하여 국가 또는 지방자치단체의 지원금을 확인할 수 있다.

(5) 결산기준의 최초 적용에 따른 특례

공익법인회계기준을 최초 적용하는 출연기관은 출자 · 출연기관 결산기준의 부칙 제3조에 불구하고 비교재무제표를 작성해야 한다. 비교표시하는 전기재무제표는 당기재무제표의 계정과목에 따라 재분류한다. 회계기준의 최초 적용 등으로 인하여 순자산이 변동되는 경우에는 이를 소급하지 않고 당기 초부터 전진 적용하도록 한다.

① 재무제표 및 계정과목 분류체계

출자 · 출연기관은 기관별로 위에 언급된 회계기준에서 규정하고 있는 재무제표를 작성한다. 계정과목의 경우는 「지방출자 · 출연기관 예산편성지침」이 정하는 바에 따르도록 하고 있다.

② 현금 및 예금의 정확하고 완전한 기록

보고기간 말(회계연도 말)에 각 출자 · 출연기관 명의로 보유하는 모든 예금 계좌는 재무제표에 표시되어야 한다. 현금 및 예금의 기록에 있어서, 수입 · 지출과 무관하게 기관의 관리 목적상 보유하고 있는 예금(예: 비용정산 계좌 및 지방자치단체와의 사업정산 계좌 등) 등을 재무제표에서 제외하면 안 되며, 모든 계좌를 재무제표에 표시해야 한다. 수입지출외현금이란 출자 · 출연기관에서 발생하는 계약 또는 법률상 등에 의해 일시적으로 보유하다 반환해야 할 성격의 보관현금(예: 입찰보증금, 4대 보험료 등의 예수금 등)이다. 직원 개인사비 성격의 기금은 원칙적으로 기관의 자산으로 표시하는 것을 금지한다. 다만, 해당 기관이 법인 명의로 등록을 허용한 경우에는 예금으로 재무제표에 기재하며, 개인 명의로 등록한 경우에는 등록하지 않는다.

③ 보조금 및 출연금의 회계처리

보조금 및 출연금은 그 명칭에 불구하고 목적에 따라 구분하여 회계처리해야 한다. 자본금(또는 기본재산) 전입 목적일 경우에는 재무상태표의 '자본금' 또는 '기본재산'의 과목으로 하여 자본(순자산)의 증가로 처리해야 하고, 사업운영비재원 보전 목적일 경우에는 손익계산서(또는 운영성과표)의 '보조금수익' 또는 '출연금수익' 등의 과목으로 하여 수익으로 처리해야 한다. 또한 자산취득재원 보전 목적일 경우에는 재무상태표의 '국고보조금' 등의 과목으로 하여 관련 자산의 차감계정으로 처리한다.

2) 출연기관

(1) 「공익법인회계기준」을 적용하는 출연기관의 재무제표 작성특례

「공인법인회계기준」을 적용하는 출연기관은 동 기준에서 규정한 재무제표에 "Ⅳ. 결산 서식"에 제시하는 순자산변동표와 현금흐름표를 추가적으로 포함해야 한다. 「공익법인회계기준」을 적용하는 출연기관의 경우 기관의 필요에 따라 유동자산을 당좌자산과 재고자산으로 구분하여 표시할 수 있다. 출연기관의 법인세비용은 「공익법인회계기준」 제32조(법인세비용)에 불구하고 법인세법 등의 법령에 의하여 납부하여야 할 금액을 "법인세등"의 과목으로 표시할 수 있다.

(2) 지방의료원의 재무제표 추가

지방의료원은 「의료기관회계기준 규칙」에서 규정하고 있는 재무제표 이외에 "Ⅳ. 결산 서식"에서 제시한 주석을 추가하여 작성한다.

표 6-2 출자 · 출연기관별 재무제표 분류 및 명칭

<table>
<tr><th colspan="2" rowspan="2">기관 구분</th><th colspan="5">재무제표 분류 및 명칭</th></tr>
<tr><th>재무상태표</th><th>손익계산서
(운영성과표)</th><th>자본변동표
(순자산변동표)</th><th>현금흐름표</th><th>주석</th></tr>
<tr><td colspan="2">출자기관</td><td>재무상태표</td><td>손익계산서</td><td>자본변동표</td><td>현금흐름표</td><td>주석</td></tr>
<tr><td rowspan="4">출연기관</td><td>일반</td><td>재무상태표</td><td>운영성과표</td><td>순자산변동표</td><td>현금흐름표</td><td>주석</td></tr>
<tr><td>지방의료원</td><td>재무상태표</td><td>손익계산서</td><td>기본금
변동계산서</td><td>현금흐름표</td><td>주석</td></tr>
<tr><td>테크노파크</td><td>재무상태표</td><td>운영성과표</td><td>순자산변동표</td><td>현금흐름표</td><td>주석</td></tr>
<tr><td>지역신용보증재단</td><td>재무상태표</td><td>손익계산서</td><td>기본재산계산서
(순자산변동표)</td><td>현금흐름표</td><td>주석</td></tr>
</table>

3) 수익인식과 회계처리

(1) 사업수익은 대행사업수익과 자체사업수익으로 구분한다.

(2) 대행사업수익은 지방자치단체에서 출연기관에 업무를 위·수탁 시 포괄적으로 부담하는 대행사업비 교부액을 대행사업수익으로 인식한다.

① 「공익법인회계기준」은 동 기준에서 특별히 정하지 않는 거래나 사건의 인식과 측정, 재무제표 표시, 주석 기재에 대해서는 일반기업회계기준에 따르도록 하고 있으며(제7조), 일반기업회계기준상 대행 및 위탁사업 관련 수익·비용의 회계처리는, 대행사업 운영으로 인하여 발생하는 수익·비용이 아닌 대행업무수행으로 인하여 수취한 위탁수수료만을 수익으로 인식하도록 한다.

② 그러나 이러한 방식의 회계처리를 적용할 경우, 출연기관의 영업성과 등의 회계정보가 구체적으로 나타나지 않아 출연기관 내·외부 정보이용자들이 요구하는 회계정보 제공이 어렵다.

③ 이에 정보이용자들에게 목적 적합한 정보를 제공한다는 측면에서 출연기관의 대행사업 회계처리는 대행사업비 수취 시 수익, 집행 시 비용으로 처리하는 총액법으로 회계처리하며, 대행사업 관련 부대수익·비용(이자수익·비용 등)을 모두 손익계산서에 표시한다.

④ 계속사업과 관련된 미집행 잔액은 반납 대상에서 제외하며(선수금 계상), 대행사업별로 예산 초과 집행액(단, 지방자치단체로부터 초과 집행액에 대하여 청구 가능한 금액에 한함)이 발생하는 경우 대행사업수익과 미수금으로 회계처리한다.

(3) 자체사업수익이란 출연기관 자체적으로 운영하는 사업의 수익으로 판매수익, 기타영업수익 등으로 구분하며, 징수결정액을 수익으로 인식한다.

4 예산결산

1) 공통사항

(1) 예산결산의 정의 및 목적

예산결산이란 회계연도가 끝나고 예산집행이 종료된 후 1년 동안 실제 집행한 수입과 지출 내역을 예산과 비교하여 평가하는 과정이다. 이를 위해 통일된 예산결산 서식을 제공하여 기관 간 비교가능성 및 예산의 집행실적 검증 기능을 제고해야 한다. 또한 결산 절차를 통해 출자 · 출연기관이 시행한 사업이 당초에 기대했던 경제적 효율성, 주민편익에의 기여도, 지역발전에의 공헌도 등을 실현하였는가를 분석 · 평가하고, 재정구조의 건전성, 재정의 견실성 · 안전성 등을 분석 · 검토하는 자료 내지 지표로 활용된다.

(2) 예산결산의 발생주의 원칙

출자 · 출연기관은 재무결산뿐 아니라 예산제도에서도 발생주의 및 실현주의에 따라 회계처리해야 한다. 이에 지방자치단체 회계와는 달리 자본거래와 손익거래를 구분토록 하였으며, 세입을 징수결정 수입으로, 세출을 채무 확정 및 지출로 명확히 구분하여 처리하도록 정하고 있다. 수익과 비용 등의 회계처리 연도 소속 구분은 현금주의에 따른 출납폐쇄 기한이나 출납사무완결 기한(지방회계법 제7조)의 적용을 배제하는 한편, 이를 보완하기 위해 미수금 및 미지급금제도를 운영한다.

(3) 순세계잉여금

순세계잉여금이란 당해 사업연도 말 (예산)결산상잉여금에서 다음 연도 이월액 및 미지급이월액을 제외한 금액을 의미한다. 결산상잉여금이란 당해 사업연도 총수입에서 총지출을 차감한 금액이며, 다음 연도 이월액 및 미지급이월액은 당해 사업연도에 지출되지는 않았으나, 다음 연도 이후 지출이 확실히 예정되어 있는 항목이다. 전기로부터 이월된 순세계잉여금은 당해 사업연도 자본잉여금 수입처리한다.

그림 6-2 결산상잉여금, 순세계잉여금 개념

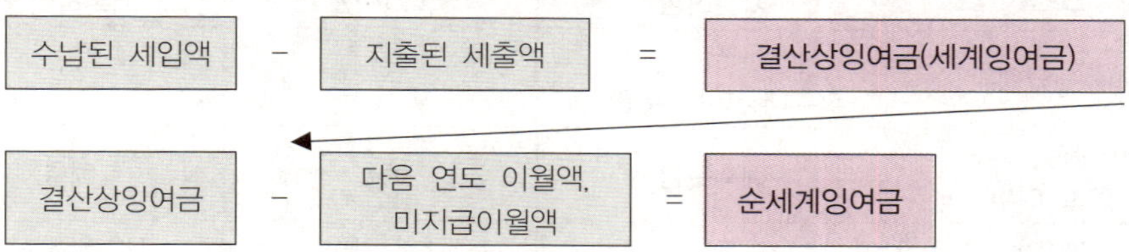

(4) 미수금 및 미지급금제도 적용

출자·출연기관의 현금수지를 수반하는 수입 및 지출 중 그 채권 또는 채무가 확정된 때 즉시 현금의 수납 또는 지급을 하지 아니하는 것에 대하여는 미수금 또는 미지급금으로 정리하여야 한다. 미수금과 미지급금의 회계처리는 이와 같은 시점에서 실시한다.

① 미수금: 징수결정 시 및 수납 시

② 미지급금: 채무 확정 시 및 지출 시

출자·출연기관의 수익을 징수결정 시 미수금 회계처리하고, 수납 시 미수금을 정리한다.

(5) 이월제도

예산의 이월은 예산을 신축성 있게 운영할 수 있도록 하는 제도로, 예산을 다음 연도에 넘겨서 다음 연도의 예산으로 사용하는 것을 말한다. 예산은 1년에 한하여 효력을 가지게 되므로 미사용액은 불용처리하는 것이 원칙이나, 이는 연도 말에 불필요한 예산지출의 낭비를 유도하는 결과를 초래하므로 이를 방지하기 위하여 예산의 이월제도를 두어 예산의 연도 소속 구분을 제한적으로 완화하고 있다.

표 6-3 예산이월 항목 구분과 특징

구 분	사고이월	명시이월	계속비이월
지출원인행위	유 (부대경비는 무관)	무	무
예산편성 시 예측 여부	예측못함	예측	예측
재이월	불가	1회 가능	사업완성년도
절차	기관장 승인	이사회 의결	이사회 기승인

① 예산의 이월제도 구분

예산이월 항목은 사고이월, 명시이월, 계속비이월이며, 각 정의를 고려하여 성격을 명확히 구분해야 한다.

② 예산이월 항목의 설명

사고이월이란 지출예산 중 해당 연도에 지출원인행위를 하고도 부득이한 사유로 그 연도에 집행하지 못한 경비와 지출원인행위를 하지 아니한 그 부대경비를 다음 회계연도에 이월 사용하는 예산이다.

가. 모든 지출예산 중 당해 연도 내에 지출원인행위를 하고 부득이한 사유로 인하여 그 연도 내에 지급 의무가 생기지 않은, 즉 채무가 확정이 되지 않은 경비에 대하여 기관장 승인에 따라 금액

을 다음 연도에 이월하여 사용이 가능하다.

나. 12월 31일까지 채무 미확정된 금액(원인행위를 하였으나 검수 등을 하지 아니한 경우)을 사고이월로 처리하고, 사고이월된 경비는 재차 이월할 수 없다. 단, 사고이월이 확정된 경우 이월예산으로 배정된 것으로 인정한다.

다. 연내에 준공처리되지 않은 사고이월 대상금액을 준공처리하여 미지급금*으로 계상하지 않아야 한다.

* 미지급금: 예산결산상 공사(납품)가 완공(준공처리)되어 대금 등의 채무가 확정되었으나, 사업연도 말 현재 지급하지 않은 비용

명시이월이란 세출예산 중 경비의 성질상 당해 연도 내에 그 지출을 끝내지 못할 것이 예측될 때에 그 취지를 세입 · 세출예산에 명시하고, 사전에 이사회의 승인을 얻어 다음 연도에 이월하여 사용하는 예산이다.

계속비이월이란 공사나 제조, 그 밖의 사업으로서 그 완성에 수년을 요하는 경우 필요한 경비의 총액과 연도별 금액에 대하여 이사회의 의결을 얻어 계속비로서 완성연도까지 여러 해에 걸쳐 지출할 수 있다.

가. 수년도에 걸쳐 시행하는 사업의 경비에 대하여 일괄하여 지방의회(이사회)의 의결을 얻은 예산

나. 계속비는 매 사업연도(5년 이내)의 연간부담액 중 당해 사업연도 내에 지출원인행위를 하지 아니하였거나 지급의무가 생기지 않았을 때에는 이것을 불용액으로 처리하지 않고 기관장이 그 금액을 계속비에 해당되는 사업의 완성년도까지 재차 이월하여 사용할 수 있다. 이때 이월 절차는 당초 계속비로 이사회의 의결을 받았으므로 별도 의결을 요하지 않으며, 이월이 확정된 경우 이월예산으로 배정된 것으로 보아 당해 연도 예산에는 계상할 필요가 없다.

다. 계속비 이월조서는 예산과 함께 이사회에 제출

라. 계속 사업연도 말까지 지출을 마치지 못한 계속비 예산의 금액은 명시이월 및 사고이월의 절차에 따라 다시 다음 연도에 이월해서 사용할 수 있다.

마. 계속비로 지출할 수 있는 연한은 당해 연도로부터 5년 이내이나, 필요하다고 인정될 때에는 이사회의 의결을 거쳐 다시 그 연한을 연장할 수 있다.

(6) 수입 · 지출예산결산보고서(이월)

수입 · 지출예산결산보고서 중 이월예산에 관한 사항으로, 이월자금 수입예산액과 이월자금 지출예산액은 일치하도록 작성하여야 한다. 수입예산결산보고서 중 이월재원(수입)결산 작성 요령은 다음과 같다. 이월재원은 전년도 예산결산 부속명세서 2. 예산이월액 조서 중 '차기이월액'과 일치하며, 당해 사업연도 최종예산서 총괄표 이월재원과 일치해야 한다.

※ 이월재원: 사고이월액+명시이월액+계속비이월액

미지급이월액은 전년도 예산결산 부속명세서 6. 미수액조서, 미지급액 조서 중 미지급액 '기말잔액'과 일치하며, 당해 사업연도 최종예산서 총괄표 미지급이월액과 일치한다.

표 6-4 이월재원 수입예산액 계산

과 목				예산액					결산액(A)(징수결정액, 조사결정액)	수납액(B)			불납결손액(E)	미수금(A-B-E)
관	항	세항	목	당초	추경	이월액		계		수입액(C)	과오납 환불액(정산반환금)(D)	수납액(B=C-D)		
						이월재원	미지급이월액							
이월재원 수입 계(3)														

지출예산결산보고서 중 이월재원(지출)결산 작성 요령은 다음과 같다. 미지급금 · 비용은 과거 발생 시점에 기채무확정되어 당기 중 채무확정액이 없으므로, 결산액란에 지급결정액(D)를 따로 두어 당기 중 지급결정액을 기입하도록 한다.

예산결산부속명세서 9. 지출예산 성질별 결산서식 작성 시 미지급금 · 비용의 결산액(지급결정액)은 제외하여 작성토록 유의해야 한다.

표 6-5 이월자금 지출예산액 계산

과 목				예산액							당기지출원인행위액(B)	결산액		지출액(E)	미지급금 · 비용(C+D-E)	다음 연도 이월액				불용액(A-C-D-F)
관	항	세항	목	당초	추경	예산전용액(이용, 전용, 조정, 이체)	예비비지출액	이월액		계(A)		채무확정액(C)	지급결정액(D)			계(F)	사고이월	명시이월	계속비이월	
								이월재원	미지급이월액											
이월예산 지출 계(3)																				

2) 출연기관

(1) 기본재산의 관리

기본재산의 내용을 "Ⅳ. 결산 서식-6. 재무제표 부속명세서"에서 제시한 기본재산명세서에 기재한다. 단, 개별법이나 내부적 규정에 따라 설립 시 기본재산만 등기한 기관의 경우 "Ⅳ. 결산 서식-6. 재무제표 부속명세서"는 설립 시점의 기본재산만 작성하고 아래의 기본재산 예산 처리 방법이 미적용된다. 보통재산에서 기본재산으로 편입하는 금액은 지출예산에 반영하고, 예산결산 시 자본적지출로 처리하여 차기이월금에서 제외하고, 다음 연도의 수입예산으로 편성하지 않는다.

※ "200 자본적지출-290 기타자본적지출-291, 기본재산 적립-291-01 기본재산 적립"(「지방출자 · 출연기관 예산편성지침」의 "붙임 2. 예산과목 및 과목해소" 참조)

또한 기본재산으로 편입하는 금액에 상당하는 현금예금을 기본재산 계좌로 이체하고 재무제표 작성 시 재무상태표의 보통순자산에서 기본순자산으로 대체한다. 현금예금이 아닌 보통재산을 기본재산으로 편입하는 경우에는 지출예산에 반영하지 아니하고 재무상태표상 보통순자산 중 동 금액을 기본순자산으로 대체한다.

※ 예산결산 총괄표상 차기이월금+수입지출외현금현재액조서의 현금예금=재무상태표의 현금 및 현금성자산+단기금융상품+장기금융상품-기본재산명세서의 현금예금

그림 6-3 총자금, 예산자금, 예산외자금 구분

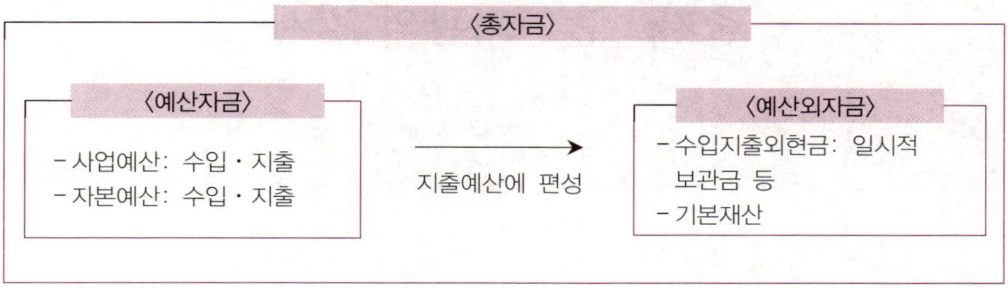

※ 예산자금에서 예산외자금으로 분류되는 경우에는 지출예산에 반영하여 예산자금에서 차감하고 별도의 명세서로 관리한다.

제7장

출자 · 출연기관의 감사

제 1 절 행정감사

1 감사 목적

「지방자치법」 제41조 및 동법 시행령 제39조 내지 제53조, 각 자치단체 행정사무감사 및 조사에 관한 조례에 따라 행정사무감사를 실시하고 있다.

행정감사의 목적은 행정사무 전반에 관한 그 실태를 파악하고, 예산심사 등을 위해 필요한 자료 및 정보를 획득함과 아울러, 행정의 잘못된 부분을 적발 · 시정 요구함으로써 행정이 효율적으로 수행될 수 있도록 하기 위함이다.

2 행정감사 감사사항

행정감사의 주요 감사사항은 행정감사 유형 및 행정감사 주체에 따라 차이를 보인다. 다음의 [표 7-1]과 [표 7-2]에서 확인할 수 있듯이 행정감사의 주체 및 대상에 따라 감사 범위와 감사사항이 각각 다르다.

표 7-1 ○○광역자치단체 의회사무처 행정사무감사 감사사항

주요 감사사항	시정 및 처리 요구사항
• 주요 업무 추진 상황 • 예산편성 및 집행의 적정 여부 • 의정활동 지원사항, 대외홍보실적 및 활성화 대책 • 각종 감사 시 지적된 사항 및 그 조치상황 • 각종 민원처리 실태 • 각종 의안접수, 의결문서 보존관리 현황 • 기타 감사위원의 요구자료 및 의회업무추진 전반 등	【① 민간단체 불법집회 대비 청사방호 대책 강구】 우리나라는 헌법상 집회의 자유를 보장하고 있지만, 최근 몇몇 민간단체들이 도의회 앞에서 실시한 집회는 「집회 및 시위에 관한 법률」에서 규정하고 있는 금지사항들을 위반해 가면서 집회를 하고 있음. 제11대 의회는 더욱더 많은 집회가 예상되므로, 의원들이 의정활동을 펼치는 데 지장을 주지 않도록 청사방호 관련 대책들을 미리 강구할 것 【② 서면질문에 대한 답변 적법 제출 등 조치 강구】 도의원이 간단한 서면 질문을 하여도 제출기한인 10일을 굳이 다 채우고 제출하는가 하면, 비공개 대상 자료가 아님에도 제출을 하지 않는 사례가 있음. 원활한 의정활동을 위해 의원들이 요구하는 자료에 대해서는 기한 내에 제출토록 집행부에 조치하기 바람.

표 7-2 ○○광역자치단체 행정국 행정사무감사 감사사항

주요 감사사항	시정 및 처리 요구사항
• 안정과 혁신의 조화로운 행정 조직문화 개선 • 성희롱고충심의위원회의 위원 자격 재검토 • 인사 전보 제한기준 준수 • 예산편성 시 실수요 파악으로 목적에 맞는 예산 집행 • 각종 시험 수수료 부과의 타당성 검토 • 소멸시효 완성 전 도세 징수 노력 • 영빈관의 숙소 기능 보완 필요	○인사 전보 제한기준 준수 - 최근 2~3년 간 전보 제한기준을 위반한 인사발령이 많았는데, 향후 인사 시 전보 제한기준을 준수하여 시행하기 바람. ○예산편성 시 실수요 파악으로 목적에 맞는 예산집행 - 당초 편성된 예산의 80% 이상을 다른 세부사업의 예산으로 전용하여 사용하는 것은 문제가 있음. - 향후 당초예산 편성 시 전년도 기준으로 예산을 편성하더라도 미리 실수요 등을 파악하여 당초 목적에 맞게 사용할 수 있도록 노력하기 바람. ○지방세 환급 방지에 대한 다양한 대책 강구 - 지방세 환급 방지에 대한 노력에도 불구하고 매년 적지 않은 금액의 환급금이 발생하고 있으므로, 보다 다양한 대책들을 강구하여 지방세 환급이 줄어들 수 있도록 해주기 바람. ○소멸시효 완성 전 도세 징수 노력 - 결손처분 중 소멸시효 완성에 따른 도세 결손처분액이 계속 증가하고 있는데, 이는 도세 감소와 더불어 일반성실납세자와의 형평성에도 문제가 있으므로 소멸시효 완성 전에 도세를 징수할 수 있도록 최선을 다해주기 바람. ○영빈관의 숙소 기능 보완 필요 - 영빈관이 숙소로 활용되고 있으나, 식사와 관련한 불편함과 온·습도 조절의 문제점 등으로 숙소로써 미흡한 부분이 있음.

제 2 절 회계감사

1 출자 · 출연기관의 회계감사

출자 · 출연기관은 매 회계연도가 끝난 후 2개월 이내에 결산을 완료하고 결산서를 작성하여 지방자치단체의 장에게 제출하도록 하고 있다. 「주식회사 등의 외부감사에 관한 법률」 제2조 제7호에 따른 감사인

에 해당하는 자 중에서 선임한 회계감사인의 회계감사 보고서를 첨부하여 지방자치단체의 장에게 제출하도록 하고 있다(지방출자·출연법 제19조). 출자·출연기관의 회계감사인으로 선임된 자는 한국공인회계사회에 의해 제정된 회계감사기준 및 회계감사기준지침에 따라 회계감사를 성실히 수행하여야 한다. 감사인은 일반적으로 공정·타당하다고 인정되는 회계감사기준에 따라서 회계감사를 수행하여야 한다.

2 회계감사인 선정

회계감사인은 「공인회계사법」 제23조 규정에 따라 설립된 회계법인 또는 「공인회계사법」 제41조에 따라 설립된 한국공인회계사회에 등록한 감사반을 뜻한다. 출자·출연기관에서는 당해 기관 및 감사 대상 업무 관련자 등으로부터 독립성을 유지하면서 회계감사를 수행할 자격을 갖춘 감사인을 공정하게 선정하도록 한다. 출자·출연기관 설립 단체장은 회계감사인을 지정하기 위해 필요한 사항을 설립 자치단체의 내부규정으로 정해야 하며, 당해 회계연도 개시일로부터 6월 이내에 마치도록 하고 있다. 만약 감사인을 변경하고자 하는 경우에는 설립 자치단체의 규정에 따라 처리하여야 하며, 설립 자치단체장은 감사인 변경과 관련한 사항을 내부규정으로 정해야 한다.

3 회계감사 계약

회계감사 계약은 「공공기관의 회계감사 및 결산감사에 관한 규칙」 제9조 제2항 및 제3항, 「주식회사 등의 외부감사에 관한 법률」 제9조 제5항의 규정 중 비상장법인에 대한 사항에 근거하여 이루어지고 있다.

출자 · 출연기관 감사인의 업무수행 기간은 감사인의 귀책 등 특별한 변경사유가 없는 한 연속하는 3개 회계연도로 하되, 감사계약은 1년을 단위로 매 회계연도마다 체결해야 한다. 또한 동일한 감사인에게 연속하는 6개 회계연도를 초과하여 감사업무를 수행하도록 할 수 없다. 연속하는 6개 회계연도의 산정 시점은 과거 계약연도와 상관없이 2020사업연도 감사계약을 첫 회계연도로 산정하여 전진 적용하도록 하고 있다. 또한 회계감사의 내실화를 위해 회계연도 중 1회 이상의 중간감사를 권고한다.

제 3 절 외부회계감사

1 외부회계감사의 의의

외부감사란 독립된 감사인이 회계감사기준에 따라 기업(기관)의 재무제표가 회계원칙을 준수하고 있는지에 대한 감사의견을 표명하는 절차를 의미한다.

외부감사인의 감사의견은 기업의 재무제표에 대하여 신뢰성을 부여하며, 회계정보이용자들의 의사결정에 도움을 주며, 전문성과 독립성을 가진 외부감사인이 참여함으로써 기업(기관)의 경영자와 회계정보이용자 사이에 존재하는 정보비대칭을 감소시키는 역할을 한다. 또한 외부감사는 재무제표의 부정과 오류의 발생가능성을 낮춰 회계정보의 투명성을 확보시키는 역할을 한다.

일반적으로 외부감사는 정보비대칭이 주가에 직접적으로 영향을 받는 상장기업에서 수요가 더 높은 것으로 알려져있지만, 최근에는 상장기업뿐만 아니라 회계정보의 투명성과 주가가 연관이 없는 비상장기업에서도 대부분 외부회계감사를 받는다는 연구가 존재한다(박종일·남혜정, 2010).

이 밖에도 외감법의 적용을 받는 기업 및 비상장중소기업의 외부감사와 회계품질 등을 살펴본 연구에서, 외부감사를 받는 기업의 회계정보의 질이 높다고 보고하고 있다(노준화·배길수, 2001; 박종일·남혜정, 2010; 박종일·전규안, 2014). 최근에는 출자·출연기관의 공공성을 고려하여 회계투명성과 수탁책임 관점에서 외부회계감사의 필요성을 강조하고, 감사 범위 확대의 필요성을 주장한 연구도 진행되었다(송승아, 2020).

2 주식회사 등의 외부감사에 관한 법률(외감법)

1980년 12월 31일 제정되어 1981년 1월 1일부터 시행되었다. 법률 제정 이후 총 30차례 개정이 단행되었는데, 타법 개정사항을 반영하기 위한 10번의 개정을 제외하면 총 20번의 개정이 이루어졌다.

- 목적: 주식회사로부터 독립된 외부의 감사인이 그 주식회사에 대한 회계감사를 실시하여 회계처리를 적정하게 하도록 함으로써 이해관계인의 보호와 기업의 건전한 발전에 이바지함을 목적으로 하고 있다.
- 대상: 1. 직전 사업연도 말의 자산총액이 500억 원 이상인 회사
  2. 직전 사업연도의 매출액이 500억 원 이상인 회사
  3. 다음 중 2개 이상에 해당하는 회사
     - 직전 사업연도 말의 자산총액이 120억 원 이상
     - 직전 사업연도 말의 부채총액이 70억 원 이상

– 직전 사업연도의 매출액이 100억 원 이상
– 직전 사업연도 말의 종업원이 100명 이상

다음에 해당하는 주식회사는 재무제표를 작성하여 주식회사로부터 독립된 외부의 감사인에 의한 회계감사를 받아야 한다. 다만, 다음에 해당하는 주식회사는 외부의 감사인에 대한 회계감사를 받지 않을 수 있다.

1. 「공공기관의 운영에 관한 법률」에 따라 공기업 또는 준정부기관으로 지정받은 주식회사 중 주권상장법인이 아닌 회사
2. 그 밖에 대통령령으로 정하는 주식회사

지방출자 · 출연기관의 수익(매출액, 보조금 수령액, 기부금 · 후원금 모금액 등)을 감사 대상 선정기준으로 포함할 경우 보조금, 기부금 및 후원금으로 운영되는 기관의 회계정보 신뢰성, 운영의 투명성 확보 및 공익사업 활성화 차원에서 적합한 기준으로 사료된다.

※ 최근 완료된 출자 · 출연기관 경영평가 표준모델에서는 평가 대상기관의 선정기준으로 지방자치단체 평균 지원액(광역 10억 원, 기초 5억 원)을 적용
※ 2019년 8월 25일 한국공인회계사회와 한국 NPO 공동회의는 '비영리 공익법인 회계투명성 및 책무성 강화'를 위한 업무협약을 체결하였고, 이 중 '모금액이 10억 원 이상인 비영리 공익법인의 외부감사 활성화' 사업 포함

3 현행 출자 · 출연기관의 의무 외부감사 요건

1) 출자기관

출자기관의 경우 주식회사 형태로 「주식회사 등의 외부감사에 관한 법률」 적용 대상에 해당하기 때문에 동법에 따라 감사를 받게 된다.

2) 출연기관

출연기관은 「상속세 및 증여세법」에 따라 공시기준과 외부감사 대상이 결정된다. 최근에는 공익법인 투명성 제고의 필요성이 대두되면서 「상속세 및 증여세법」을 개정하여 결산서류 공시 및 외부감사 대상을 점차 확대하는 추세이다. [표 7-3]에서는 「상속세 및 증여세법」에 따른 결산서류 공시 및 외부회계감사 대상의 변경내용을 확인할 수 있다.

표 7-3 공익법인 결산서류 공시 및 외부회계감사 대상 변경 내용

구 분	법 령	종 전	변 경
결산서류 공시 대상 확대	§50의3①	**총자산 5억 원** 또는 **수입금액 등 3억 원** 이상인 공익법인(종교단체 제외)	**모든 공익법인**(종교단체 제외) 다만, **총자산 5억 원 미만**이면서 **수입금액 등 3억 원** 미만인 법인은 간편공시 가능
외부회계감사 대상 확대	§50③	직전연도 **총자산 100억 원** 이상인 공익법인(종교 · 학교법인 제외)	(추가) **수입금액 등 50억 원** 이상 또는 **출연재산 20억 원** 이상인 법인

출처: 국세청(2021).

4 행정감사와 외부회계감사 차이

행정감사의 경우 행정사무 전반에 관한 상태를 점검하고, 예산의 수치와 적절한 사용 및 불용액에 관한 지적사항을 담고 있는 반면, 회계감사는 예산의 적절한 사용이 아닌 사용된 예산을 통해 산출되는 재무정보의 적절성을 다루고 있다.

표 7-4 행정사무감사와 외부회계감사의 비교

구 분	행정사무감사	외부회계감사
의의	행정사무 전반에 관한 상태 점검 및 예산의 집행에 관한 지적	(사전적 의미) 경제행위와 사건에 관한 주장에 대하여 이 주장이 설정된 기준을 어느 정도 따르고 있는가를 판정하기 위하여 객관적으로 증거를 수집하고, 그 결과를 이해관계자에게 전달하기 위한 체계적 과정
감사 대상	주요 행정 전반에 과한 모든 사항(예산, 결산, 기관운영, 직원 등)	재무제표(재무상태표, 손익계산서, 현금흐름표, 주석 등)

제8장

해외 출자 · 출연기관의 회계기준과 감사

해외에서도 준정부기관인 출자 · 출연기관이 활발히 운용되고, 일부 국가에서는 이들이 비영리법인의 형태를 취하는 바, 이 장에서는 미국, 영국, 캐나다, 호주, 일본, 독일 등 주요국에서의 비영리법인 정의 및 비영리회계기준에 대해 간단히 알아보고, 더불어 이들 기관에 대한 감사 규정을 파악한다. 회계투명성과 성과지향을 중시하는 현대 행정추세에 맞추어, 국내와 해외에서 이들 비영리기관에 대해 회계기준과 감사의 중요성이 날로 높아지고 있음을 감안할 때, 해외 사례는 우리의 출자 · 출연기관, 특히 일종의 비영리기관인 출연기관에게 제공하는 정책적 시사점이 크다고 볼 수 있다. 이 장에서는 한국회계기준원 조사연구실에서 발행한 비영리조직회계기준 해설서를 주로 인용하여 해외기준과 감사 실태를 서술하였다.

제 1 절 해외의 비영리법인 정의 및 비영리회계기준

1 미 국

1) 일반적 비영리회계기준

미국의 일반적 비영리회계기준은 재무회계기준 958(Accounting Standards Codification: FASB ASC 958)의 명칭을 가지고 있다. 미국의 회계기준은 영리기업회계기준을 바탕으로 하고, 비영리조직의 특수기준을 추가하여 구성되었다. 미국의 재무회계기준 958의 경우, 재무회계기준위원회(Financial Accounting Standards Board: FASB)에서 제정한다. 미국의 비영리회계기준에서는 재무상태표, 활동계산서(Statement of Activities), 현금흐름표를 의무적으로 작성하도록 하고 있다.

2) '비영리조직'의 정의

미국의 FASB ASC 958에서는 비영리조직을 '비영리실체(Not-for-Profit Entity)(Master Glossary of Accounting Standards Codification)'로 정의하고 있다.

여기서 비영리실체는 다음의 특징을 가지고 있다:

a. 자원제공자가 유의적인 금액의 자원을 기부하며, 자원제공자는 이에 준하는 금전적인 보상을 기대하지 않는다.

b. 이윤 목적의 재화판매나 용역제공이 아닌 다른 사업 목적을 갖고 있다.

c. 영리기업과 같은 소유지분은 존재하지 않는다.

이러한 정의에 명백하게 부합되지 않는 실체들은 다음과 같다:

a. 투자자 소유실체

b. 그 실체의 소유자, 회원이나 참여자 등에게 배당, 원가할인 혜택 또는 기타 경제적 혜택을 직접적으로, 그리고 비례적으로 제공하는 실체(예: 상호보험회사, 신용협동조합, 농장 및 농촌전기협동조합, 종업원급여제도)

3) 재무회계기준 958의 특징

1987년 감가상각에 관한 회계기준 제정을 필두로, 1993년에 비영리조직의 기부금 수익인식기준 및 재무제표 작성과 표시회계기준이 제정되었고, 1995년에 비영리조직 보유 투자자산 회계처리기준 등이 제정되었다.

현행 US GAAP(Accounting Standards Codification: ASC)상 비영리조직회계기준은 일반기준인 영리기업회계기준에 추가되는 특정 산업기준(a specific industry guidance)의 하나(ASC 958)로서 규정되어 있다.

미국 비영리조직특수기준의 주요 예시는 다음과 같다.

- 재무제표 범위와 표시: 재무상태표, 활동계산서, 현금흐름표
- 기부금 수익인식
- 고정자산 감가상각
- 보유투자자산의 측정 및 평가손익의 회계처리:
  - 공정가치 측정. 단, 공정가치를 구할 수 없는 주식은 예외
  - 평가손익은 원칙적으로 제약 없는 순자산의 증가(감소)로 회계처리

2011년 11월 미국재무회계기준위원회(FASB)는 비영리자문위원회(Not-for-Profit Advisory Committee: NAC)의 권고를 받아들여 비영리조직회계기준 개선작업에 착수하였다.

전면 개정은 아니며 일부 측면에 국한된 개선 작업으로서 2016년 8월 비영리조직의 재무제표 표시기준을 개정(Accounting Standards Update: ASU No. 2016-14)하였고, 보조금 및 계약의 수익인식에 대한 개정작업이 진행 중에 있다.

2 영 국

1) 일반적 비영리회계기준

영국의 일반적 비영리회계기준은 재무보고기준 102(Financial Reporting Standard: FRS* 102)의 명칭을 가지고 있다. 영국의 회계기준은 영리기업회계기준을 바탕으로 하고, 비영리 조직의 특수기준을 추가하여 구성되었다. 영국에서는 재무보고위원회(Financial Reporting Council: FRC)에서 비영리회계기준을 제정한다. 의무적으로 작성해야 하는 재무제표의 종류는 재무상태표, 포괄손익계산서, 현금흐름표, 자본변동표로 구성되어 있다.

2) '비영리조직'의 정의

영국에서는 공익실체(public benefit entity)의 개념으로 비영리조직을 정의한다(Glossary of FRS 102). 공익실체의 주목적은 일반대중이나 지역사회 또는 사회적 혜택을 위하여 재화나 용역을 제공하는 데 있으며, 자본을 제공받는 경우 그 목적은 주주나 회원들에게 재무적인 보상을 제공하는 것이 아니라 그 실체의 주목적을 지원하는 데 있다.

공익실체가 되려면, 실체의 목적이 대중 전체의 혜택일 필요는 없다. 예를 들면, 비록 사회 전체적으로 간접적인 혜택을 동시에 받을 수 있지만, 다수의 공익실체는 특정 집단의 직접적인 혜택을 위해 존재한다. 여기서 중요한 사항은 실체의 주목적이 무엇인지와 그 실체가 경제적인 혜택을 투자자들에게 제공하기 위해서 존재하는 것은 아니라는 것이다. 상호보험회사, 기타 상호협동조합, 클럽과 같은 조직은 그들의 소유자, 회원이나 참여자들에게 배당이나, 기타 경제적 혜택을 직접적으로, 그리고 비례적으로 제공하므로 공익실체에 해당하지 않는다.

3) 영국 비영리회계기준의 특징

2013년 3월에 영리기업회계기준(일반기준)과 비영리조직회계기준(특수기준)을 한데 묶은 회계기준(FRS 102)을 새로 제정하였고, 2015년 1월 1일부터 시행하였다. FRS 102가 근간으로 하고 있는 영리기업회계기준은 비상장기업(IFRS 미적용기업)에 적용되는 기준이다. FRS 102 내에서 비영리조직에만 적용되는 특수기준은 'PBE'라는 문단으로 별도로 표시되어 있다.

영국 비영리조직특수기준의 주요 예시는 다음과 같다.

- 저리대여금(concessionary loans): 공정가치 또는 현금수수액으로 측정
- 사회복지 목적으로 보유하고 있는 부동산(property held for the provision of social benefits): 투자부동산이 아닌 유형자산으로 분류
- 비영리조직 간 합병: 상황에 따라 매수법(acquisition method) 또는 기부취득(donations of assets)으로 회계처리
- 자산손상: 사용 목적 자산의 회수가능액 산정 시 사용가치(value in use, 현금흐름평가치) 대신 용역잠재력평가치(a service potential driven valuation) 사용 가능

- 자금제공약정(funding commitment): 비영리조직이 무조건적으로 자금제공 약정을 한 경우 부채인식
- 기부 · 증여 등 비교환거래로부터의 수익인식

일부 업종의 경우 관련 정부기관이나 위원회가 제정한 업종별 회계기준에 대해 영국재무보고위원회(Financial Reporting Council: FRC)가 검토하고 인증한다.

(자선단체) 자선단체의 회계 및 보고에 관한 실무지침서[Accounting And Reporting By Charities: Statement Of Recommended Practice applicable to charities preparing their accounts in accordance with the Financial Reporting Standard applicable in the UK and Republic of Ireland (FRS 102) (effective 1 January 2015)]

FRS 102는 정부기관인 자선단체위원회(Charity Commission)가 제정한 회계기준으로서, 관련 법규에서는 자선단체에게 실무지침서(SORP)에 따라 재무제표를 작성하도록 요구하였다.

* 동 실무지침서에서 규정하는 업종별 회계기준은 영국재무보고위원회가 제정한 일반적 회계기준(UK GAAP)에 추가 또는 보완하는 지침의 성격을 지니고 있다(동 실무지침서 문단 3).

<실무지침서 도입부 일부 발췌>

3. The introduction to each module identifies the section(s) in FRS 102 relevant to the issues addressed by that module. <u>This SORP provides guidance on how to apply FRS 102 to charity accounts and it should be noted that in the hierarchy established in accounting standards, FRS 102 requirements and legal requirements take precedence over the SORP.</u> Therefore should an update to FRS 102 or a change in relevant legislation be made after the publication of this SORP, any of the provisions of this

SORP that conflict with the updated FRS 102 or relevant legislation cease to have effect.

영국재무보고위원회가 인증하였으며, 실무지침서 서두에서 그러한 인증이 있었음을 다음과 같이 밝혔다.

“영국재무보고위원회는 실무지침서가 동 위원회의 실무규약을 따랐고, 회계실무에서 수용될 수 없는 원칙을 담고 있지 않으며 영국재무보고위원회가 제정한 회계기준과 상충되지도 않는다고 결론을 내렸다.”

<실무지침서 서문 발췌>

Financial Reporting Council's statement on the charities SORP (FRS 102)

The aim of the Financial Reporting Council (FRC) is to promote high-quality corporate governance and reporting to foster investment. In relation to accounting standards applicable in the UK and Republic of Ireland the FRC's overriding objective is to enable users of accounts to receive high-quality understandable financial reporting proportionate to the size and complexity of the entity and users' information needs. In particular industries or sectors, clarification of aspects of those standards may be needed in order for the standards to be applied in a manner that is relevant and provides useful information to users of financial statements in that industry or sector.

Such clarification is issued in the form of Statements of Recommended Practice (SORPs) by bodies recognised for this purpose by the FRC. The Charity Commission and the Office of the Scottish Charity Regulator (OSCR) in their role as the joint SORP-making body have confirmed that it shares the FRC's aim of high-quality financial reporting and has been recognised by the FRC for the purpose of issuing SORPs for charities.

> In accordance with the FRC's Policy and Code of Practice on SORPs the FRC carried out a limited scope review of the SORP focusing on those aspects relevant to the financial statements.
>
> On the basis of its review, the FRC has concluded that the SORP has been developed in accordance with the FRC's Policy and Code of Practice on SORPs and does not appear to contain any fundamental points of principle that are unacceptable in the context of present accounting practices or to conflict with an accounting standard.
>
> 22 May 2014
> Financial Reporting Council

위 자선단체 실무지침서(SORPs for Charities)에서는 다음의 재무제표 작성을 필수로 요구하고 있다.

- 재무활동계산서(Statement of Financial Activities)
- 재무상태표(Balance Sheet)
- 현금흐름표(Statement of Cash Flow)
- 주석(Notes)

(대학) 고등교육회계 실무지침서[Statement Of Recommended Practice: Accounting for further and higher education (March 2014, Universities UK)]

대학회계실무자, 회계전문가, 관련협회, 감독기구, 영국회계기준제정기구 등이 참여한 고등교육실무지침위원회(FE/HE SORP Board)가 제정하였다.

* 동 실무지침서에서 규정하는 업종별 회계기준은 영국재무보고위원회가 제정한 일반적 회계기준(UK GAAP)에 추가 또는 보완하는 지침의 성격을 지니고 있다(동 실무지침서 서문 및 도입부).

<실무지침서 서두 일부 발췌>

Foreword

This Statement of Recommended Practice (SORP), reflects the changes to UK Generally Accepted Accounting Practice (GAAP) following the issue of FRS 100, 101 and 102 which will be effective for financial years beginning on or after 1 January 2015. As previously, the SORP combines the requirements of institutions of both further and higher education throughout the United Kingdom, reflecting the collaboration between the key stakeholders – Further and Higher Education funding and regulatory bodies, sector representative bodies, and accounting practitioners – all of whom are represented on the FE / HE SORP Board. (이하 생략)

1: INTRODUCTION AND SCOPE

1.4 Institutions following this SORP must apply all requirements under FRS 102 'The Financial Reporting Standard applicable in the UK and the Republic of Ireland', relevant legislation and accounts directions from the Funding Bodies applicable to the reporting institution. When an update to FRS 102, relevant legislation or accounts direction is issued after publication of the most recent edition of this SORP, any of the provisions of the SORP that conflict with the updated FRS 102, accounts direction or relevant legislation will cease to have effect. This SORP is drafted on the basis of UK accounting standards which the SORP Board believes are appropriate for institutions.

영국재무보고위원회가 인증하였으며 실무지침서 도입부에서 그러한 인증이 있었음을 다음과 같이 밝혔다.

"영국재무보고위원회는 지침서가 동 위원회의 실무규약을 따랐고, 회계실무에서 수용될 수 없는 원칙을 담고 있지 않으며 영국재무보고위원회가 제정한 회계기준과 상충되지도 않는다고 결론을 내렸다."

<실무지침서 도입부 일부 발췌>

FRC STATEMENT

FRC's Statement on the Statement of Recommended Practice – Accounting for Further and Higher Education

The aim of the Financial Reporting Council (FRC) is to promote high-quality corporate governance and reporting to foster investment. In relation to accounting standards applicable in the UK and Republic of Ireland the FRC's overriding objective is to enable users of accounts to receive high-quality understandable financial reporting proportionate to the size and complexity of the entity and users' information needs. In particular industries or sectors, clarification of aspects of those standards may be needed in order for the standards to be applied in a manner that is relevant and provides useful information to users of financial statements in that industry or sector.

Such clarification is issued in the form of Statements of Recommended Practice (SORPs) by bodies recognised for this purpose by the FRC. The FE/HE SORP Board has confirmed that it shares the FRC's aim of high-uality financial reporting and has been recognised by the FRC for the purpose of issuing SORPs for further and higher education institutions.

In accordance with the FRC's Policy and Code of Practice on SORPs the FRC carried out a limited scope review of the SORP focusing on those aspects relevant to the financial statements.

On the basis of its review, the FRC has concluded that the SORP has been developed in accordance with the FRC's Policy and Code of Practice on SORPs and does not appear to contain any fundamental points of principle that are unacceptable in the context of present accounting practices or to conflict with an accounting standard.

26 March 2014
Financial Reporting Council

위 대학 실무지침서(SORPs for Universities)에서는 다음의 재무제표 작성을 의무화하고 있다.

- 주요 회계정책과 추정기법 보고서(Statement of principal accounting policies and estimation techniques)
- 포괄손익계산서(Statement of Comprehensive Income)
- 적립금변동표(Statement of Changes in Reserves)
- 재무상태표(Balance Sheet)
- 현금흐름표(Statement of Cash Flow)
- 주석(Notes)

3 캐나다

1) 일반적 비영리회계기준

캐나다의 일반적 비영리회계기준은 캐나다 공인회계사회 편람 제3편(CICA Handbook, PartⅢ)에 기재되어 있다.

캐나다의 회계기준은 영리기업회계기준을 바탕으로 하고, 비영리조직의 특수기준을 추가하여 구성되었다. 여기서 바탕이 되는 영리회계기준으로 IFRS(Part 1), 비상장기업기준(Part 2) 중 하나를 선택 가능하다.

캐나다에서는 회계기준위원회(Accounting Standards Board)에서 비영리회계기준을 제정한다. 의무적으로 작성해야 하는 재무제표의 종류는 재무상태표, 운영계산서(Statement of Operations), 순자산변동표, 현금흐름표로 구성되어 있다.

2) '비영리조직'의 정의

CICA Handbook에서는 비영리조직을 '비영리조직(not-for-profit organizations)'으로 정의하고 있다. 조직은 일반적으로 이전 가능한 소유지분을 가지고 있지 않으며, 사회, 교육, 전문업, 종교, 건강, 자선이나 기타 비영리 목적으로만 설립되어 운영되고 있다. 비영리조직의 회원, 기부자, 기타 자원제공자는 조직으로부터 금전적인 보상을 직접적으로 받지 않는다.

3) 캐나다 비영리회계기준의 특징

2010년 9월에 비영리조직회계기준의 체제를 재정비하였다. 그 후 비영리조직이 다음 둘 중 하나의 회계기준을 선택하여 적용할 수 있도록 했다. 비영리조직에만 적용되는 특수기준(캐나다공인회계사회편람 제3편)을 적용하되, 동 특수기준에서 별도로 정하고 있지 않는 사항에 대해서는 비상장기업회계기준(캐나다공인회계사회편람 제2편)을 적용하는 경우가 있다.

* 따라서 비영리조직특수기준 그 자체로서는 완비(stand-alone)된 회계기준이 아니다.

국제회계기준(IFRS, 캐나다공인회계사회편람 제1편)을 적용하는 경우에는 비영리조직특수기준(캐나다공인회계사회편람 제3편)은 적용할 수 없다.

캐나다 비영리조직 특수기준의 주요 예는 다음과 같다.

- 무형자산
- 금융상품(Financial Instruments):

• '매도가능(Available For Sale)' 분류 삭제. 따라서 평가손익은 순자산변동표가 아닌 운영계산서에 표시
• 비영리조직의 선택에 따라 모든 금융상품을 취득 후 공정가치로 평가 가능. 비영리조직이 그러한 선택을 하지 않는 경우, 시장성 있는 채권은 상각후원가로 평가하는 것이 원칙이며, 시장성 있는 주식은 공정가치로 평가하는 것이 원칙

- 거래원가: 상각후원가로 측정되는 금융상품의 취득원가에 가산

※ 과거에는 비영리조직의 선택에 따라 현금흐름표를 작성하지 않을 수도 있었으나 2010년 9월 기준 재정비를 통해 현금흐름표 작성이 의무화됨.

2012~2013년에 비영리조직회계기준에 대하여 일부 개정작업을 하였고, 2017년 2월 '비영리조직회계기준 개선' 공개초안을 발표하였다.

4 호 주

1) 일반적 비영리회계기준

호주의 일반적 비영리회계기준은 호주회계기준(Australian Accounting Standards: AASs)의 명칭을 가지고 있다. 호주의 비영리회계기준은 영리기업회계기준을 바탕으로 하고, 비영리조직의 특수기준을 추가하여 구성되었다. 여기에 바탕이 되는 영리기업회계기준은 IFRS(AASs), 비상장기업기준(AASs-Reduced Disclosure Requirements) 중 하나를 선택해 사용할 수 있다. 호주의 비영리회계기준은 호주회계기준위원회(Australian Accounting Standards Board)에서 제정한다. AASs에서는 재무상태표, 포괄손익계산서, 자본변동표, 현금흐름표를 의무적으로 작성하도록 하고 있다.

2) '비영리조직'의 정의

비영리실체(not-for-profit entity)는 주목적이 이윤창출이 아닌 실체이다. 비영리실체는 단일의 실체이거나 지배실체와 각 종속실체로 구성된 집단일 수 있다(AASB 102 Inventories).

3) 호주 비영리회계기준의 특징

2010년 6월에는 비영리조직회계기준의 체제를 재정비하였다.
호주 GAAP은 다음의 두 개의 Tier로 구성되어 있다.
Tier 1: 호주회계기준(Australian Accounting Standards)
* 국제회계기준(IFRS)을 수용하였으며 비영리조직에만 적용되는 특수기준을 추가
** 상장기업에 의무 적용. 비상장기업과 비영리조직에는 선택 적용

Tier 2: 호주회계기준-주석사항 경감(Australian Accounting Standards-Reduced Disclosure Requirements)
* 국제회계기준(IFRS)을 바탕으로 하되 일부 주석기재사항을 경감
** 비상장기업과 비영리조직에 적용 가능

호주 GAAP이 두 개의 Tier로 구성되었지만 별도 set의 기준이 각각 존재하는 것은 아니며, 국제회계기준(IFRS)을 바탕으로 하는 하나의 회계기준체제 내에 주석기재 경감에 관한 특별규정과 비영리조직특수기

준을 'Aus'라는 문단으로 별도 표시하여 추가하였다.

비영리조직이 다음 둘 중 하나의 회계기준을 선택하여 적용할 수 있도록 하였다.

(기본) Tier 2: 비상장기업회계기준(주석기재 경감된 IFRS) + 비영리조직특수기준
(선택) Tier 1: 국제회계기준(IFRS) + 비영리조직특수기준

호주 비영리조직특수기준의 주요 예시는 다음과 같다.

- 자산손상: 사용 목적 자산의 회수가능액 산정 시 사용가치(value in use, 현금흐름평가치) 대신 상각대체원가(Depreciated Replacement Cost) 사용
- 무상으로 배포하기 위해 보유하고 있는 재고자산(inventories held for distribution): 저가법을 적용하지 않고 취득원가로 평가

현재는 수익 관련 국제회계기준인 IFRS 15에 관한 비영리조직특수기준 마련을 하고 있는 중이다.

5 일 본

1) 일반적 비영리회계기준

일본은 일반기준을 가지고 있지는 않으나 공익법인, NPO 법인, 사회복지법인, 학교법인, 종교법인 등 기관의 종류별로 기준을 가지고 있다.

민간에서 제정된 NPO 법인회계기준('10년)의 경우 명시적 참조 규정은 없지만 영리기업회계기준에 바탕을 두고 있는 것으로 보이며, 다

음과 같은 비영리조직의 특수기준을 추가하였다.

- 고유목적사업과 비고유목적사업의 구분
- 비영리조직의 특수거래
- 사업비와 관리비의 구분

기준의 종류별로 각기 다른 주체가 회계기준을 제정하며 대표적으로 NPO 법인회계기준의 경우는 민간협의체인 NPO 법인회계기준협의회가 제정한다. 이 중 의무적으로 작성해야 하는 재무제표는 재무상태표, 활동계산서가 있다.

2) 일본 비영리회계기준의 특징

일본에서는 통일된 비영리조직회계기준은 없으며 비영리조직종류별로 회계기준이 산재하고 있는바, 그 현황은 [표 8-1]과 같다.

표 8-1 일본의 비영리회계기준체계

	공익법인 (사단, 재단)	NPO 법인	사회복지법인	학교법인	종교법인
기준명	공익법인 회계기준	NPO 법인 회계기준	사회복지법인 회계기준	학교법인 회계기준	종교법인 회계지침
제정 주체	정부 (내각부 공익인정 등위원회)	민간협의체 (NPO 법인 회계기준협의회)	정부 (후생노동성)	정부 (문부과학성)	일본 공인회계사회
재무제표	재무상태표 순재산 증감계산서 현금흐름표	재무상태표 활동계산서	재무상태표 사업활동계산서 자금수지계산서	재무상태표 사업활동 수지계산서 자금수지계산서	재무상태표 순자산 증감계산서 수지계산서

출처: 한국회계기준원(2017).

(NPO 법인회계기준) NPO 법인회계기준은 법률에 의해 강제 적용되는 회계기준이 아니며 비영리조직의 선택에 따라 적용한다. 정부가 회계기준을 책정하면 NPO 법인에 필요 이상의 지도적 효과를 미칠 우려가 있어 회계기준의 책정은 민간의 자주적인 대처에 맡겨야 한다는 인식이 있었기 때문에, 정부가 나서지 않고 민간협의체(NPO 법인회계기준협의회)에 의해 제정된다.

핵심 내용은 다음과 같다.

- 작은 단체도 무리 없이 적용할 수 있도록 배려
- 현물 기부와 봉사 등 비영리 특유의 현상을 반영
- 기존의 '수지계산서'에서 '활동계산서'로 양식이 변경
- 비용에 대해서는 '사업비'와 '관리비'로 구분하도록 요구
- 복식부기 기반의 발생주의 회계를 적용

현재 업종별로 산재된 비영리조직회계기준을 하나로 통합하기 위한 움직임이 있다.

2013년 7월 일본공인회계사회(JICPA)는 '비영리조직의 회계시스템 구축을 위해'라는 제목의 연구보고서를 발표하였다.

2017년 5월 일본공인회계사회(JICPA)는 '비영리조직회계기준 개발을 위한 개별 논점 정리-고정자산의 감액' 공개초안을 발표하였다.

6 독 일

1) 일반적 비영리회계기준

독일에서 비영리 기관에 대한 일반회계기준은 없으며 업종별로 지

침이 존재한다. 업종별 비영리회계기준은 독일회계사회에서 제정한다.

2) 독일 비영리회계기준의 특징

일반적으로 적용되는 비영리조직회계기준은 없으며, 법률상 의무가 없어 실제 비영리조직의 재무제표 공시도 제대로 이루어지고 있지 않는 실정이다. 다만, 대형 비영리조직은 자율적으로 재무제표를 공시하기도 하는데, 통일된 회계기준이 없어 조직 간 비교가능성이 낮다.

강제성이 있는 것은 아니지만 다음과 같이 독일회계사회가 제정한 업종별 회계지침이 있다.

- 재단과 신탁의 재무보고[Financial reporting by foundations and trusts (IDW RS HFA 5)]
- 비법인협회의 재무보고[Financial reporting by unincorporated associations (IDW RS HFA 14)]
- 모금활동조직의 재무보고[Specifics in financial reporting by fund raising organisations(IDW RS HFA 21)]

제 2 절 해외 출자 · 출연기관의 감사규정

1 비영리조직 감사기준 해외 사례 연구

1) 미국의 비영리법인 감사

미국의 경우 연방정부에게 $30만 이상(한화 약 3억 원) 재정 지원을 받은 기관은 외부감사를 받도록 하고 있다. 외부감사는 기관이 직접 공인회계사를 통하거나 정부의 지정을 통해 진행되고, 정부감사기준에 의한 감사실시 및 보고를 해야 한다. 비영리의료기관의 회계감사에 관해서는 주(州) 수준에서 의무사항으로 지정하고 있다.

2) 영국의 비영리법인 감사

영국의 Charities Act 2011의 제133조에 따르면, 연간수입이 50만 파운드(한화 약 7억 원)를 초과하거나 자산이 280만 파운드(한화 약 40억 원), 연간 수입이 25만 파운드(한화 약 3억 6천만 원)을 초과하는 단체는 외부회계법인으로 부터 회계감사를 받도록 규정하고 있다. 또한 Charities Act 2011의 제145조에는 연간 수입이 2만 5천 파운드(한화 약 3,600만 원)를 넘는 경우 회계검증(회계감사 또는 회계검토)을 받도록 규정하고 있다. 영국의 경우 정부가 회계보수에 관하여도 개입하고 있는데, 지방정부와 감사인 간의 보수결정 과정에 기준이 되는 감사보수 규모에 대한 가액 산정 모델을 제시하여 실제 지방정부가 감사보수 결정 시의 기준을 제시하고 있다.

3) 일본의 비영리법인 감사

일본의 경우 자산이 100억 엔 이상(한화 약 980억 원) 또는 부채가 50억 엔 이상(한화 약 490억 원) 또는 수지결산액(총수입액 또는 총지출액)이 10억 엔(한화 약 98억 원) 이상인 비영리법인은 공인회계사에 의해 외부감사를 받도록 규정하고 있다. 대학의 경우 정부기관에서 1천만 엔(한화 약 9,800만 원) 이상을 보조금으로 받는 경우에는 외부감사를 받아야 한다.

표 8-2 해외 출자 · 출연기관 감사기준

국 가	외부감사 대상	그 외 사항
미국	30만 달러 이상의 연방정부 지원	–
영국*	연간수입 50만 파운드 초과 또는 자산총액 280만 파운드 초과이며, 수입이 25만 파운드 초과인 단체	연간 수입 2만 5천 파운드 이상 연차보고서 작성 및 외부검증
일본	자산 100억 엔 이상 또는 부채 50억 엔 이상 또는 수지결산액 10억 엔 이상	1,000만 엔 이상 보조받는 대학은 외부감사 의무

* 영국의 Charities Act 2011의 제133조에 만약 비영리기관의 연간수입이 25만 파운드를 초과하지 않으면 이사회에서는 재무보고서 대신 수입과 지출계정을 기록하거나 자산과 부채보고서 중 하나만 기록하면 되도록 규정하고 있음. 당연히 연간수입이 25만 파운드를 초과하면 재무보고서를 작성해야 함(Charities Act 2011, section 144: 75).

제9장

출자 · 출연기관의 경영평가

제 1 절 경영평가의 의의

1 출자 · 출연기관 경영평가 개요

출자 · 출연기관의 경영평가는 「지방자치단체 출자 · 출연기관의 운영에 관한 법률」 제28조, 제29조(경영실적의 평가), 「지방자치단체 출자 · 출연기관의 운영에 관한 법률 시행령」 제19조, 제20조에 의거해 실시되고 있다. 출자 · 출연기관 경영평가의 평가자는 설립 자치단체의 장으로 구성된다. 경영평가는 설립 자치단체의 장이 매 회계연도 종료 후 6개월 이내에 실시하고 평가 결과를 8월 31일까지 행정안전부장관에게 통보하여야 한다. 행정안전부장관은 10월 31일까지 평가 결과를 행정안전부 홈페이지 등에 공시하여야 한다.

평가대상은 자치단체 지원금 규모 및 지분율에 따라 결정하며, 경영실적 평가 제안모델에서 정의한 평가 대상은 다음과 같다.

1. 지방자치단체의 지원금이 해당 기관 총수입액의 50% 이상인 기관
2. 지방자치단체의 지분이 해당 기관 자본금 또는 재산의 25% 이상인 기관
3. 지방자치단체의 지분이 해당 기관 자본금 또는 25% 미만인 기관 중 지방자치단체가 실질적인 지배력을 행사하는 기관

다만, 경영평가에서 제외되는 기관은 다음과 같다.

1. 다른 법률에 따라 경영평가를 받는 기관
2. 전년도 결산서의 대상 기간이 1년 미만인 기관
3. 경영평가를 하는 것이 적정하지 않다고 인정되는 경우로서 행정안전부장관과의 협의와 지방출자 · 출연기관 운영심의위원회의 심의 · 의결을 거쳐 경영평가를 하지 않기로 정한 기관

다만, 경영평가 제외 대상에 해당하더라도 지방자치단체에서 판단하여 경영평가가 가능하다. 전년도 경영평가에서 제외되었던 기관일지라도 당해 연도에 경영평가 제외 여부를 다시 판단해야 하며, 당해 연도에도 제외 대상일 경우에 지방출자 · 출연기관 운영심의의원회의 심의 · 의결을 다시 거쳐야 한다.

표 9-1 경영평가 대상/비대상 출자 · 출연기관 수(2019.12.31 기준)

구 분	총 계	출자기관	출연기관
지방출자 · 출연기관	724개 (광역 90, 기초 392, 보조 3)	90개 (광역 18, 기초 60)	633개 (광역 240, 기초 393)
경영평가 대상기관	414개 (광역 202, 기초 209)	28개 (광역 11, 기초 17)	386개 (광역 191, 기초 195)
경영평가 제외기관	310개 (광역 57, 기초 253)	63개 (광역 8, 기초 55)	247개 (광역 49, 기초 198)

출처: 행정안전부(2020).

경영평가의 대상은 지방자치단체의 지원금이 해당 기관 총수입액의 50% 이상인 기관, 지방자치단체의 지분이 해당 기관 자본금 또는 재산의 25% 이상인 기관, 지방자치단체의 지분이 해당 기관 자본금 또는 재산의 25% 미만인 기관 중 지방자치단체가 실질적인 지배력을 행사하는 기관이다. 경영평가에서 제외되는 기관은 다른 법률에 따라 경영평가를 받는 기관, 전년도 결산서의 대상 기간이 1년 미만인 기관, 경영평가를 하는 것이 적정하지 않다고 인정되는 경우로서 행정안전부장관과의 협의와 지방출자·출연기관 운영심의위원회의 심의·의결을 거쳐 경영평가를 하지 않기로 정한 기관이다.

경영평가 제외 대상의 경우 경영평가 제외 대상에 해당하더라도 지방자치단체에서 판단하여 경영평가가 가능하다. 만약 작년에 평가 제외가 되었더라도, 당해 연도에 다시 제외 여부를 판단해야 한다.

당해 연도에도 제외 대상일 경우 출자·출연기관 운영심의위원회의 심의·의결을 다시 거쳐야 하며, 다른 법률에 따라 경영평가를 받는 기관, 전년도 결산서 대상 기간이 1년 미만인 기관, 그 밖에 경영평가를 하는 것이 적정하지 않다고 인정되는 경우로서 행정안전부 협의와 출자·출연기관 운영심의위원회 심의·의결을 거쳐 평가를 하지 않기로

경영평가가 적정하지 않다고 인정되는 경우

- (광역자치단체 출연기관) 상근 정규직 정원(파견 제외)이 10명 이하이고, 최근 3년 간(당해 연도 말 기준) 지방자치단체 평균 지원액이 10억 원 미만인 기관
- (기초자치단체 출연기관) 상근 정규직 정원(파견 제외)이 10명 이하이고, 최근 3년 간(당해 연도 말 기준) 지방자치단체 평균 지원액이 5억 원 미만인 기관
- (출자기관) 지방자치단체 지분율이 25% 미만인 기관(지방자치단체가 실질적인 지배력을 행사하는 기관의 경우 25% 미만이더라도 경영평가 대상임)

※ 기타 경영평가가 적정하지 않은 사유가 있는 경우 행정안전부와 개별 협의

정한 기관은 평가에서 제외된다.

출자 · 출연기관의 경영평가 시기는 매 회계연도 종료 후 6개월 이내에 완료하도록 하고 있으며, 평가 내용에는 주민복지 증진, 지역경제 발전 등 지방출자 · 출연기관의 경영원칙, 경영성과, 업무의 능률성, 공익성 및 고객서비스 등을 포함한다.

경영평가 방법은 지방자치단체별로 전체 평가지표를 별도 확정하여 평가하며, 해당 평가 대상기관과 사전협의를 통해 지방자치단체별로 평가지표 중 혼합 · 활용하거나, 이미 사용 중인 지표를 사용하여 전체 평가지표를 확정한다. 결과에 따라 평가 등급을 '가' 등급에서 '마' 등급까지 부여한다.

경영평가단은 대학교수(지표별 전공자), 현장경험 전문가, 공인회계사, 노무사, 전문연구기관 연구위원 등으로 구성하며, 지방공기업 및 출자 · 출연기관 경영 및 관련 분야에 전문적인 지식을 보유한 대학조교수 이상 또는 5년 이상 실무경험이 있는 공인회계사, 변호사, 노무사 또는 자문전문가, 지방출자 · 출연기관 경영평가에 대한 학식과 경험이 풍부한 자로 구성이 된다. 다만, 3년 연속 참여자와 이해관계자를 배제하는 것을 권장사항으로 한다.

또한 청렴과 관련된 경영평가단 교육과 청렴계약서를 체결하여 청렴기준을 미준수한 경우에 용역수행 대가를 환수조치하도록 한다. 이를 통해 평가의 공공성과 객관성을 제고한다.

마지막으로, 경영평가단의 수행품질 향상을 위하여 경영평가활동과 결과에 따른 수용도 조사를 실시하여 경영평가단 및 경영평가위원에 대한 경영평가 수행 과정, 평가 결과 등에 대한 수용도 조사를 실시해 차기 평가단 선정 시 활용하도록 권장한다.

2 경영평가의 기준

1) 경영평가 유형

기관별로 구분기준에 따라 각 유형에 맞게 구분하여 유형별 경영성과 지표를 적용하며, 경영평가 유형 중 해당 유형의 기능 일부만을 수행하거나 두 개 이상의 유형에 해당하는 기능을 중복 수행할 경우는 해당 사항을 반영하여 평가가 가능하다.

표 9-2 경영평가 유형별 분류

경영평가 유형		구분기준
출자기관		「상법」상 주식회사
출연기관		「민법」상 재단법인
	신용보증재단	「지역신용보증재단법」에 따라 설립된 신용보증재단
	지방연구원	「지방자치단체출연 연구원의 설립 및 운영에 관한 법률」에 따라 설립된 연구원
	문화 · 예술재단	문화 · 예술회관 관리 및 운영, 공연 · 예술 진흥 및 지원, 보급 및 조사 · 연구, 국내 · 외 교류 등의 사업을 수행하는 기관
	복지재단	사회복지시설 수탁 및 운영, 지역복지 활성화, 사회복지프로그램 연구 · 개발 · 보급, 사회복지서비스 제공 등의 사업을 수행하는 기관
	여성 · 청소년재단	여성 · 청소년 · 가족정책 연구 및 개발, 여성 능력 개발과 경제활동 지원을 위한 프로그램 개발 및 보급, 청소년 보호 · 복지 · 상담에 관한 사업, 청소년활동 진흥, 여성 · 청소년 · 가족 관련 시설의 수탁 및 운영 · 관리 등의 사업을 수행하는 기관
	평생교육 · 인재육성재단	장학생 선발 및 장학금 지급, 인재육성 및 지역교육 경쟁력 강화를 위한 지원, 학사 등 관련 시설 운영, 평생교육 상담 및 정보의 제공, 평생교육 프로그램 개발 및 운영 등의 사업을 수행하는 기관
	기업진흥 및 지원재단	해당 산업 육성을 위한 기반 조성 및 기업 지원, 전문 기술 · 기능 인력 양성, 산 · 학 · 연 연계 · 협력체계 구축 및 기술개발 지원, 애로기술 해결을 위한 기술지도, 마케팅 촉진 등의 사업을 수행하는 기관
	기타	신용보증, 지방연구원 등 상기 유형 분류에 해당되지 않는 기타 사업을 수행하는 기관 ➡ "기타" 유형에 해당되는 기관은 별도의 개별 지표 사용 가능

출처: 행정안전부(2020).

2) 경영실적 평가지표체계

(1) 기본원칙

경영실적 평가지표는 지방출자 · 출연기관의 설립 목적과 가치를 고려하여, 기관의 사회적 가치 실현 활동 평가와 함께 기관의 성과창출 동인과 성과를 쉽게 파악할 수 있도록 지속가능경영-경영성과-사회적 가치의 세 개 평가 영역으로 구성하였다. 각 대분류지표는 중분류지표와 세부지표로 구분하여 평가한다. 중분류지표는 대분류지표 내 유사 평가 영역을 의미하며, 경영층의 리더십, 전략 경영 등 12개로 구성된다. 세부지표는 평가하고자 하는 목적을 의미하는 지표 정의와 세부평가 내용으로 구한다. [표 9-3]에서는 각 경영평가 대분류지표에 따른 주요 평가 내용을 설명하고 있다.

표 9-3 경영평가 대분류지표별 주요 평가 내용

대분류지표	주요 평가 내용
지속가능경영	• 기관의 사명과 사회적 역할 파악 및 경영목표 달성을 위한 노력과 성과, 대내 · 외 이해관계자와의 협력 증진 노력과 성과 • 비전 · 미션 달성을 위한 경영전략 수립 및 실행, 핵심사업 성과 달성을 위한 자원배분 및 추진 과정의 적정성 • 기관의 설립 목적, 조직성과 달성을 위한 효율적인 기반 구축 및 운영 여부 • 지방출자 · 출연기관 관련 법령, 인사 · 조직지침, 예산편성 및 집행지침 등의 준수 여부
경영성과	• 주요 사업성과, 고유사업 목표의 적정성 및 달성 정도, 고객만족도 등 경영활동 성과를 제대로 창출하고 있는지 여부
사회적 가치	• 일자리 창출 및 일 · 가정 양립을 통한 일자리 확대와 소통 및 참여, 윤리경영, 인권경영, 재난 · 안전관리, 지역상생발전 등 사회적 책임을 통해 공동체 발전에 기여하고 있는지 여부

[표 9-4], [표 9-5], [표 9-6]에서는 출자기관의 경영평가지표를 각각 지속가능경영, 경영성과, 사회적 가치 대분류지표 그룹으로 나누어

각 대분류지표에 속하는 중분류지표와 세부지표를 보여주고, 세부지표의 정의를 정리하였다.

표 9-4 출자기관 지속가능경영 평가부문과 평가지표 정의

대분류지표	중분류지표	세부지표	지표 정의
지속가능 경영	리더십	경영층의 리더십	• 기관의 사명과 사회적 가치 실현 및 경영목표 달성 노력과 조직구성원 동기부여 노력과 성과를 평가한다. • 지방자치단체, 지방의회, 지역주민 등 대내 · 외 이해관계자와의 협력 증진을 위한 노력과 성과를 평가한다.
		전략경영	• 조직의 설립 목적 구현과 바람직한 미래상 달성을 위해 기울인 노력과 성과를 평가한다. • 전기평가 지적사항, 외부감사 지적사항 등 이행의 적정성을 평가한다.
	경영 시스템	조직 · 인사 관리의 적정성	• 기관의 지속가능한 발전을 도모할 수 있는 조직 · 인사관리의 적정성을 평가한다.
		채용비리 방지	• 채용비리 방지를 위한 노력과 후속조치의 적정성을 평가한다.
		블라인드 채용 도입 여부	• 직원의 채용 과정에서 불합리한 차별을 야기할 수 있는 항목을 삭제하는 블라인드 채용 도입 이행 여부를 평가한다.
		재무 · 예산관리의 적정성	• 기관의 지속가능한 발전을 도모할 수 있는 재무 · 예산관리의 적정성을 평가한다.
		인건비 인상률 준수	• 총인건비 인상률 준수 여부를 평가한다.
		경영평가 성과급 지급	• 경영평가 성과급 운영이 정부기준에 적합한지 여부를 평가한다.

(2) 경영성과

표 9-5 출자기관 경영성과 평가부문과 평가지표 정의

평가 영역	평가부문	평가지표	지표 정의
경영성과	수익성	영업수지비율	• 기관 영업의 채산성 · 능률 정도를 나타내는 지표로, 영업비용 대비 영업수익의 비율을 산정하여 당해 출자기관이 적절한 영업이익을 창출하고 있는지를 평가한다.
		자기자본이익률	• 자기자본과 당기순이익의 비율을 산출하여 당해 기관의 자기자본이익률이 얼마나 양호한지를 평가한다.
	안정성	금융부채비율, 이자보상비율	• 자기자본 대비 타인자본의 비율을 산출하여 당해 기관의 재무구조의 안정성을 평가한다. 단, 타인자본 산정 시 금융부채가 아닌 분양선수금이나 퇴직충당부채 등은 제외한다.
	생산성	1인당 영업수익	• 당해 기관의 영업수익을 임 · 직원 수로 나누어 임 · 직원 1인이 창출하고 있는 영업수익의 정도를 평가한다.
		1인당 당기순이익	• 당해 기관의 당기순이익을 임 · 직원 수로 나누어 임 · 직원 1인이 창출하고 있는 당기순이익의 정도를 평가한다.
	성장성	매출액증가율	• 당해 연도의 매출액 증가율을 통하여 당해 기관의 성장 정도를 평가한다.
		영업이익증가율	• 당해 연도의 영업이익 증가율을 통하여 당해 기관의 이익 증가 정도를 평가한다.
	사업성과 적절성	기관 고유사업 목표의 적정성 및 달성 정도	• 당해 기관의 고유사업에 대한 목표 부여 · 관리 및 환류체계가 적정한지를 평가한다. • 고유사업에 대한 목표 달성을 촉진하는 제도의 적절성을 평가한다.
	고객만족	고객만족도 조사 결과	• 당해 기관의 외부고객 만족도를 조사하여 고객만족도를 평가한다.

(3) 사회적 가치

표 9-6 출자기관 사회적 가치 평가부문과 평가지표 정의

평가 영역	평가부문	평가지표	지표 정의
사회적 가치	일자리 확대	일자리 창출 및 일·가정 양립을 위한 노력	• 청년 의무고용비율 달성도 등 당해 기관의 신규 일자리 창출을 위한 노력 및 실적을 평가한다.
	사회적 책임	소통 및 참여	• 내·외부고객(고객, 주민, 노사 등)에게 경영정보를 제공함으로써 소통과 경영에 참여시켜 만족도 제고 및 노사상생발전을 위한 기관의 노력 및 성과를 평가한다.
		윤리경영	• 각종 불공정 행위나 부정, 부패행위 근절 등 공정사회를 구현하기 위한 노력과 성과를 평가한다.
		재난·안전관리	• 재난·안전관리를 위한 기관의 노력 정도를 평가한다.
		안전사고 건수	• 안전사고는 내·외부 고객과 고객재산을 안전하게 관리하고 있는가를 평가한다.
		지역상생발전	• 공공기관으로서 사회적 역할을 충실히 수행하기 위하여 추진한 지역 내의 다양한 공익적 활동과 기여도를 평가한다.

다음으로, [표 9-7]에서는 2020년의 출자기관 경영평가 유형별 평가지표를 확인할 수 있다. 괄호 안의 숫자는 각각 평가 영역, 평가부문, 평가지표별 배점을 보여주며, 평가 배점이 정성점수인지, 정량점수인지 확인할 수 있도록 구성되어 있다. 출자기관의 경영평가지표별 배점을 살펴보면, 출연기관보다 지속가능경영을 측정하는 지표 수가 적고 배점이 적은 대신, 경영성과를 측정하는 지표 수가 많고 배점이 많은 것을 확인할 수 있다. 이는 출연기관에 비해 상대적으로 이윤과 경영성과를 중요시하는 출자기관의 성격을 잘 보여주는 것이라고 설명할 수 있다.

표 9-7 출자기관 경영평가 유형별 평가지표

평가 영역	평가부문	평가지표	배 점		비 고
			정성	정량	
지속가능 경영 (25)	리더십 (12)	경영층의 리더십	6		경영층 리더십 · 전문성(6) 코로나19 가점항목 신설
		전략경영	6		중장기 및 주요 사업 계획(4), 외부 감사 지적사항 이행(2)
	경영시스템 (13)	조직 · 인사관리	6		조직 · 인사관리의 적정성(6), 채용비리 방지(△1.5), 블라인드 채용 도입 여부(△1.5)
		재무관리	5	2	재무 · 예산관리의 적정성(5), 인건비 인상률 준수(1), 경영실적 평가 성과급 지급(1)
경영성과 (45)	주요 사업 (5)	사업성과 적절성	5		기관 고유사업 목표의 적정성 및 달성 정도(5)
	수익성(8)	영업수지비율		4	영업수지비율(4)
		자기자본이익률		4	자기자본이익률(4)
	안정성(8)	금융부채비율		4	금융부채비율(4)
		이자보상비율		4	이자보상비율(4)
	생산성(7)	1인당 영업수익		4	1인당 영업수익(4)
		1인당 당기순이익		3	1인당 당기순이익(3)
	성장성(7)	매출액증가율		4	매출액증가율(4)
		영업이익증가율		3	영업이익증가율(3)
	고객만족성과 (10)	고객만족도		10	고객만족(10)
사회적 가치 (30)	일자리 확대 (10)	일자리 창출 및 일 · 가정 양립	5	5	일자리 창출(5), 일자리 질 개선(5), 근로시간 단축 준수 여부(△1), 사전심사제 도입 및 운영(1)
	사회적 책임 (20)	소통 및 참여	5	1	고객 및 주민참여(2), 노사상생(2), 경영공시 및 통합공시 준수(1)
		윤리경영	2		윤리경영, 기록물관리(2)
		인권경영	2		인권경영, 공정사회 구현(2)
		재난 · 안전관리	4	1	시설 · 안전관리(4), 안전사고 건수(1)
		지역상생발전	4	2	지역사회공헌(2), 사회적 약자 배려(2), 친환경경영(2)
합계			49	51	

○ 출연기관

다음은 출연기관의 평가지표이다. [표 9-8], [표 9-9], [표 9-10]에서는 출연기관의 경영평가지표를 각각 지속가능경영, 경영성과, 사회적 가치 대분류지표 그룹으로 나누어 각 대분류지표에 속하는 중분류지표와 세부지표를 보여주고, 세부지표의 정의를 정리하였다.

표 9-8 출연기관 지속가능경영 평가부문과 평가지표 정의

평가 영역	평가부문	평가지표	지표 정의
지속가능 경영	리더십	경영층의 리더십	• 기관의 사명과 사회적 가치 실현 및 경영목표 달성 노력과 조직구성원 동기부여 노력과 성과를 평가한다. • 지방자치단체, 지방의회, 지역주민 등 대내·외 이해관계자와의 협력 증진을 위한 노력과 성과를 평가한다.
		전략경영	• 조직의 설립 목적 구현과 바람직한 미래상 달성을 위해 기울인 노력과 성과를 평가한다. • 전기평가 지적사항, 외부감사 지적사항 등 이행의 적정성을 평가한다
	경영 시스템	조직 · 인사 관리의 적정성	• 기관의 지속가능한 발전을 도모할 수 있는 조직 · 인사관리의 적정성을 평가한다.
		지원기능인력 비율	• 당해 기관의 정원 대비 지원기능을 담당하는 인력의 비율이 효율적으로 구성되어 있는지를 평가한다.
		관리직 비율	• 당해 기관의 정원 대비 관리직 비율이 효율적으로 구성되어 있는지를 평가한다
		외부전문가 구성 및 참여율	• 당해 기관의 시험위원회 및 인사위원회의 외부전문가 구성비율 및 참여 현황을 측정하여 위원회의 전문성과 공정성을 확보하고 있는지를 평가한다.
		임 · 직원 교육실적	• 인력의 전문성을 확보하기 위한 외 · 내부 교육실적을 평가한다.
		채용비리 방지	• 채용비리 방지를 위한 노력과 후속조치의 적정성을 평가한다.

		블라인드 채용 도입 여부	• 직원의 채용 과정에서 불합리한 차별을 야기할 수 있는 항목을 삭제하는 블라인드 채용 도입 이행 여부를 평가한다.
		재무 · 예산관리의 적정성	• 기관의 지속가능한 발전을 도모할 수 있는 재무 · 예산관리의 적정성을 평가한다.
		자체수입률	• 기관이 건전한 재무구조를 유지하고 재정자립 수준을 높이기 위하여 당해 기관의 총수입액 중에서 자체수입이 차지하는 비중이 적정한지를 평가한다.
		일반관리비 충당률	• 건전한 재무구조를 유지하는 차원에서 기관의 자체수입이 행정운영경비를 충당하는 일반관리비충당률이 합리적으로 운영되는지를 평가한다.
		금융부채 비율	• 기관의 재무구조의 안정성을 제고하기 위한 관리의 적정성을 자기자본 대비 타인자본의 비율로 평가한다. 단, 금융부채가 아닌 분양선수금이나 퇴직충당부채 등은 제외한다.
		복리후생비 집행 및 공개	• 복리후생비 집행실적 및 공개 여부 등 복리후생을 위한 기관의 합리적이고 투명한 예산관리를 평가한다.
		업무추진비 집행 및 공개	• 업무추진비 집행실적 및 공개 여부 등 기관의 업무추진비 관리 수준을 평가한다.
		조달계약실적	• 기관의 전체 계약금액 중 조달청에서 계약한 금액(조달청을 통한 수의계약 포함)의 비중을 평가한다.
		인건비 인상률 준수	• 총인건비 인상률 준수 여부를 평가한다.
		경영평가 성과급 지급	• 경영평가 성과급 운영이 정부기준에 적합한지 여부를 평가한다.

표 9-9 출연기관 경영성과 평가부문과 평가지표 정의

평가 영역	평가부문	평가지표	지표 정의
	유형별 평가지표	유형별 경영성과 평가지표	• 출연기관 유형별로 각각의 평가지표를 적용한다.

경영성과	사업성과 적절성	기관 고유사업 목표의 적정성 및 달성 정도	• 당해 기관의 고유사업에 대한 목표 부여 · 관리 및 환류체계가 적정한지를 평가한다. • 고유사업에 대한 목표 달성을 촉진하는 제도의 적절성을 평가한다.
	고객만족	고객만족도 조사 결과	• 당해 기관의 외부고객 만족도를 조사하여 고객만족도를 평가한다.

표 9-10 출연기관 사회적 가치 평가부문과 평가지표 정의

평가 영역	평가부문	평가지표	지표 정의
사회적 가치	일자리 확대	일자리 창출 및 일 · 가정 양립을 위한 노력	• 청년 의무고용 비율 달성도 등 당해 기관의 신규 일자리 창출을 위한 노력 및 실적을 평가한다.
	사회적 책임	소통 및 참여	• 내 · 외부고객(고객, 주민, 노사 등)에게 경영정보를 제공함으로써 소통과 경영에 참여시켜 만족도 제고 및 노사상생발전을 위한 기관의 노력 및 성과를 평가한다.
		윤리경영	• 각종 불공정 행위나 부정, 부패행위 근절 등 공정사회를 구현하기 위한 노력과 성과를 평가한다.
		재난 · 안전관리	• 재난 · 안전관리를 위한 기관의 노력 정도를 평가한다.
		안전사고 건수	• 안전사고는 내 · 외부 고객과 고객재산을 안전하게 관리하고 있는가를 평가한다.
		지역상생발전	• 공공기관으로서 사회적 역할을 충실히 수행하기 위하여 추진한 지역 내의 다양한 공익적 활동과 기여도를 평가한다.

출연기관의 평가지표를 살펴보면, 지속가능경영에 속하는 평가지표가 출자기관의 평가지표보다 더 많은 편인 것을 확인할 수 있었다. 이에 따라 지속가능경영 총배점도 출연기관이 30점으로 25점인 출자기관에 비해 5점 더 많은 것으로 나타났다.

표 9-11 출연기관 경영평가 유형별 평가지표

평가 영역	평가부문	평가지표	배 점		비 고
			정성	정량	
지속가능 경영 (30)	리더십 (12)	1. 경영층의 리더십	6		경영층 리더십 · 전문성(6)
		2. 전략경영	6		중장기 및 주요 사업 계획(4), 외부 감사 지적사항 이행(2)
	경영시스템 (18)	1. 조직 · 인사관리	3	4	조직 · 인사관리의 적정성(3), 지원 기능인력 비율(1), 관리직 비율(1), 외부전문가 구성 · 참여율(1), 임 · 직원 교육실적(1), 채용비리 방지 (△1.5), 블라인드 채용 도입 여부 (△1.5)
		2. 재무관리	3	8	재무 · 예산관리의 적정성(3), 자체 수입률(1), 일반관리비 충당률(1), 금융부채 비율(1), 복리후생비 집행 및 공개(1), 업무추진비 집행 및 공개 (1), 조달계약실적(1), 인건비 인상률 준수(1), 경영평가 성과급 지급(1)
경영성과 (40)	주요 사업 (10)	사업성과 적절성	10		기관 고유사업 목표의 적정성 및 달성 정도(10)
	경영효율성과 (25)	사업 유형별 상이		25	유형별 경영성과 평가지표(25)
	고객만족성과 (5)	1. 고객만족도		5	고객만족(5)
사회적 가치 (30)	일자리 확대 (10)	1. 일자리 창출 및 일 · 가정 양립	5	5	일자리 창출(5), 일자리 질 개선(5), 근로 시간 단축 준수 여부(△1)
	사회적 책임 (20)	1. 소통 및 참여	5	1	고객 및 주민참여(3), 노사상생(2), 경영공시 및 통합공시 준수(1)
		2. 윤리경영	3		윤리경영(3)
		3. 재난 · 안전관리	4	1	시설 · 안전관리(4), 안전사고 건수 (1)
		4. 지역상생발전	4	2	지역사회공헌(2), 사회적 약자 배려 (2), 친환경경영(2)
합계			49	51	

3) 경영평가 등급

경영평가 등급은 평가 결과에 따라 가, 나, 다, 라, 마 5단계로 평가 등급을 부여한다.

등급 부여 예시

- **(가 등급) 90점 이상, (나 등급) 85점 이상, (다 등급) 80점 이상, (라 등급) 75점 이상, (마 등급) 75점 미만**
- (가 등급) 95점 이상, (나 등급) 85점 이상, (다 등급) 75점 이상, (라 등급) 65점 이상, (마 등급) 65점 미만

등급 부여기준은 절대점수기준을 원칙으로 하되, 상위 등급 비율이 과다할 경우(가 · 나 등급 합계 40% 초과) 경영평가 유형별 상대적 격차 및 등급별 분포 등을 고려하여 '출자 · 출연기관 운영심의위원회' 심의를 거쳐 등급 조정 가능하며, 등급 결정 방법은 '출자 · 출연기관 운영심의위원회' 심의를 반드시 거쳐 절차적 정당성을 확보한 뒤 심의 결과를 반영하여 지방자치단체의 장이 결정한다.

그 밖에 기타 고려사항으로는 첫째, 비리 등 도덕성 문제로 사회문제화된 출자 · 출연기관은 등급 부여 시 별도 고려 가능하며(단, 지방출자 · 출연기관 운영심의위원회의 심의 · 의결 필요), 둘째, 경영평가와 관련하여 금품 · 향응 제공 등 공정한 평가를 저해한 기관은 원칙적으로 '마 등급'을 부여하되, 부정의 정도를 고려하여 '출자 · 출연기관 운영심의위원회' 심의를 거쳐 상향 조정 가능하다. 셋째, 허위 · 오류 발견 시 다음 [표 9-12]에 제시한 기준에 따라 처리하고, 필요시 '출자 · 출연기관 운영심의위원회' 심의를 거쳐 평가 등급을 '마 등급'으로 부여하거나 평가급 지급의 제외가 가능하다.

표 9-12 경영평가 과정에서 허위 · 오류 발견 시 처리 규정

고의성 여부	중대성 정도	결과 처리
허위 발견 시	중대한 사안	해당지표 0점 처리 / 등급 "마" 부여
	경미한 사안	해당지표 0점 처리 / 등급 1단계 하향 조정
오류 발견 시	중대한 사안	해당지표 0점 처리
	경미한 사안	해당지표 점수 보정

※ (중대/경미의 판단기준) 허위 · 오류의 정도가 해당지표의 실제 받아야 할 점수에 50% 이상 영향을 끼친 경우

제28조(경영실적의 평가) ① 지방자치단체의 장은 다음 각 호의 어느 하나에 해당하는 출자 · 출연기관에 대해서는 매 회계연도 종료 후 6개월 이내에 전년도 경영실적을 평가하고, 그 결과를 행정안전부장관에게 통보하여야 한다. 1. 지방자치단체의 지원금(대통령령으로 정하는 방법과 산정기준에 따라 계산한 금액을 말하며, 법령 또는 조례에 따라 직접 지방자치단체의 업무를 위탁받거나 독점적 사업권을 부여받은 기관의 경우에는 그 위탁 업무나 독점적 사업으로 인한 수입액을 포함한다)이 해당 기관 총수입액의 2분의 1 이상인 기관, 2. 지방자치단체의 지분이 해당 기관 자본금 또는 재산의 100분의 25 이상인 기관, 3. 지방자치단체의 지분이 해당 기관 자본금 또는 재산의 100분의 25 미만인 기관 중 제2조제3항 각 호에 해당하는 기관, ② 지방자치단체의 장은 제1항제2호에 따른 지방자치단체의 지분과 관련하여 지방자치단체의 지분이 해당 기관 자본금 또는 재산의 100분의 25 이상에서 100분의 25 미만으로 변동되는 행위를 하려면 미리 지방의회의 의결을 받아야 한다. ③ 출자 · 출연기관의 장은 제1항에 따른 전년도 경영실적 평가를 위하여 매 회계연도 종료 후 3개월 이내에 다음 각 호의 사항을 지방자치단체의 장에게 제출하여야 한다. 1. 주요 사업의 추진 현황과 실적, 2. 조직 · 인사 및 재무관리 현황, 3. 전년도 결산서, 4. 최근 3년 간 경영실적, 5. 제11조 제1항에 따른 성과계약서상 계약 내용의 달성 정도, 6. 그 밖에 경영실적의 평가와 관련한 사항으로서 대통령령으로 정하는 사항

제29조(경영실적 평가의 제외 대상기관과 시기 조정) ① 지방자치단체의 장은 제28조에도 불구하고 다음 각 호의 어느 하나에 해당하는 출자 · 출연기관에 대해서는 경영실적 평가를 하지 아니하거나 경영실적 평가의 시기를 조정할 수 있다. 1. 다른 법률

에 따라 경영실적 평가를 받는 기관, 2. 제19조에 따른 결산서의 대상 기간이 1년 미만인 기관, 3. 그 밖에 경영실적 평가를 하는 것이 적정하지 아니하다고 인정되는 경우로서 행정안전부장관과의 협의와 심의위원회의 심의 · 의결을 거쳐 경영실적 평가를 하지 아니하기로 한 기관, ② 제1항 제1호에 따라 경영실적을 평가하지 아니하는 출자 · 출연기관에 대해서는 다른 법률에 따른 경영실적 평가의 결과를 활용할 수 있다. 이 경우, 제1항 제1호에 해당하는 기관은 경영실적 평가의 결과를 지방자치단체의 장에게 제출하여야 한다.

제30조(경영진단의 실시 등) ① 지방자치단체의 장은 제28조 제1항에 따라 해당 출자 · 출연기관에 대하여 경영실적을 평가한 결과 다음 각 호의 어느 하나에 해당하는 사유가 발생한 출자 · 출연기관에 대해서는 심의위원회의 심의 · 의결을 거쳐 경영진단을 실시할 수 있다. 1. 전년도 말을 기준으로 설립 후 3년이 지날 때까지 기관운영을 시작하지 못한 경우, 2. 전년도를 기준으로 그 이전 5년 이상 계속하여 당기 순손실이 발생한 경우(다른 법률에 결손금 등의 보전에 관한 규정이 있는 경우는 제외한다), 3. 특별한 사유 없이 2년 이상 연속하여 전년도 대비 수익이 2분의 1 이상 감소한 경우, ② 제1항에 따라 경영진단 대상 출자 · 출연기관의 선정을 위한 당기 순손실이나 수익을 계산할 때에 전년도를 기준으로 같은 항 제2호 및 제3호에 따른 기간에 미달하는 경우에는 심의위원회의 심의 · 의결을 거쳐 경영진단의 실시 여부를 결정할 수 있다. ③ 지방자치단체의 장은 제1항에 따른 경영진단의 결과 필요하다고 인정되는 경우에는 심의위원회의 심의 · 의결을 거쳐 출자 · 출연기관의 장에 대하여 다음 각 호의 조치를 하도록 요청할 수 있다. 이 경우, 요청을 받은 출자 · 출연기관의 장은 그 조치를 성실하게 이행하여야 한다. 1. 해당 기관의 임원에 대한 보수 · 성과급의 삭감과 해임 등의 인사상 조치, 2. 사업 규모의 축소, 조직 개편과 인력 조정, 3. 기관의 해산 청구나 민영화의 추진, 4. 그 밖에 경영개선을 위하여 필요한 조치, ④ 제3항에도 불구하고 다음 각 호의 어느 하나에 해당하는 출자 · 출연기관에 대해서는 심의위원회의 심의 · 의결을 거쳐 제3항 각 호의 조치를 하지 아니할 수 있다. 1. 해당 기관의 기능을 수행할 때에 국가 또는 지방자치단체로부터의 독립성과 중립성의 보장이 필요하다고 관계 법령에 규정된 기관, 2. 전년도 말을 기준으로 설립 후 3년이 지나지 아니한 기관, 3. 그 밖에 심의위원회가 기관의 업무 특성 등을 고려하여 기능조정 등의 대상기관으로 하는 것이 적절하지 아니하다고 심의 · 의결한 기관

제31조(경영실적 평가와 경영진단 실시 관련 조례의 제정) 제28조부터 제30조까지의 규정에 따른 경영실적 평가와 경영진단 실시의 대상, 방법 및 절차 등에 관한 구체적인 사항은 해당 지방자치단체의 조례로 정한다.

제32조(경영공시) ① 출자 · 출연기관은 다음 각 호의 사항에 관하여 인터넷 홈페이지에 공시(이하 "경영공시"라 한다)하여야 한다. 1. 해당 연도의 경영목표와 예산 및 운영계획, 2. 전년도의 결산서, 3. 전년도 임원 및 운영인력의 현황, 4. 전년도 인건비 예산과 집행 현황, 5. 제11조 제1항에 따른 성과계약서상의 계약의 달성 정도, 6. 제28조에 따른 경영실적 평가의 결과, 7. 외부기관의 감사 결과 · 조치요구사항 및 이행결과, ② 경영공시의 시기 및 주기 등에 관하여 필요한 사항은 대통령령으로 정한다.

제33조(경영실적 평가 결과의 통합 공시) ① 행정안전부장관은 제28조 제1항에 따라 지방자치단체의 장으로부터 통보받은 출자 · 출연기관 경영실적 평가의 결과를 표준화하고 통합하여 공시할 수 있다. ② 제1항에 따른 통합 공시의 기준, 시기 및 방법 등에 관하여 필요한 사항은 대통령령으로 정한다.

[표 9-13]에서는 출자 · 출연기관 경영평가 대상기관 수를 확인할 수 있다. 2020년 기준으로 출자 · 출연기관의 57%가 경영평가 대상기관이며, 가장 많은 평가 대상기관을 가지고 있는 광역자치단체는 경기도로, 65%의 출자 · 출연기관들이 평가 대상기관인 것을 확인할 수 있다. 평가 대상기관 수가 총 기관 수에 비해 가장 적은 자치단체는 충북으로, 40개 출자 · 출연기관 중 11개 기관이 평가 대상기관으로 27.5%의 기관만 평가 대상기관인 것으로 나타났다.

표 9-13 출자 · 출연기관 경영평가 대상기관 수

구 분	합 계			평가 대상기관			평가 제외기관		
	계	출자	출연	계	출자	출연	계	출자	출연
총계	724	90	634	414	28	386	310	63	247
서울	56	3	53	36	2	34	20	1	19
부산	30	2	28	18	2	16	12	–	12
대구	25	1	24	17	1	16	8	–	8
인천	23	5	18	13	2	11	10	3	7
광주	17	1	16	13	–	13	4	1	3
대전	15	–	15	9	–	9	6	–	6
울산	11	–	11	8	–	8	3	–	3
세종	4	–	4	4	1	3	–	–	–
경기	125	14	111	82	3	79	43	11	32
강원	66	11	55	31	2	29	35	9	26
충북	40	8	32	11	0	11	29	8	21
충남	49	3	46	23	1	22	26	2	24
전북	54	8	46	38	5	33	16	3	13
전남	70	10	60	25	3	22	44	7	37
경북	69	8	61	43	1	42	29	7	22
경남	57	15	42	30	4	26	25	11	14
제주	13	1	12	13	1	12	–	–	–

출처: 행정안전부(2020).

03

출자 · 출연기관의 문제점 및 향후 과제

제10장

출자 · 출연기관의 문제점 및 과제

앞 장들에서 출자 · 출연기관의 성격과 특징 및 현황을 파악하고, 운영에 대해서도 분석하였다. 2014년 이후 「지방자치단체 출자 · 출연기관의 운영에 관한 법률」을 제정하여 운영한 지 상당한 기간이 지났지만, 아직도 출자 · 출연기관들의 법 · 제도와 운영면에 있어 많은 문제점들을 내포하고 있는바, 이 장에서는 이들 기관의 문제점, 과제 및 제도 개선 방안을 도출한다.

제 1 절 출자 · 출연기관의 문제점

1 출자 · 출연기관 운영상의 문제점

1) 설립타당성 문제

「지방출자 · 출연법」에서는 지방출자 · 출연기관의 과도한 설립을 막고자 출자 · 출연기관의 설립에 대해 사전타당성 조사를 의무화하였다. 하지만, 출자 · 출연기관의 사전타당성 조사에는 문제점들이 존재한다. 우선, 「지방공기업법」의 타당성 조사 항목을 모방함으로써 지방공기업과 지방출자 · 출연기관의 제도적 차이를 반영하지 못하고 있다는 점이다.

다른 하나는 「지방공기업법」의 사전타당성 조사제도보다 완화된 측면들이 있어 지방출자 · 출연기관의 설립과 운영을 엄격히 하려는 「지방출자 · 출연법」의 입법 취지와 상충되는 점이 발견된다는 것이다. 지방공기업과 지방출자 · 출연기관의 조직 형태나 사업 특성의 차이 등을 감안하여 유형별 표준화 방안을 마련하는 것이 필요하다.

이를 부연설명하면 다음과 같다. 첫째, 「지방공기업법」의 타당성 조사제도를 참고하되, 지방출자 · 출연기관의 특성을 반영하여 자체적인 타당성 조사제도를 표준화시킬 필요가 있다. 현재 「지방출자 · 출연법」의 타당성 조사 항목이 「지방공기업법」과 동일하지만, 출자 · 출연기관과 지방공기업은 조직의 특성과 대상사업에 차이가 있기 때문에 이를 반영하여 타당성 조사 항목과 조사기준을 재정립해야 한다. 또한 「지방공기업법」에서는 '설립'의 타당성을 조사하는 데 초점을 두고 있으나, 「출자 · 출연기관법」에서는 '설립'과 함께 '운영'의 타당성을 조사하고 있다는 차이가 있다. 그렇기 때문에 지방공기업의 타당성 조사 항목을 참고하되, 지방출자 · 출연기관의 '운영'에 관한 타당성 조사 항목과 조사기준을 개발할 필요가 있다.

둘째, 「지방공기업법」의 선례와 같이 지방출자 · 출연기관의 설립을 위한 사전타당성 조사제도는 반드시 전문가와 전문기관의 검토를 받도록 해야 한다. 지방자치단체는 지방출자 · 출연기관을 설립하고자 하는 입장이므로 전문기관에 의한 타당성 검토를 임의규정으로 완화할 경우에는 사전타당성 조사를 형식적으로 진행할 우려가 있다. 추가로 타당성 조사 수행기관의 선정 방법도 고려해야 한다. 타당성 조사는 조사 결과의 객관성과 신뢰성을 확보해야 하고, 이를 위해서 조사기관의 독립성이 보장되어야 한다. 이를 위해서 임의적으로 지방자치단체가 조사기관을 선정할 수 없도록 행정안전부가 지정한 조사기관으로 선정을 제한해야 한다.

셋째, 설립타당성 조사 대상에 추가로 출자하는 경우도 포함시켜야 한다. 「지방공기업법」에서는 타당성 조사를 추가로 출자 · 출연할 경우에도 받도록 했지만, 「지방출자 · 출연법」에서는 추가 출자를 타당성 검토대상에서 제외시킨 것은 지방출자 · 출연기관의 과도한 설립을 제지하려는 입법 취지와 상반된다(감사원, 2015). 따라서 기존의 출자 · 출연기관에 추가로 출자 · 출연하는 경우에도 타당성 조사를 실시하는 것이 좋을 것이다.

넷째, 타당성 조사지침을 만들어 조사 항목과 조사기준의 표준화가 필요하다. 타당성 조사 결과는 기본적인 가정이나 조건에 큰 영향을 받기 때문에 일관적인 설정 방법을 마련하는 것이 중요하다. 설립타당성 검토에 관한 매뉴얼을 정밀하게 마련하여 설립타당성 여부를 직관적으로 결정할 수 있는 수준의 관련 기준을 명확하게 설정할 필요가 있다(한인섭, 2016: 100).

2) 출자 · 출연기관의 수익성 문제

지방자치단체의 출자기관은 당해 자치단체의 지역사회 내에서 특정 목적사업을 추진하여 수익을 발생시키고자 하는 것이 목적이다. 하지만, 실제 출자 · 출연기관들은 2016년도 기준으로 645개 기관 중 무려 286개 기관의 당기순이익이 음(−)인 것으로 나타났다. 이는 전체 출자 · 출연기관의 44%에 해당하는 기관들이 적자를 내고 있다는 것을 의미한다. 물론 출자기관과 달리 출연기관은 수익성보다 공익성을 강조하기에 약간의 적자는 감수해야 하지만, 그럼에도 불구하고 대다수의 출연기관도 적자를 기록하는 것은 문제가 있다.

출자·출연기관 모두 공공성이 중요시되지만 그에 못지않게 효율성을 내야 할 필요가 있다. 매년 적자가 지속된다면 기관의 존속 여부까지 영향을 미치는 만큼 출자·출연기관에서는 적자를 극복할 수 있는 방안을 마련하여 지방자치단체의 재정이 낭비되는 일이 없도록 해야 한다.

3) 재정건전성 문제

재정건전성은 기관의 적자 및 적자가 누적된 부채 규모와 부채비율로 주로 판단한다. 얼마나 되는지에 대한 비율이다. 일반적으로 부채비율은 타인자본을 자기자본으로 나눈 비율을 의미하며 100% 이하를 표준 비율로 삼고 있다. 하지만, 이 기준은 여신자 측의 채권회수 측면에서 안정성만을 고려한 것이다. 타인자본이 자기자본을 초과하게 되면, 재무위험이 증가하고 이에 따라 재정건전성이 악화되면서 기관의 지급능력이 떨어지게 되고, 청산 시에 채권자에게 지급해야 할 금액이 커지므로 여신자는 부채비율이 100% 이하가 되도록 해야 한다는 의미이다. 하지만, 부채는 출자기관처럼 투자를 통해 수익을 발생시켜야 하는 기관에서 중요한 요소이며, 현실적으로 100% 이하가 최적의 상태라고 단정짓기는 어렵다.

부채는 기관의 신용을 의미하는 것이며, 기관의 입장에서 볼 때 부채비율이 높아지면 출자원금이 상대적으로 적어지기 때문에 재정운용에 있어 의존성을 확보할 수 있다. 게다가 공공기관은 민간기업과 달리 청산 시 채권자에게 지급해야 할 금액이 적어지거나 커지지도 않는다.

부채의 비율을 줄이기 위해서는 자기자본비율을 일정화하는 수준에서 투자를 실시해야 한다. 부채의 등락률을 낮추기 위해서는 단기적으로 매년 기관의 사업을 구성할 때 자기자본비율 대비 200% 이하의 원칙에 따라서 사업의 우선순위를 설정하고, 우선순위 사업별로 차등화된 예산배분이 이루어져야 한다.

장기적으로는 중장기 재무계획을 마련하여 단기사업과의 연동으로 부채비율의 증감 폭을 통제해야 할 것이다(송상훈, 2012: 78-79).

4) 투명경영 문제

출자·출연기관의 사장 혹은 이사장 후보 선임 과정에 있어서 채용의 독립성·공정성 및 투명성 확보를 강조하고 있으나, 여전히 낙하산 인사 또는 비전문가 임명 등 채용비리가 나타나고 있다. 이러한 채용비리 때문에 출자·출연기관의 전문성과 관리 능력이 부족한 인사들이 경영효율성 부문에서 문제를 일으킬 뿐 아니라 출자·출연기관의 투명성에도 의문을 가지게 한다.

지방공공기관 채용 비리 없앤다, 행정안전부 "인사운영기준 손질"

지방공기업 및 출자·출연기관의 인사·채용 공정성 강화를 위한 지방공공기관 인사운영기준이 개정된다. 정부는 지난해 지방공기업 대상 채용비리 특별점검에서 총 489개 기관, 1,488건의 위반사항이 적발되는 등 지방공공기관 채용이 자체 인사규정에 의해 운영되며 인사권 남용 사례가 적지 않았다고 판단하고, 손질에 들어간다고 밝혔다.

… (중략) …

이번 인사운영기준 개정으로 채용비위 임·직원의 해임 등 징계처분 외에 보수 감액이 추가되었으며, 채용비리에 대한 징계시효도 3년에서 5년으로 연장된다. 행정안전부 ○○○ 지방재정경제실장은 "국민에게 채용비리로 인한 좌절과 실망을 주지 않도록 채용 절차의 투명성을 강화한 것"이라며, "지방공공기관 인사가 더 공정하게 운영될 수 있도록 인사담당자에 대한 교육을 강화하고 지속적 제도 개선을 추진하겠다"라고 밝혔다.

출처: 고시위크(2018.9.6)

위의 내용에서 확인할 수 있듯이 그동안 지방공기업 및 출자 · 출연기관 채용에서 자체 인사규정을 악용하여 채용비리가 다수 확인되었다. 이는 출자 · 출연기관의 신뢰도를 떨어뜨릴 뿐만 아니라 임직원들의 전문성이나 관리 능력 미흡으로 인하여 경영효율에도 악영향을 미칠 수 있기 때문에 근절해야 한다.

5) 출자 · 출연기관의 독립성 문제

출자 · 출연기관은 해당 지방자치단체의 공무원 조직이 추진하기에 적절하지 않거나 기업성 · 전문성 · 경제성이 필요한 영역을 보다 효과적으로 추진하기 위하여 법적 근거를 갖고 설립한 독립적인 기업 형태이다(이자성, 2012: 81). 그럼에도 해당 지방자치단체에서 출자 혹은 출연하였기 때문에 운영비, 사업비 등을 통한 인력파견 및 권리행사 등으로 기관운영에 영향력을 행사하고 있다. 특히, 출자 · 출연기관의 특성을 충분히 반영하지 않고 일방적인 규정 및 법률을 적용함으로써 출자 · 출연기관의 자율성과 전문성을 제약하고 있는 문제가 발생하고 있다. 또한 출자 · 출연기관에 퇴직공무원을 채용시키는 등 투명한 경영에도 문제가 되고 있다. 이는 지방자치단체의 간섭을 최대한 차단하여 자율적인 책임경영체제를 구축하고자 하는 출자 · 출연기관의 취지에 어긋나는 결과를 불러온다.

출자 · 출연기관의 주된 목적인 기업성과 전문성 확보를 위해 지방자치단체와 출자 · 출연기관 간의 의사소통을 원활하게 진행할 수 있도록 의사전달의 통로를 구체화하고 정책추진을 위한 협력체계를 구축해야 한다.

2 출자·출연기관 법의 문제점

1) 출자·출연 범위와 설립 형태의 중첩

「지방공기업법」에서는 출자·출연기관의 출자 범위를 '자본금 또는 재산의 1/10 이상 1/2 미만'으로 설정하고, 자본금이나 재산의 1/2 이상 출자·출연하는 경우에 지방공사·공단으로 설립하도록 하였다. 이에 비해 「지방출자·출연법」에서는 '자본금 또는 재산의 전액 출자·출연 혹은 자치단체 외의 자와 공동으로 출자·출연'할 수 있게 출자·출연의 범위를 확대하였다. 이는 자치단체가 자본금이나 재산의 1/2 이상 출자·출연하면서 「지방공기업법」의 적용을 받지 않아 지방공기업이나 출자·출연기관 모두에 해당되지 않게되는 사각지대를 없애기 위한 것으로 생각된다. 그러나 지방출자·출연기관에 대한 자치단체의 출자·출연 범위가 확대되어 지방공기업과 출자·출연기관에 대한 출자·출연 범위가 중첩되면서 지방공기업과 출자·출연기관의 차이가 모호해지는 문제점이 발생할 수 있다(한인섭, 2016: 90-91).

2) 설립근거의 비현실성과 불합리성

「지방출자·출연법」에서는 지방출자·출연기관의 설립 형태로 「상법」에 의한 주식회사와 「민법」이나 「공익법인의 설립·운영에 관한 법률」에 따른 재단법인만을 허용하고 있다. 이에 따르면, 지방자치단체는 「상법」과 「민법」 및 「공익법인의 설립·운영에 관한 법률」에 의해서만 출자·출연기관을 설립할 수 있고, 「지방출자·출연법」이나 다른 개별 법률에 근거하여 출자·출연기관을 설립하는 것은 불가능한 것으로 생각된다.

그러나 실제 클린아이(Cleaneye) 등을 통해 확인할 수 있는 지방출자 · 출연기관 중에는 「상법」이나 「민법」 및 「공익법인의 설립 · 운영에 관한 법률」 이외에 다른 법률을 근거로 설립되어 운영 중인 경우가 많이 존재한다. 예를 들어, 시 · 도 자치단체가 운영하는 지방의료원과 시 · 도연구원들은 각각 「지방의료원의 설립 및 운영에 관한 법률」과 「지방자치단체출연 연구원의 설립 및 운영에 관한 법률」에 근거하여 설립 · 운영되고 있다. 이는 현행 「지방출자 · 출연법」에 규정된 출자 · 출연기관의 설립근거가 실제와 맞지 않는다는 것을 보여준다(한인섭, 2016: 92).

3) 운영심의위원회의 견제와 감시 기능 형식화

운영심의위원회의 심의 · 의결사항은 지방출자 · 출연기관의 설립 · 운영의 타당성, 임원의 해임이나 해임요구, 경영실적의 평가에 관한 사항, 경영진단 결과에 따른 필요조치, 출자 · 출연기관장의 성과계약 평가에 관한 사항, 운영심의위원의 해임 및 해촉에 관한 사항 등이다.

이런 점을 보면, 출자 · 출연기관 운영심의위원회는 지방자치단체나 출자 · 출연기관과 독립하여 견제와 감시 기능을 수행해야 할 것으로 기대된다. 운영심의위원회의 구성 시 공무원이 1/4을 초과할 수 없도록 명시한 것도 이런 점을 반영한 것으로 볼 수 있다.

그러나 이러한 조치만으로 운영심의위원회가 자치단체와 출자 · 출연기관에 대한 견제와 감시 기능을 수행할 것으로 기대하기는 어렵다. 「지방출자 · 출연법」은 출자 · 출연기관 운영심의위원회의 위원을 지방자치단체장이 임명 또는 위촉하도록 규정하고 있다. 우리나라의 경우 중앙과 지방을 막론하고 정치적 임용이 관행화되어 있음을 고려하면, 자치단체장의 의중에 따라 출자 · 출연기관장은 물론이고 운영심의위원회도 정치적으로 구성 및 충원될 가능성이 크다고 할 수 있다.

특히, 운영심의위원회의 위원장을 부시장이나 부지사(시 · 군 · 구의 경우에는 부시장 · 부군수 · 부구청장)가 맡도록 명시적으로 규정한 점은 더욱 심각한 문제라고 볼 수 있다. 부단체장인 운영심의위원회 위원장이 자치단체장의 의중과 다르게 운영심의위원회를 운영할 것으로 기대하는 것은 사실상 불가능하기 때문이다.

이런 점들은 지방출자 · 출연기관의 설립 · 운영의 타당성, 임원의 해임이나 해임요구, 경영실적의 평가, 경영진단 및 그 결과에 따른 필요조치, 출자 · 출연기관장의 성과계약 평가 등이 공정하고 객관적으로 이루어지기 어렵다는 점을 시사한다. 말하자면, 지방출자 · 출연기관의 책임경영을 제고하기 위해서 정부가 도입한 설립타당성 조사제도, 경영평가와 경영진단제도, 출자 · 출연기관장의 성과평가제도 등 제도적 장치들이 정치적으로 왜곡되거나 임의적으로 운영될 가능성이 큰 것이다(한인섭, 2016: 94-95).

4) 출자지분과 관리 · 감독권의 불균형

지방출자 · 출연기관은 자치단체가 전액 출자 · 출연하거나, 자치단체 외의 자와 공동으로 출자 · 출연하여 설립되며, 지방출자 · 출연기관의 운영과 관련된 권한과 책임은 출자 · 출연의 지분에 따라서 분배되어야 한다. 「지방출자 · 출연법」 제2조 제3항에서 지방자치단체의 지분이 1/2 미만인 출자기관에 대해서 「지방출자 · 출연법」의 일부 조항의 적용을 배제하거나, 자치단체가 출자기관의 사채발행이나 차입에 대한 상환 보증을 자치단체의 출자금액으로 한정한 점 등은 이러한 점을 고려한 것으로 보인다.

그러나 자치단체와 민간의 출자지분에 따른 권한과 책임의 배분은 출자기관의 경영권에 관한 것으로, 법령에 일부 조항을 나열하는 방식으로 대응하는 것이 타당한지 의문이다. 예컨대, 제27조에서 행정안전부장관이 출자·출연기관에 공통적으로 적용할 운영지침을 정하여 통보할 수 있도록 규정하고 있지만, 이는 「지방출자·출연법」 제2조 제3항의 배제조항에 해당되지 않는다. 따라서 민간의 출자지분이 1/2을 초과하는 경우에도 행정안전부장관의 지침을 준수해야 하는데, 이것은 민관공동 출자에 따른 경영권 분배원칙에 부합하지 않는다.

또한 조직과 인사 및 예산 등에 관한 사항은 경영권의 중요한 부분이기 때문에 이에 관한 운영지침의 준수를 강요하는 것은 민간의 경영권을 침해하는 문제가 발생할 수 있다. 제28조에서 지방자치단체 지분이 1/4 이상인 출자·출연기관을 경영평가 대상으로 규정한 것도 유사하다. 민간의 지분이 1/2을 초과하는 출자기관은 민간이 경영권을 행사하므로 정부와 자치단체가 이들 기관의 경영실적을 평가하는 것은 경영권 분배원칙을 침해할 수 있다. 경영평가는 시장기준을 적용하기 어려운 정부나 공공기관의 성과 향상을 위한 제도적 장치라고 할 수 있다. 따라서 민간이 1/2 이상의 지분을 가지고 시장에서 활동하는 기관들을 정부와 자치단체가 평가하는 것은 설득력이 부족하다.

자치단체의 출자지분에 관계없이 보조금을 지급할 수 있도록 한 점도 불합리한 문제가 있다. 자치단체 전액 출자·출연기관의 경우에는 그 책임이 전적으로 자치단체에게 있으므로 자치단체가 보조금을 지급하는 것은 당연하다. 그러나 자치단체와 민간이 공동으로 출자·출연한 경우에는 자치단체와 민간의 지분율에 따라 보조금을 지급하는 것이 합리적이다. 민관투자사업이 적자로 운영될 경우, 민간출자자의 지불 능력 부족이나 투자기피 등으로 자치단체가 운영보조금을 지급하는 경우가 많다. 그럼에도 불구하고 지방자치단체가 출자지분을 넘어서 일방적으로 보조금을 지급하는 관행을 법령으로 제도화시켜 주는 것은 정당화되기 어렵다(한인섭, 2016: 95-96).

5) 경영평가 및 경영진단의 실효성 문제

지방출자 · 출연기관의 책임경영을 강화하기 위해 자치단체 지원금이 해당 기관 총수입액의 1/2 이상인 기관, 자치단체의 지분이 해당 기관 자본금 또는 재산의 1/4 이상인 기관, 그리고 자치단체 지분이 1/4 미만이더라도 실질적으로 자치단체가 지배권을 행사하는 기관에 대해서 경영평가를 실시하도록 구체적으로 규정하였다. 그러나 경영평가를 실행하는 데에는 인력이나 예산 등의 자원과 비용이 발생되는데, 출자 · 출연기관 가운데 상근직원이 없거나 소규모인 기관들은 평가의 실행가능성이나 효과성을 확보하기 어려운 경우가 발생할 수 있다.

다른 한편으로 경영평가와 경영진단이 민간의 경영권을 침해할 가능성도 제기될 수 있다. 가령, 「지방출자 · 출연법」은 자치단체의 지분이 1/4 이상인 기관에 대해서 경영평가를 실시하도록 규정하고 있는데, 자치단체 지분이 1/4 이상이더라도 민간의 지분이 1/2을 초과하는 경우가 존재할 수 있다. 이처럼 민간의 경영권을 가진 출자 · 출연기관에 대해서 지방자치단체가 경영평가와 경영진단을 실시할 경우에는 자치단체의 경영평가 권한과 민간의 경영권이 상충되어 경영평가제도 자체의 정당성에 대한 논란이 발생할 가능성이 있다. 그 결과, 경영평가와 경영진단에 따른 조치를 취하는 것이 불가능할 수도 있는데, 이런 경우에는 「지방출자 · 출연법」에 규정된 경영진단 조치들의 실효성에 대한 비판이 제기될 수 있다.

「지방출자 · 출연법」은 자치단체장이 경영평가를 바탕으로 경영진단을 실시하고, 그에 따라서 필요한 조치를 취할 수 있도록 되어 있다. 그러나 「지방출자 · 출연법」에 규정된 임원의 보수 · 성과급의 삭감과 해임 등의 인사상 조치, 사업 규모의 축소, 조직 개편과 인력 조정, 기관의 해산 청구나 민영화의 추진과 같은 조치들은 모두 소유권에 내포된 사항이다. 따라서 지방자치단체가 1/2 이상의 출자지분을 가지고 있다면, 굳이 경영진단이라는 절차를 통하지 않더라도 자치단체장은 그 소유권에 기초해서 이러한 조치들을 취할 수 있다. 이런 점에서 경영평가와 경영진단제도는 자치단체장과 출자·출연기관장의 관계가 우호적인지 적대적인지에 따라서 형식화 되거나 혹은 정치적으로 악용될 가능성이 있는 것이다.

지방자치단체가 경영평가와 경영진단제도를 정치적으로 활용하고자 한다면, 법령의 내용이 구체적일수록 악용의 가능성은 증가할 수 있다. 「지방출자·출연기관 인사조직지침」은 경영평가와 성과계약 평가의 결과를 기관장의 연임과 해임기준으로 명시하고, 성과계약 평가 결과 실적이 목표치의 50%에 미달하는 경우, 기관의 수익이 최근 5개년 평균치의 1/2 이상 감소한 경우, 다른 출자·출연기관에 비해 경영실적이 현저히 낮은 경우, 경영진단 결과 해임조치가 필요하다고 인정되는 경우에는 기관장이 연임과 해임을 하도록 명시하고 있다. 따라서 자치단체가 출자·출연기관장을 교체하고자 한다면, 이러한 기준들을 인위적으로 충족시키는 것은 어렵지 않기 때문에 정치적으로 악용될 가능성은 더욱 높다고 할 수 있다(한인섭, 2016: 96-97).

제 2 절 출자·출연기관의 과제

위에서 제시한 문제점들을 기반으로 지방출자·출연기관들이 지향해야 할 큰 방향으로는 다음과 같다.

첫째, 지방공기업처럼 부실기관의 정비가 필요하다. 지방공사 및 공단의 경우 경영성과 및 사업목표 분석을 통해 문제성 있는 기관에 대해 통폐합을 실시하거나 사업을 축소하는 바, 지방출자 · 출연기관도 이러한 방향으로 나가야 할 것이다.

둘째, 설립타당성 기준 제고이다. 현재 설립타당성 기준에 타당성이 결여되고 있는 바, 설립심의위원회에 민간전문가 참여를 확대하고, 2년 내 타당성 검토 재용역을 금지하며 주민의견 수렴을 위한 공청회를 의무화하는 방향으로 나가야 할 것이다.

셋째, 내부 지배구조 선진화이다. 이를 위해 CEO의 상임이사 임명권을 확보하고 공무원의 CEO 겸직 금지 등을 통한 자율경영체제를 확립하며, 비상임이사 중 이사회 의장을 선임할 수 있도록 하고, 이사회의 기관장 해임건의권을 신설함으로써 견제 기능을 강화할 수 있을 것으로 기대된다.

넷째, 조직 · 예산 방만 요인 제거이다. 결원율이 5%를 초과하는 기관의 정원을 감축하고, 정기 조직진단을 의무화 하며, 성과급제도를 현실성 있게 대폭 전환하는 방향으로 나가야 할 것이다.

다섯째, 경영평가제도의 선진화이다. 핵심 지표 위주로 평가지표를 대폭 축소하고 평가 기간을 단축함으로써, 평가피로도를 완화하고 단순 평점 방식에서 종합 컨설팅 방식으로 전환하는 방향을 지향해야 할 것이다.

여섯째, 외부통제의 강화이다. 이를 위해 경영정보 통합 공시를 확대하고, 불성실 공사에 대한 외부통제를 강화하는 방향으로 나가야 할 것이다(송상훈, 2016: 83-84).

제 3 절 지방출자 · 출연기관의 제도화를 위한 개선 방안[1)]

1 지방공공기관 관련 법령의 통합 및 체계화

지방공공부문 내에서 「지방공기업법」에 의한 지방공사 · 공단과 「지방출자 · 출연법」에 의한 지방출자 · 출연기관이 상호 중복되고, 「지방출자 · 출연법」에 의한 지방출자 · 출연기관의 법적 지위가 불명확한 문제가 발생한 것은 자치단체의 출자 · 출연 범위를 확대한 데 근본적인 원인이 있다. 지방재정의 사각지대를 차단하기 위해서 단순히 출자 · 출연의 범위만을 확대하고, 지방출자 · 출연기관의 설립 형태는 「지방공기업법」을 원용하는 데 그쳤기 때문이다. 「지방공기업법」은 자치단체의 출자 · 출연 한도를 자본금이나 재산의 1/2 미만으로 제한했기 때문에 지방공사 · 공단과 중복되지 않았지만, 「지방출자 · 출연법」은 자치단체의 출자 · 출연 범위를 1/2 이상으로 확대하면서 지방공기업과 중첩되는 현상이 발생한 것이다.

이런 문제점을 개선하기 위해서는 지방공공부문 내에 존재하는 지방공사 · 공단과 지방출자 · 출연기관들을 자치단체의 출자지분에 따라서 재분류함으로써 설립 형태 간의 중첩을 방지하고, 지방공사 · 공단과 지방출자 · 출연기관의 법적 지위와 작동원리 등을 명확하게 재설계하는 것이 바람직하다. 이를 위해서는 자치단체의 출자 · 출연 지분 이외에 지방출자 · 출연기관들의 법적 지위와 이들이 수행하는 역할과 기능 및 사업 영역 등에 대한 면밀한 분석을 실시할 필요가 있다.

이를 바탕으로 지방출자 · 출연기관의 유형을 재분류하고, 필요한

1) 이 절의 내용은 한인섭(2016)의 논문을 집중적으로 활용함.

경우에는 새로운 조직 형태를 창설하는 방안도 검토해야 한다. 이에 따라 동일한 지방자치단체 내에서 설립 · 운영되고 있는 지방공사 · 공단과 지방출자 · 출연기관들을 통폐합하거나 재구조화할 필요가 있다. 더 나아가 지방출자 · 출연기관을 포함한 지방공공부문의 제도화를 위해서 지방공사 · 공단과 지방출자 · 출연기관을 '지방공공기관'으로 통합하고, '설립'과 '운영'을 모두 규율할 수 있도록 「지방공기업법」과 「지방출자 · 출연법」을 통합하여 가칭 「지방공공기관의 설립과 운영에 관한 법률」을 제정함으로써 국가의 공공기관처럼(「공공기관의 설립과 운영에 관한 법률」) 지방공공기관의 설립 및 운영의 일관성과 통일성을 제고하는 것이 바람직하다(한인섭, 2016: 98-99).

2 출자지분과 설립근거의 일치

현행 「지방출자 · 출연법」은 「상법」과 「민법」 및 「공익법인의 설립 · 운영에 관한 법률」 이외의 다른 법률에 의해서 설립 · 운영되고 있는 다양한 형태의 지방출자 · 출연기관들을 포괄하지 못하는 데 근본적인 문제가 있다. 또 지방출자 · 출연기관의 설립과 운영을 규율한다는 「지방출자 · 출연법」의 입법 취지에도 불구하고, 「지방출자 · 출연법」을 근거로 지방출자 · 출연법인을 설립할 수 있는 관련 규정을 마련하지 않은 점도 부합하지 않는다.

이의 원인은 「지방공기업법」과 「지방출자 · 출연법」에 의한 지방출자 · 출연기관의 법적 지위와 위상이 근본적으로 달라졌음에도 불구하고 「지방공기업법」을 원용하는 데 그쳤기 때문이다. 앞에서 지적한 것처럼, 「지방공기업법」은 자치단체의 출자지분을 1/2 미만으로 제한하였다. 따라서 출자 · 출연기관의 경영권은 민간이 행사하며, 이에 따라 「상법」과 「민법」 등의 민사법을 적용하는 것이 불가피하다. 그러나 「지방출자 · 출연법」은 자치단체의 출자 범위를 100%까지 확대하였기 때문에 자치단체가 1/2 이상 출자하는 경우에도 「상법」과 「민법」 등의 민사법에 따라 출자 · 출연법인을 설립하도록 하는 것은 불합리하다.

이런 문제점을 개선하기 위해서는 경영권의 기초인 출자지분을 고려하여 지방출자 · 출연기관의 설립근거를 상이하게 규정할 필요가 있다. 지방자치단체의 출자지분이 1/2 미만인 경우에는 현재와 같이 「상법」이나 「민법」에 의해서 설립하되, 자치단체의 출자지분이 1/2 이상인 경우에는 다른 법률에 근거하여 출자 · 출연기관을 설립할 수 있도록 하는 것이 바람직하다. 특히, 이제까지 관리의 사각지대에 놓여 있던 지방출자 · 출연기관을 통일적으로 규율하는 것이 「지방출자 · 출연법」의 입법 취지임을 고려하면, 「지방출자 · 출연법」에 근거해서 지방출자 · 출연기관을 직접 설립하고 법인격을 부여할 수 있는 근거규정을 마련하는 것이 법체계의 일관성과 명확성 측면에서 합리적이다(한인섭, 2016: 99).

3 임원 및 이사회의 구성과 역할의 명확화

「지방출자 · 출연법」은 지방출자 · 출연기관의 임원이나 성과계약 등에 관한 규정을 마련하여 경영책임을 강조하고 있으나, 책임경영체제의 확립을 기대하기 어렵다는 데 근본적인 문제가 있다. 현재와 같이 임원의 선출 방식을 명확하게 규정하지 않을 경우에는 임원의 임명과 해임 등이 자의적으로 이루어질 가능성이 높다. 또 임원의 직무와 임기, 그리고 이사회의 구성과 권한 등이 규정되지 않으면, 지방출자 · 출연기관의 경영책임을 확보하기 어렵다.

이런 문제점을 개선하기 위해서는 임원의 선출 방식과 임명권자, 임원의 직무와 임기, 이사회의 구성과 권한, 이사회와 심의위원회의 관계 등 내부지배구조에 관한 사항을 명확하게 규정함으로써 책임경영체제를 구축해야 한다. 다만, 「지방출자 · 출연법」에 의한 자치단체의 출자범위가 1/10 이상 100%이므로 민간의 출자지분이 더 많은 경우가 존재할 수 있는데, 이런 경우에는 민간의 경영권을 침해하지 않도록 해야 한다. 이를 위해서 임원이나 이사회의 구성과 권한에 관한 사항들을 규정하되, 자치단체와 민간의 출자지분에 따라 달리 적용하는 방안을 마련함으로써 민간의 경영권 침해가능성을 방지할 필요가 있다.

아울러 임원의 임명 절차와 방법 등을 규정할 때, 지방출자 · 출연기관의 규모와 여건 등을 고려할 필요가 있다. 지방출자 · 출연기관 가운데에는 상근인력이 없거나, 소수에 불과하여 임원이나 이사회를 설치하는 것이 오히려 불합리한 경우도 발생할 수 있다. 예컨대, 자치단체장이 출자 · 출연기관장을 겸임하거나, 자치단체장이 이사장을 겸임하면서 사무국장으로 하여금 출자 · 출연기관의 업무를 총괄하는 경우 등이 존재할 수 있는 것이다. 따라서 지방출자 · 출연기관의 여건을 감안하여 임원의 임명 절차와 방법 및 이사회에 관한 규정을 탄력적으로 운영할 수 있는 방안을 마련할 필요가 있다(한인섭, 2016: 100).

4 운영심의위원회의 독립성 강화

지방출자 · 출연기관의 견제와 감시 기능이 작동되기 위해서는 지방자치단체와 출자 · 출연기관장으로부터 운영심의위원회의 독립성을 확보하는 것이 긴요하다. 이를 위해서는 공무원인 위원이 1/4을 초과할 수 없도록 규정하는 데 그칠 것이 아니라, 운영심의위원회의 구성 및 운영 과정에서 지방자치단체의 영향력을 최소화하는 방안을 마련해야 한다.

예컨대, 운영심의위원회의 구성 시 출자·출연기관의 운영에 관한 실상이나 자치단체의 입장 등을 설명하기 위해 담당국장이나 담당과장 1~2명만 당연직 위원으로 참여하고, 나머지 위원들은 모두 민간위원으로 구성하는 방안을 검토할 수 있다. 이 경우, 민간위원들이 다수를 차지하게 되므로 자치단체의 영향에서 벗어나서 보다 객관적인 심의가 가능해질 것으로 기대된다. 이 경우에 민간위원들은 지방의회나 시민단체의 추천을 받아 구성하는 것도 가능하다. 무엇보다도 운영심의위원회의 위원장을 부시장이나 부지사(시·군·구의 경우에는 부시장·부군수·부구청장)가 맡도록 한 규정을 개정하여 민간위원이 위원장을 맡도록 명시적으로 규정하는 것이 바람직하다.

나아가 운영심의위원회의 위원을 자치단체장이 임명 또는 위촉할 것이 아니라, 지방출자·출연기관 운영심의위원회를 지방의회의 소관으로 이전하는 방안도 검토할 필요가 있다. 이 경우, 운영심의위원회 위원의 선발 및 임명 과정부터 자치단체의 영향력이 배제되고, 지방의회의 역할이 강화되므로 운영위원회의 독립성이 더욱 강화될 것으로 기대된다. 이와 함께 운영심의위원회의 공정한 운영을 위해서는 지방의회와 민간위원의 책임성을 확보하는 것도 중요하다. 이를 위해 지방출자·출연기관 운영심의위원회의 발언 내용 등을 기록하여 회의자료 등과 함께 공개하는 방안도 검토할 수 있다(한인섭, 2016: 102).

5 관리 · 감독권의 합리적 배분

「지방출자·출연법」 제2조 제3항에서 지방자치단체의 지분이 1/2 미만인 출자기관에 대해서 「지방출자·출연법」의 일부 조항의 적용을 배제한 것은 출자지분에 따른 관리·감독권의 배분원칙을 고려한 것으로 보인다. 그러나 자치단체의 출자·출연 지분에 관계없이 행정안전부장관의 공동운영지침 통보, 경영평가 대상기관의 선정, 보조금 지급에 관한 규정 등을 적용한 것은 여전히 불합리성을 내포한 것으로 볼 수 있다.

이러한 문제가 발생한 것은 「지방출자·출연법」 제2조 제3항의 적용배제에 관한 규정을 나열식으로 협소하게 규정한 데 일부의 원인이 있는 것으로 생각된다. 이런 점에서 현재 「지방출자·출연법」 제2조 제3항의 적용 배제 조항을 확대하여 행정안전부장관의 공동운영지침 통보, 경영평가 대상기관의 선정, 보조금지급에 관한 규정 등을 포함시킬 필요가 있다. 더 나아가 현재의 나열식 방법이 아니라, 자치단체와 민간의 출자지분에 따른 권한과 책임의 배분에 관한 일반원칙으로 규정하는 것이 더 바람직하다.

나열식 방법은 누락된 조항이 발생할 때마다 관련 조항을 개정해야 하는 비효율성이 발생할 가능성이 있기 때문이다. 따라서 자치단체의 지분이 1/2 미만인 출자·출연기관에 대해서 「상법」이나 「민법」의 관련 조항을 우선적으로 적용한다는 일반원칙에 관한 포괄적인 규정의 도입을 검토할 필요가 있다.

보다 근본적으로 자치단체가 1/2 이상 출자·출연한 기관과 1/2 미만 출자한 기관을 구분하여 정부와 자치단체의 관리·감독권을 별도로 규정하는 것이 합리적이다.

「지방출자·출연법」 제2조 제3항의 적용배제에 관한 규정은 자치단체와 민간의 권한 및 책임 범위에 관한 것이다. 이에 관한 혼란이 발생하는 근본적인 원인은 자치단체가 1/2 이상을 출자·출연하여 자치단체가 소유권을 행사하는 기관과 민간이 1/2 이상 출자·출연하여 민간이 경영권을 행사하는 기관들을 '지방출자·출연기관'이라는 명칭에 모두 포함시킴으로써 자치단체와 민간의 권한 및 책임 범위가 모호해졌기 때문이다.

따라서 1/10 이상 100%까지 폭넓게 규정되어 있는 자치단체의 출자 · 출연 범위를 1/2 이상 출자 · 출연기관과 1/2 미만 출자 · 출연기관으로 구분하여 지방출자 · 출연기관의 법적 지위를 명확하게 분류하는 것이 바람직하다.

이러한 원칙은 출자 · 출연기관에 대한 자치단체의 권한뿐 아니라, 출자 · 출연기관에 대한 자치단체의 책임과 의무에 대해서도 동일하게 적용되어야 한다. 출자지분에 따라 출자 · 출연기관에 대한 권한과 책임의 범위가 달라지는 것처럼 자치단체가 출자 · 출연기관에 지급하는 보조금도 자치단체와 민간의 지분율에 따르도록 규정하는 것이 합리적이다. 민관협력사업의 경우에 민간출자자의 지불 능력 부족이나 투자기피 등과 같은 현실적인 어려움이 있지만, 자치단체가 출자지분을 넘어서 일방적으로 보조금을 지급하는 것은 바람직하지 않다.

따라서 민간출자자의 지불 능력 부족 등으로 자치단체가 지분율 이상으로 보조금을 지급할 경우에는 초과분을 출자지분으로 전환하도록 하고, 그러한 불합리성이 지속되는 경우에는 법인을 해산하는 등의 방법을 강구해야 한다(한인섭, 2016: 102-103).

6 경영평가 및 경영진단의 합리성과 독립성 제고

경영평가제도는 지방출자 · 출연기관의 성과 향상과 책임경영을 유도하는 데 목적이 있으며, 이를 위해서는 경영평가제도가 내실 있게 운영되어야 한다. 이와 관련하여 현행 지방출자 · 출연기관 경영평가제도가 가진 문제점은 두 가지인데, 하나는 경영평가 대상기관 선정의 합리성에 관한 것이고, 다른 하나는 경영평가의 왜곡을 방지하는 것이다.

먼저, 경영평가 대상기관의 선정에 관한 문제점으로는 자치단체의 출자지분이나 지원금 비율에 따라 획일적으로 평가 대상기관을 선정함으로써 지방출자 · 출연기관의 현실적 여건을 충분히 반영하지 못하기 때문이다. 이런 문제점을 감안하여 행정안전부장관과의 협의와 심의위원회의 심의 · 의결을 거쳐서 경영평가 대상기관에서 제외하는 예외규정을 두고 있지만, 경영평가 예외기관의 선정기준이나 선정 방법 등이 없어 예외기관의 선정에 관한 문제점은 여전히 존재한다.

이런 문제점을 개선하기 위해서는 경영평가 대상기관의 선정을 위한 표준화된 틀을 마련할 필요가 있다. 여기에는 현행 「지방출자 · 출연법」에 규정된 출자지분이나 지원금 비율은 물론 평가가능성(evaluability)이나 평가의 기대효과 등과 같은 요소들을 종합적으로 고려하되, 특히 민간의 경영권 침해 논란이 발생하지 않도록 민관협력의 취지와 원칙에 위반되지 않도록 해야 한다. 아울러 경영평가 대상기관의 선정기준 등이 수립되면, 이를 행정안전부와의 협의 과정이나 자치단체 심의위원회의 심의 · 의결 절차에도 적용함으로써 경영평가 대상 제외기관의 선정을 위한 협의와 심의 · 의결 절차 등이 자의적으로 이루어지지 않도록 할 필요가 있다.

나아가 정치적 및 관료적 개입으로 인한 경영평가의 왜곡을 방지하기 위해서 지방출자 · 출연기관 경영평가제도의 독립성 제고 방안을 마련해야 한다. 현행 「지방출자 · 출연법」은 출자 · 출연기관 경영평가를 자치단체장이 실시하도록 규정하는 데 그치고, 경영평가의 왜곡을 방지하거나 평가 결과의 신뢰성을 확보하기 위한 제도적 장치는 미흡하다.

이런 문제점을 개선하기 위해서는 현재와 같이 경영평가를 자치단체장이 실시하되, 경영평가위원과 경영평가 담당기관의 선정 및 구성 등에 관한 기준을 마련할 필요가 있다. 가령, 지방공기업과 같이 평가위원의 자격 요건과 결격 사유 등을 제시하여 평가위원의 전문성과 적격성을 제고해야 한다. 또 자치단체가 일정 지분 이상을 출자 · 출연하거나 업무상의 관련성을 가진 기관들을 경영평가 담당기관에서 배제함으로써 평가의 독립성 제고를 도모해야 할 것이다.

아울러 지방공기업의 확인평가 제도를 원용하여 지방출자 · 출연기관 경영평가에 대한 메타평가를 도입함으로써 경영평가 결과의 품질(quality)과 신뢰성을 제고하는 방안도 적극적으로 검토할 필요가 있다. 즉, 「지방출자 · 출연법」에 따라 자치단체가 경영평가 결과를 행정안전부에 통보하면, 이에 대한 메타평가를 실시하여 평가 결과의 품질을 제고하는 방안을 마련할 필요가 있다.

나아가 메타평가 결과를 바탕으로 부적격한 경영평가 담당기관들을 차후의 경영평가에서 배제함으로써 평가기관의 전문성과 독립성은 물론 궁극적으로 평가 결과의 신뢰성을 제고할 수 있는 방안을 모색해야 한다.

지방출자 · 출연기관에 대한 경영평가를 실시하고, 그 결과에 따라서 경영진단을 실시하는 것은 지방출자 · 출연기관의 경영개선 및 책임성 확보를 위해 필요한 조치라고 할 수 있다. 그러나 지방출자 · 출연기관에는 다양한 형태가 존재하기 때문에 민간의 출자지분이 더 많은 출자 · 출연기관에 자치단체가 경영평가와 경영진단을 실시할 경우에는 민간의 경영권 침해에 대한 비판이 제기될 수 있다.

따라서 지방출자 · 출연기관에 대한 경영평가와 경영진단은 자치단체가 정당한 권한을 가진 범위 내로 한정해야 하며, 이를 위해 경영평가와 경영진단 대상을 엄밀하게 구분해야 한다. 다른 한편으로 「지방출자 · 출연법」에 규정된 경영진단 조치들이 악용되어 지방출자 · 출연기관의 경영자율성을 제약하지 않도록 개선방안을 마련해야 한다. 이를 위해 「지방출자 · 출연법」의 경영진단 조치(제30조 제3항)를 아예 삭제하는 방안도 검토할 필요가 있다. 「지방출자 · 출연법」의 규정이 없더라도 지방자치단체가 소유권을 근거로 자기의 권한 범위 내에 있는 출자 · 출연기관의 경영개선을 위한 사후조치를 취하는 것은 얼마든지 가능하기 때문이다(한인섭, 2016: 103-104).

지방자치단체 출자 · 출연기관의 운영에 관한 법률 (약칭: 지방출자 · 출연법)

[시행 2020.12.10] [법률 제17389호, 2020.6.9, 일부개정]

제1장 총 칙

제1조(목적) 이 법은 지방자치단체가 출자(出資)하거나 출연(出捐)하여 설립한 기관의 운영에 필요한 사항을 정하여 그 기관의 경영을 합리화하고 운영의 투명성을 높임으로써 지역주민에 대한 서비스 증진에 이바지함을 목적으로 한다.

제2조(적용 대상 등) ① 이 법은 지방자치단체가 설립하고 제5조에 따라 지정 · 고시된 출자기관 또는 출연기관(이하 "출자 · 출연기관"이라 한다)에 대하여 적용한다. 이 경우 출자기관은 지방자치단체의 지분(대통령령으로 정하는 방법과 산정기준에 따라 계산한 것을 말한다. 이하 같다)이 100분의 10 이상인 경우를 말한다.

② 이 법은 다음 각 호의 어느 하나에 해당하는 기관에 대해서는 적용하지 아니한다.

1. 「지방공기업법」 제2조, 같은 법 제3장 및 제4장에 따른 다음 각 목의 지방공기업(이하 "지방공기업"이라 한다)
   가. 지방직영기업
   나. 지방공사
   다. 지방공단
2. 「공공기관의 운영에 관한 법률」 제6조에 따라 기획재정부장관이 지정한 공공기관
3. 지방자치단체 또는 지방자치단체의 공무원을 회원으로 하면서 지방자치단체 간 발전 또는 지방자치단체 공무원의 복리 증진 등을 목적으로 설립한 기관
4. 「민법」에 따른 사단법인

③ 지방자치단체의 지분이 100분의 50 미만인 출자기관에 대해서는 제9조, 제10조의3, 제11조, 제12조, 제14조, 제15조, 제15조의2, 제15조의3, 제16조, 제17조, 제17조의2, 제17조의3, 제18조제3항 · 제4항, 제19조 및 제22조제1항을 적용하지 아니한다. 다만,

다음 각 호의 어느 하나에 해당하는 경우에는 예외로 한다.

1. 지방자치단체가 최대지분을 보유하고 지분의 분산도(分散度)로 보아 주주권 등의 행사에 따른 기관 지배가 가능한 경우
2. 지방자치단체가 법령, 조례 또는 정관에 따라 해당 기관의 기관장 또는 이사회 구성원의 과반수의 임명(승인 · 제청 등을 포함한다)에 관여하는 경우
3. 지방자치단체가 법령, 조례 또는 정관에 따라 해당 기관의 예산 또는 사업계획을 승인하는 경우

④ 제3항 본문에도 불구하고 지방자치단체의 지분이 100분의 25 이상인 출자기관에 대해서는 제9조, 제12조, 제15조의2 및 제15조의3을 적용한다.

⑤ 출자 · 출연기관에 대하여 다른 법률에 특별한 규정이 있는 경우를 제외하고는 이 법에서 정하는 바에 따른다.

제2조의2(교육비 특별회계로 설립한 출자 · 출연기관에 관한 사항의 적용) 이 법에서 교육비 특별회계로 설립한 출자 · 출연기관에 관하여는 "지방자치단체의 장" 또는 "특별시장 · 광역시장 · 특별자치시장 · 도지사 및 특별자치도지사"는 "교육감"으로, "특별시 · 광역시 · 특별자치시 · 도 및 특별자치도의 부시장 · 부지사(행정업무를 총괄하는 부시장 · 부지사를 말한다)"는 "특별시 · 광역시 · 특별자치시 · 도 및 특별자치도의 부교육감(부교육감이 2명일 때에는 제1부교육감을 말한다)"으로, "행정안전부장관" · "주무기관의 장"은 "교육부장관"으로, "행정안전부"는 "교육부"로 각각 본다.

제3조(경영의 기본원칙) ① 출자 · 출연기관은 해당 기관의 경영의 효율성을 높이고, 지역주민에 대한 공공복리가 증진될 수 있도록 노력하여야 한다.

② 지방자치단체는 출자 · 출연기관의 자율적인 운영을 보장하며, 공정하고 자유로운 경제질서를 해치지 아니하도록 노력하여야 한다.

제 2 장 지방자치단체의 출자 · 출연과 지정 · 고시 등

제4조(지방자치단체의 출자 · 출연과 대상사업 등) ① 지방자치단체는 다음 각 호의 어느 하나에 해당하는 사업을 효율적으로 수행하기 위하여 자본금 또는 재산의 전액을 출자 또는 출연하거나 지방자치단체 외의 자(외국인 및 외국법인을 포함한다)와 공동으로 출자하거나 출연하여 「상법」에 따른 주식회사나 「민법」 또는 「공익법인의 설립 · 운영에 관한 법률」에 따른 재단법인을 설립할 수 있다.

1. 문화, 예술, 장학(奬學), 체육, 의료 등의 분야에서 주민의 복리 증진에 이바지할 수 있는 사업

2. 지역주민의 소득을 증대시키고 지역경제를 발전시키며 지역개발을 활성화하고 촉진하는 데에 이바지할 수 있다고 인정되는 사업

② 제1항에 따라 지방자치단체가 출자하거나 출연하는 비율을 산정할 때에 그 지방자치단체가 설립한 출자·출연기관 또는 지방공기업이 출자하거나 출연한 경우에는 그 지방자치단체가 출자하거나 출연한 것으로 본다.

③ 출자·출연기관과 관련한 다음 각 호의 사항은 해당 지방자치단체의 조례로 정한다.

1. 설립 목적
2. 주요 업무와 사업
3. 출자 또는 출연의 근거와 방법
4. 그 밖에 기관의 운영 등에 관한 기본적인 사항

제5조(출자·출연기관의 지정·고시 등) 행정안전부장관은 매 회계연도 개시 후 1개월 이내에 주무기관의 장(관계 법령에 따라 그 출자기관 또는 출연기관이 수행하는 업무와 관련한 사무를 관장하는 중앙행정기관의 장을 말한다. 이하 같다)과 지방자치단체의 장[출자·출연기관을 설립한 특별시장·광역시장·특별자치시장·도지사 및 특별자치도지사(이하 "시·도지사"라 한다)나 시장·군수 또는 구청장(자치구의 구청장을 말한다. 이하 같다)을 말한다. 이하 같다]과 협의하여 제2조에 따라 이 법의 적용 대상이 되는 출자·출연기관을 새로 지정하거나, 지정을 해제하거나, 변경하여 지정하고 고시한다. 다만, 회계연도 중이라도 다음 각 호의 구분에 따라 출자·출연기관을 새로 지정하거나, 지정을 해제하거나, 변경하여 지정하고 고시할 수 있다.

1. 출자·출연기관이 설립된 경우: 신규 지정
2. 출자·출연기관으로 지정된 기관이 통합·폐지·분할 또는 관계 법령의 개정·폐지 등에 따라 이 법의 적용을 받지 아니하게 되거나 그 지정을 변경할 필요가 있는 경우: 지정 해제 또는 변경 지정

제6조(출자·출연기관 운영심의위원회) ① 출자·출연기관의 운영 등에 관한 다음 각 호의 사항을 심의·의결하기 위하여 지방자치단체에 출자·출연기관 운영심의위원회(이하 "심의위원회"라 한다)를 둔다.

1. 제7조제1항에 따른 출자·출연기관의 설립·운영의 타당성 등
2. 제9조제4항에 따른 출자·출연기관의 임원에 대한 해임 또는 해임 요구
3. 제29조제1항제3호에 따른 경영실적 평가 제외 대상기관의 선정
4. 제30조제1항 및 제2항에 따른 경영진단 대상기관의 선정
5. 제30조제3항 각 호에 따른 경영진단 결과 필요한 조치

6. 제30조제4항에 따른 조치 제외기관의 선정
7. 그 밖에 출자·출연기관의 운영과 관련하여 대통령령으로 정하는 사항

② 심의위원회는 위원장 1명을 포함한 15명 이내의 위원으로 구성하며, 출자·출연기관 운영과 경영관리에 관하여 학식과 경험이 풍부한 사람 중에서 지방자치단체의 장이 임명 또는 위촉하되, 공무원인 위원이 전체 위원 수의 4분의 1을 초과하여서는 아니 된다.

③ 심의위원회의 위원장은 특별시·광역시·특별자치시·도 및 특별자치도의 부시장·부지사(행정업무를 총괄하는 부시장·부지사를 말한다), 시·군·구(자치구를 말한다)의 부시장·부군수·부구청장이 된다.

④ 공무원이 아닌 위원의 임기는 2년 이내로 하되, 한 차례만 연임할 수 있다.

⑤ 제1항부터 제4항까지에서 규정한 사항 외에 심의위원회의 구성과 운영에 필요한 사항은 대통령령으로 정한다.

제7조(출자·출연기관의 설립·운영의 타당성 검토와 설립 전 협의 등) ① 지방자치단체는 출자·출연기관(제2항제2호에 따라 협의를 하지 아니할 수 있는 출자·출연기관을 포함한다)을 설립하려는 경우 또는 대통령령으로 정하는 일정금액 이상을 추가로 출자하거나 전년보다 증액하여 출연하려는 경우에는 출자·출연기관의 설립·운영의 타당성 등에 대하여 검토한 후 심의위원회의 심의·의결을 거쳐야 한다. 이 경우 지방자치단체는 다음 각 호의 사항에 관하여 그 결과를 공개하여야 한다.

1. 지방자치단체의 투자 및 사업의 적정성
2. 주민복리에 미치는 효과
3. 그 밖에 지역경제에 미치는 효과 등 대통령령으로 정하는 사항

② 지방자치단체가 출자·출연기관을 설립하려는 경우에는 제1항에 따른 절차를 거친 후 제4조제3항에 따른 조례안을 입법예고하기 전에 시·도지사는 행정안전부장관과, 시장·군수·구청장은 관할 시·도지사와 협의하여야 한다. 다만, 다음 각 호의 어느 하나에 해당하는 경우에는 그 협의를 하지 아니할 수 있다.

1. 다른 법률(「민법」 및 「공익법인의 설립·운영에 관한 법률」은 제외한다)에 출자·출연기관의 설립·승인과 협의 등에 관한 규정이 있는 경우
2. 그 밖에 출자하거나 출연하는 금액이 대통령령으로 정하는 기준에 미달하는 기관을 설립하려는 경우

③ 지방자치단체는 출자·출연기관을 설립하려는 경우 제1항에 따른 출자·출연기관의 설립타당성 등에 대한 검토를 전문인력 및 조사·연구 능력 등 대통령령으로 정하는 요건을 갖춘 전문기관에 의뢰하여 실시하여야 한다.

④ 제1항과 제2항에 따른 출자·출연기관의 설립·운영의 타당성 등 검토 및 공개와 설립 전 협의에 필요한 사항은 대통령령으로 정한다.

제 3 장 출자·출연기관의 운영

제 1 절 정관(定款)

제8조(정관) ① 출자·출연기관의 정관에는 다음 각 호의 사항을 기재하여야 한다. 다만, 출자·출연기관의 형태와 특성이나 업무 내용상 해당하지 아니하는 사항은 기재하지 아니할 수 있다.

1. 목적
2. 명칭
3. 주된 사무소가 있는 곳
4. 자본금 또는 출연금
5. 주식 발행에 관한 사항
6. 주주총회에 관한 사항
7. 임직원에 관한 사항
8. 이사회의 운영
9. 사업 범위 및 내용과 그 집행
10. 예산과 회계
11. 정관의 변경
12. 해산에 관한 사항
13. 그 밖에 대통령령으로 정하는 사항

② 출자·출연기관은 제5조에 따라 출자·출연기관으로 지정된 후 3개월 이내에 제1항에 따른 정관을 작성하여 미리 지방자치단체의 장과 협의하여야 한다. 정관의 기재사항을 변경하려는 경우에도 또한 같다.

제 2 절 임직원의 인사 등

제9조(임원) ① 출자·출연기관에는 임원으로 기관장을 포함한 이사와 감사(감사위원회를 포함한다. 이하 이 조에서 같다)를 둔다. 다만, 이사와 감사를 제외한 임원은 출자·출연기관별 형태, 특성과 업무내용을 고려하여 정관으로 정한다.

② 출자·출연기관의 임원(지방자치단체 소속 공무원이 당연직인 경우는 제외한다)은 공개모집을 통한 경쟁의 방식으로 임명한다.

③ 출자·출연기관의 임원은 법령과 정관 등으로 정하는 바에 따라 그 의무와 책임에 관한 다음 각 호의 사항을 준수하여야 한다.

1. 직무상 의무를 성실히 수행할 것
2. 고의나 중대한 과실로 해당 기관에 손실이 생기지 아니하도록 할 것
3. 직무 여부와 관계없이 품위를 손상하는 행위를 하지 아니할 것

④ 주무기관의 장이나 지방자치단체의 장은 임원이 제3항에 따른 의무와 책임을 이행하지 아니하거나 이를 게을리한 경우 심의위원회의 심의·의결을 거쳐 그 임원을 해임하거나 그 임명권자에게 해임을 요구할 수 있고, 그 출자·출연기관으로 하여금 손해배상을 청구하도록 요구할 수 있다.

⑤ 출자·출연기관의 장은 그 기관의 이익과 자신의 이익이 상반되는 사항에 대하여 출자·출연기관을 대표하지 못한다. 이 경우, 감사가 출자·출연기관을 대표한다.

제10조(임원의 결격사유 등) ① 다음 각 호의 어느 하나에 해당하는 사람은 출자·출연기관의 임원이 될 수 없다.

1. 미성년자
2. 「지방공무원법」 제31조제1호부터 제6호까지, 제6호의3, 제6호의4, 제7호 및 제8호의 어느 하나에 해당하는 사람
3. 「형법」 제355조 및 제356조에 규정된 횡령과 배임의 죄를 범한 사람으로서 300만원 이상의 벌금형을 선고받고 그 형이 확정된 후 2년이 지나지 아니한 사람
4. 제9조제4항에 따라 해임된 후 3년이 지나지 아니한 사람

② 임원이 제1항 각 호의 어느 하나에 해당하게 되거나 임명 당시 그에 해당한 사람으로 밝혀졌을 때에는 당연히 퇴직한다.

제10조의2(벌금형의 분리 선고) 「형법」 제38조에도 불구하고 출자·출연기관의 임원에게 제10조제1항제2호 또는 제3호에 규정된 죄와 다른 죄의 경합범(競合犯)에 대하여 벌금형을 선고하는 경우에는 이를 분리하여 선고하여야 한다.

제10조의3(임직원의 겸직 제한) ① 출자·출연기관의 상근(常勤)임원과 직원은 그 직무 외에 영리를 목적으로 하는 업무에 종사하지 못한다. 다만, 상근임원이 임명권자의 허가를 받은 경우와 직원이 기관장의 허가를 받은 경우 비영리 목적의 업무를 겸할 수 있다.

② 제1항에 따른 영리를 목적으로 하는 업무의 범위는 대통령령으로 정한다.

제11조(지방자치단체의 장과의 성과계약) ① 지방자치단체의 장은 출자·출연기관의 장(지방자치단체 소속 공무원이 당연직인 경우는 제외한다)과 그 기관의 장의 임기 중 달성하여야 할 경영 목표와 보수 등에 관한 사항이 포함된 성과계약을 체결하고,

매 회계연도 개시 후 1개월 이내에 해당 연도에 달성하여야 할 구체적인 경영 목표에 관하여 성과계약서를 작성하여야 한다.

② 다음 연도 보수를 책정할 때에는 제1항에 따른 성과계약서상 계약 내용의 달성 정도를 반영하여야 한다.

③ 제1항에 따른 성과계약과 성과계약서의 작성과 평가 등에 관한 구체적인 사항은 지방자치단체의 조례로 정한다.

제12조(직원의 채용) ① 출자·출연기관은 직원을 신규 채용할 때에는 불특정 다수인을 대상으로 균등한 기회를 보장하고 보다 우수한 인력을 선발하기 위하여 공개경쟁시험으로 채용하는 것을 원칙으로 한다.

② 출자·출연기관은 공개경쟁시험에 따른 충원이 곤란한 직위·직무 분야에 대해서는 동일한 요건에 해당하는 경력·자격을 가진 다수인을 대상으로 시험공고를 하여 경쟁의 방법으로 채용하는 경력경쟁시험을 통하여 우수한 전문인력과 경험이 풍부한 사람을 채용할 수 있다.

③ 출자·출연기관의 장은 제1항과 제2항에 따라 직원을 신규 채용할 때에는 응시자에게 공평한 기회를 보장하기 위하여 성별·신체조건·용모·학력·연령 등에 대한 불합리한 제한을 두거나 차별해서는 아니 된다.

④ 출자·출연기관은 제1항부터 제3항까지의 규정에 따른 직원 채용의 구체적인 절차와 방법을 내부규정에 반영하여야 한다.

제13조(임직원에 대한 교육훈련) ① 출자·출연기관은 임직원에 대하여 해당 기관의 경영성과와 지역주민에 대한 공공복리가 증대될 수 있도록 필요한 교육훈련을 실시하여야 한다.

② 제1항에 따른 교육훈련의 실시 등을 위하여 필요한 사항은 대통령령으로 정한다.

제14조(임직원의 보수 등) ① 출자·출연기관 임직원의 보수는 해당 기관의 경영성과가 반영될 수 있도록 하여야 하며, 예산의 범위에서 법령과 해당 기관의 정관 또는 내부규정에 명시된 지급근거에 따라 집행하여야 한다.

② 지방자치단체의 장은 출자·출연기관의 임직원의 보수와 관련하여 필요한 경우 해당 지방자치단체의 회계 관계 규정 등의 범위에서 구체적인 운영 방법, 기준 및 절차를 정하여 소관 출자·출연기관에 통보할 수 있다.

제15조(조직과 정원 등의 운영) 출자·출연기관은 조직과 정원에 관한 사항을 해당 기관의 정관 또는 내부규정으로 정하고, 그 범위에서 운영하여야 한다.

제15조의2(비위행위자에 대한 조치) ① 출자·출연기관은 투명하고 공정한 인사운영 등 윤리경영을 강화하기 위하여 노력하여야 한다.

② 지방자치단체의 장은 출자·출연기관의 임원이 금품비위, 성범죄, 채용비위 등 대통령령으로 정하는 비위행위(이하 "비위행위"라 한다)를 한 사실이 있거나 혐의가 있는 경우로서 제1항에 따른 윤리경영을 저해한 것으로 판단되는 경우 해당 출자·출연기관의 임원에 대하여 검찰, 경찰 등 수사기관과 감사원 등 감사기관(이하 이 조에서 "수사기관등"이라 한다)에 수사 또는 감사를 의뢰하여야 한다. 이 경우, 지방자치단체의 장은 해당 임원의 직무를 정지시키거나 그 기관의 장에게 직무를 정지시킬 것을 요구할 수 있다.

③ 행정안전부장관은 지방자치단체의 장에게 제2항에 따른 수사기관등의 수사 또는 감사 결과에 따라 필요한 경우 해당 출자·출연기관 임원을 해임할 것을 요구할 수 있고, 지방자치단체의 장은 해당 출자·출연기관 임원을 해임하거나 그 기관의 장에게 해임을 요구할 수 있다.

④ 지방자치단체의 장은 출자·출연기관의 임원이 비위행위 중 채용비위와 관련하여 유죄판결이 확정된 경우로서 「특정범죄 가중처벌 등에 관한 법률」 제2조에 따라 가중처벌되는 경우 해당 지방자치단체 소속의 심의·의결기구로서 대통령령으로 정하는 기구의 심의·의결을 거쳐 그 인적사항 및 비위행위 사실 등을 공개할 수 있다.

⑤ 지방자치단체의 장은 출자·출연기관의 임직원이 비위행위 중 채용비위와 관련하여 유죄판결이 확정된 경우 해당 채용비위로 인하여 채용시험에 합격하거나 승진 또는 임용된 사람에 대하여는 해당 출자·출연기관의 장에게 합격·승진·임용의 취소 또는 인사상의 불이익 조치(이하 이 조에서 "합격취소등"이라 한다)를 취할 것을 요구할 수 있다. 이 경우, 출자·출연기관의 장은 그 내용과 사유를 당사자에게 통지하여 소명할 기회를 주어야 한다.

⑥ 제4항에 따른 명단 공개의 구체적인 내용·절차 등에 필요한 사항 및 제5항에 따른 합격취소등의 기준·내용·소명 절차 등에 필요한 사항은 대통령령으로 정한다.

제15조의3(인사감사 등) ① 지방자치단체의 장은 비위행위 중 채용비위의 근절 등을 위하여 대통령령으로 정하는 바에 따라 출자·출연기관의 인사운영의 적정 여부를 감사(이하 이 조에서 "인사감사"라 한다)할 수 있으며, 필요한 경우 관계 서류를 제출하도록 요구할 수 있다.

② 지방자치단체의 장은 인사감사 결과 위법 또는 부당한 사실이 발견되면 지체 없이 해당 출자·출연기관의 장에게 그 시정(是正)과 관련자에 대한 인사상의 조치 등을 요구하여야 한다.

③ 출자·출연기관의 장은 제2항에 따른 요구가 있을 경우 정당한 사유가 없으면 이를 즉시 이행하고 그 이행결과를 해당 지방자치단체의 장에게 통보하여야 한다.

제3절 예산과 회계

제16조(회계연도) 출자·출연기관의 회계연도는 지방자치단체의 회계연도에 따른다.

제17조(회계처리의 원칙 등) ① 출자·출연기관은 경영성과 및 재무상태를 명확히 하기 위하여 회계거래를 발생 사실에 따라 처리한다.

② 출자·출연기관은 사업 분야별로 구분하여 회계처리할 수 있다.

③ 출자·출연기관이 계약을 체결하려는 경우에는 일반경쟁의 방식으로 하는 것을 원칙으로 한다. 다만, 계약의 목적·성질 및 규모 등을 고려0하여 참가자의 자격을 제한하거나 참가자를 지명하여 경쟁에 부치거나 수의계약으로 할 수 있다.

④ 출자·출연기관은 공정한 경쟁이나 계약의 적정한 이행을 해칠 것이 명백하다고 판단되는 자에 대해서는 2년의 범위에서 입찰참가자격을 제한할 수 있다. 이 경우, 해당 출자·출연기관의 장은 불가피한 사유가 있는 것으로 인정되는 경우를 제외하고는 「지방자치단체를 당사자로 하는 계약에 관한 법률」 제32조에 따른 계약심의위원회에서 그 입찰참가자격 제한 여부에 관하여 심의할 수 있도록 지방자치단체의 장에게 요청하여야 한다.

⑤ 출자·출연기관은 제4항에 따라 입찰참가자격을 제한받은 자와 수의계약을 체결해서는 아니 된다. 다만, 제4항에 따라 입찰참가자격을 제한받은 자 외에는 적합한 시공자·제조자가 존재하지 아니하는 등 부득이한 사유가 있는 경우에는 그러하지 아니하다.

⑥ 제1항부터 제5항까지의 규정에 따른 회계처리, 계약의 기준 및 절차와 입찰참가자격의 제한 등에 관하여 그 밖에 필요한 사항은 대통령령으로 정한다.

제17조의2(청렴서약서의 제출) ① 출자·출연기관은 계약의 투명성과 공정성을 높이기 위하여 입찰참가자 또는 수의계약의 계약상대자에게 청렴서약서를 제출하도록 하여야 한다.

② 제1항에 따른 청렴서약서에는 다음 각 호의 사항이 포함되어야 한다.

1. 입찰, 낙찰, 계약의 체결 및 이행 등의 과정(준공·납품 이후를 포함한다)에서 직접 또는 간접적인 사례(謝禮), 증여, 금품·향응, 취업특혜 제공 금지에 관한 사항
2. 특정인의 낙찰을 위한 담합 등 입찰의 자유경쟁을 방해하는 행위나 불공정한 행위의 금지에 관한 사항
3. 그 밖에 계약의 투명성과 공정성을 높이기 위하여 대통령령으로 정하는 사항

제17조의3(청렴서약 위반에 따른 계약의 해제·해지 등) 출자·출연기관은 입찰참가자 또는 수의계약의 계약상대자가 입찰, 수의계약 및 계약 이행 과정에서 출자·출연기관의 임직원에게 직접 또는 간접적으로 사례, 증여, 금품·향응, 취업특혜 제공을

하는 등 제17조의2에 따른 청렴서약서의 내용을 위반할 때에는 다음 각 호의 어느 하나에 해당하는 경우를 제외하고는 낙찰자 결정을 취소하거나 계약을 해제 또는 해지하여야 한다.

1. 다른 법률에서 낙찰자 결정의 취소 또는 계약의 해제 · 해지를 특별히 금지한 경우
2. 낙찰자 결정을 취소하거나 계약을 해제 또는 해지하면 계약 목적을 달성하기 곤란하거나 출자 · 출연기관에 손해가 발생하는 등 대통령령으로 정하는 경우

제18조(예산의 편성 등) ① 출자 · 출연기관은 매 회계연도의 사업계획 등을 작성하고, 그에 따른 예산을 회계연도 개시 전까지 편성하여야 한다.

② 출자 · 출연기관은 예산이 성립되거나 변경되었을 때에는 지체 없이 지방자치단체의 장에게 보고하여야 한다.

③ 지방자치단체의 장은 제2항에 따라 보고된 예산이 법령에 위반되거나 해당 지방자치단체의 회계 관계 규정 등을 고려하여 필요하다고 인정되는 경우에는 그 시정을 명하여야 한다.

④ 제3항에 따라 지방자치단체의 장이 시정을 명한 경우 출자 · 출연기관은 특별한 사정이 없으면 이에 따라야 한다.

⑤ 제1항부터 제4항까지에서 규정한 사항 외에 예산의 편성 등과 그 보고와 관련하여 그 밖에 필요한 사항은 대통령령으로 정한다.

제19조(결산) 출자 · 출연기관은 매 회계연도가 끝난 후 2개월 이내에 결산을 완료하고 지체 없이 결산서를 작성하여 지방자치단체의 장에게 제출하여야 한다. 이 경우, 자산 총액, 부채 규모, 종업원 수, 수익 등이 대통령령으로 정하는 기준에 해당하는 출자 · 출연기관은 「주식회사 등의 외부감사에 관한 법률」 제2조제7호에 따른 감사인에 해당하는 자 중에서 선임한 회계감사인의 회계감사 보고서를 첨부하여 결산서와 함께 제출하여야 한다.

제4절 재정 지원과 해산 등

제20조(재정 지원) ① 지방자치단체는 제4조제1항 각 호의 사업을 위하여 필요하다고 인정되는 경우에는 해당 출자 · 출연기관에 출자금 · 출연금 또는 보조금을 교부할 수 있다.

② 제1항에도 불구하고 제24조에 해당하거나 해당할 것으로 예상되는 출자 · 출연기관에 대해서는 재정 지원을 할 수 없다.

③ 출자금 · 출연금 또는 보조금의 교부 · 관리 등에 필요한 사항은 대통령령으로 정한다.

제21조(대행 사업의 비용 부담) ① 출자 · 출연기관은 국가 또는 지방자치단체의 사업을 대행할 수 있다. 이 경우, 그 대행에 필요한 비용은 국가 또는 지방자치단체가 부담한다.

② 제1항에 따른 비용의 부담 중 국가사무에 관한 경비의 범위, 비용 부담의 방법 · 절차, 그 밖에 필요한 사항은 대통령령으로 정한다. 다만, 제1항에 따른 비용의 부담 중 지방자치단체 사무에 관한 경비의 범위, 비용 부담의 방법 · 절차, 그 밖에 필요한 사항은 조례로 정한다.

제22조(출자기관의 사채발행 등) ① 출자기관은 사채(社債)를 발행하거나 금융회사 등으로부터 자금(외국으로부터의 차관을 포함한다. 이하 이 조에서 같다)을 차입할 경우 지방자치단체의 장의 승인을 받아야 한다. 이 경우, 사채 발행의 한도는 대통령령으로 정한다.

② 지방자치단체는 출자기관이 사채를 발행하거나 금융회사 등으로부터 자금을 차입하는 경우 그 상환을 보증할 수 있다. 이 경우, 지방자치단체는 재해의 복구를 위한 경우나 그 밖에 대통령령으로 정하는 사유가 있는 경우를 제외하고는 해당 지방자치단체의 출자금액을 초과하여 보증할 수 없다.

제23조(지방자치단체의 주주권 행사) 지방자치단체가 출자기관에 대하여 소유하는 주식에 대한 주주권(株主權)은 지방자치단체의 장이나 지방자치단체의 장이 지정하는 소속 공무원이 행사한다.

제24조(출자 · 출연기관의 해산 요청 등) ① 지방자치단체의 장은 출자기관에 대한 해당 지방자치단체의 지분이 100분의 10 미만이 되었을 때에는 지체 없이 지방의회의 의결을 거쳐 소유한 주식을 전부 처분하거나 다른 사람의 주식을 인수하는 등 필요한 조치를 하여야 한다.

② 지방자치단체의 장은 다음 각 호의 어느 하나에 해당하는 사유가 발생한 출자 · 출연기관에 대해서는 해산을 요청하는 등 필요한 조치를 하여야 한다.

1. 설립 목적의 달성, 존립기간의 만료, 그 밖에 조례나 정관으로 정한 해산 사유가 발생한 경우
2. 합병하거나 파산한 경우
3. 법원의 명령 또는 판결에 따라 해산 사유가 발생한 경우
4. 제30조제1항에 따라 경영진단을 실시하여 같은 조 제3항제3호에 따라 해산을 청구하거나 민영화 추진의 대상기관으로 정하여진 경우

③ 제2항에 따라 해산되는 출자 · 출연기관의 해산 절차와 방법 등은 관계 법령과 해당 기관의 정관으로 정하는 바에 따른다.

제5절 지도 · 감독 등

제25조(지도 · 감독 등) ① 지방자치단체의 장은 다음 각 호의 사업에 대하여 해당 출자 · 출연기관을 지도하거나 감독할 수 있다.
1. 법령이나 조례에 따라 지방자치단체가 출자 · 출연기관에 위탁한 사업
2. 지방자치단체의 소관 업무와 직접 관련되는 사항으로서 대통령령으로 정하는 사업

② 출자 · 출연기관의 장은 다음 각 호의 사항에 대해서는 지방자치단체의 장과 협의하여야 한다.
1. 기구 및 정원의 변동에 관한 사항
2. 임직원의 채용과 면직, 보수체계 등 대통령령으로 정하는 중요한 사항에 관한 규정의 제정 · 개정 및 폐지에 관한 사항

제26조(검사 · 보고 등) ① 지방자치단체의 장은 출자 · 출연기관의 업무, 회계 및 재산에 관한 사항을 검사할 수 있으며, 해당 기관에 필요한 보고를 하게 할 수 있다.

② 지방자치단체의 장은 다음 각 호의 어느 하나에 해당하는 출자 · 출연기관에 대해서는 적어도 3년마다 업무, 회계 및 재산에 관한 사항을 검사하여야 한다.
1. 지방자치단체의 지분이 100분의 50 이상인 기관
2. 지방자치단체의 지분이 100분의 50 미만인 기관 중 제2조제3항 각 호의 요건에 해당하는 기관

제27조(운영지침의 통보) 행정안전부장관은 출자 · 출연기관에 공통적으로 적용할 다음 각 호의 사항에 관한 운영지침을 정하고, 이를 각 지방자치단체의 장 또는 출자 · 출연기관의 장에게 통보할 수 있다.
1. 조직운영과 정원 · 인사 관리에 관한 사항
2. 예산의 편성 · 집행과 자금운영에 관한 사항
3. 회계와 결산에 관한 사항

제4장 경영실적의 평가와 공시(公示) 등

제28조(경영실적의 평가) ① 지방자치단체의 장은 다음 각 호의 어느 하나에 해당하는 출자 · 출연기관에 대해서는 매 회계연도 종료 후 6개월 이내에 전년도 경영실적을 평가하고, 그 결과를 행정안전부장관에게 통보하여야 한다.
1. 지방자치단체의 지원금(대통령령으로 정하는 방법과 산정기준에 따라 계산한 금액을 말하며, 법령 또는 조례에 따라 직접 지방자치단체의 업무를 위탁받거나 독점적 사업권을 부여받은 기관의 경우에는 그 위탁 업무나 독점적 사업으로 인한 수입액

을 포함한다)이 해당 기관 총수입액의 2분의 1 이상인 기관

2. 지방자치단체의 지분이 해당 기관 자본금 또는 재산의 100분의 25 이상인 기관
3. 지방자치단체의 지분이 해당 기관 자본금 또는 재산의 100분의 25 미만인 기관 중 제2조제3항 각 호에 해당하는 기관

② 지방자치단체의 장은 제1항제2호에 따른 지방자치단체의 지분과 관련하여 지방자치단체의 지분이 해당 기관 자본금 또는 재산의 100분의 25 이상에서 100분의 25 미만으로 변동되는 행위를 하려면 미리 지방의회의 의결을 받아야 한다.

③ 출자 · 출연기관의 장은 제1항에 따른 전년도 경영실적 평가를 위하여 매 회계연도 종료 후 3개월 이내에 다음 각 호의 사항을 지방자치단체의 장에게 제출하여야 한다.

1. 주요 사업의 추진 현황과 실적
2. 조직 · 인사 및 재무관리 현황
3. 전년도 결산서
4. 최근 3년 간 경영실적
5. 제11조제1항에 따른 성과계약서상 계약 내용의 달성 정도
6. 그 밖에 경영실적의 평가와 관련한 사항으로서 대통령령으로 정하는 사항

제29조(경영실적 평가의 제외 대상기관과 시기 조정) ① 지방자치단체의 장은 제28조에도 불구하고 다음 각 호의 어느 하나에 해당하는 출자 · 출연기관에 대해서는 경영실적 평가를 하지 아니하거나 경영실적 평가의 시기를 조정할 수 있다.

1. 다른 법률에 따라 경영실적 평가를 받는 기관
2. 제19조에 따른 결산서의 대상 기간이 1년 미만인 기관
3. 그 밖에 경영실적 평가를 하는 것이 적정하지 아니하다고 인정되는 경우로서 행정안전부장관과의 협의와 심의위원회의 심의 · 의결을 거쳐 경영실적 평가를 하지 아니하기로 한 기관

② 제1항제1호에 따라 경영실적을 평가하지 아니하는 출자 · 출연기관에 대해서는 다른 법률에 따른 경영실적 평가의 결과를 활용할 수 있다. 이 경우, 제1항제1호에 해당하는 기관은 경영실적 평가의 결과를 지방자치단체의 장에게 제출하여야 한다.

제30조(경영진단의 실시 등) ① 지방자치단체의 장은 제28조제1항에 따라 해당 출자 · 출연기관에 대하여 경영실적을 평가한 결과 다음 각 호의 어느 하나에 해당하는 사유가 발생한 출자 · 출연기관에 대해서는 심의위원회의 심의 · 의결을 거쳐 경영진단을 실시할 수 있다.

1. 전년도 말을 기준으로 설립 후 3년이 지날 때까지 기관운영을 시작하지 못한 경우
2. 전년도를 기준으로 그 이전 5년 이상 계속하여 당기 순손실이 발생한 경우(다른 법

률에 결손금 등의 보전에 관한 규정이 있는 경우는 제외한다)

3. 특별한 사유 없이 2년 이상 연속하여 전년도 대비 수익이 2분의 1 이상 감소한 경우

② 제1항에 따라 경영진단 대상 출자·출연기관의 선정을 위한 당기 순손실이나 수익을 계산할 때에 전년도를 기준으로 같은 항 제2호 및 제3호에 따른 기간에 미달하는 경우에는 심의위원회의 심의·의결을 거쳐 경영진단의 실시 여부를 결정할 수 있다.

③ 지방자치단체의 장은 제1항에 따른 경영진단의 결과 필요하다고 인정되는 경우에는 심의위원회의 심의·의결을 거쳐 출자·출연기관의 장에 대하여 다음 각 호의 조치를 하도록 요청할 수 있다. 이 경우, 요청을 받은 출자·출연기관의 장은 그 조치를 성실하게 이행하여야 한다.

1. 해당 기관의 임원에 대한 보수·성과급의 삭감과 해임 등의 인사상 조치
2. 사업 규모의 축소, 조직 개편과 인력 조정
3. 기관의 해산 청구나 민영화의 추진
4. 그 밖에 경영개선을 위하여 필요한 조치

④ 제3항에도 불구하고 다음 각 호의 어느 하나에 해당하는 출자·출연기관에 대해서는 심의위원회의 심의·의결을 거쳐 제3항 각 호의 조치를 하지 아니할 수 있다.

1. 해당 기관의 기능을 수행할 때에 국가 또는 지방자치단체로부터의 독립성과 중립성의 보장이 필요하다고 관계 법령에 규정된 기관
2. 전년도 말을 기준으로 설립 후 3년이 지나지 아니한 기관
3. 그 밖에 심의위원회가 기관의 업무 특성 등을 고려하여 기능조정 등의 대상기관으로 하는 것이 적절하지 아니하다고 심의·의결한 기관

제31조(경영실적 평가와 경영진단 실시 관련 조례의 제정) 제28조부터 제30조까지의 규정에 따른 경영실적 평가와 경영진단 실시의 대상, 방법 및 절차 등에 관한 구체적인 사항은 해당 지방자치단체의 조례로 정한다.

제32조(경영공시) ① 출자·출연기관은 다음 각 호의 사항에 관하여 인터넷 홈페이지에 공시(이하 "경영공시"라 한다)하여야 한다.

1. 해당 연도의 경영목표와 예산 및 운영계획
2. 전년도의 결산서
3. 전년도 임원 및 운영인력의 현황
4. 전년도 인건비 예산과 집행 현황
5. 제11조제1항에 따른 성과계약서상의 계약의 달성 정도
6. 제28조에 따른 경영실적 평가의 결과
7. 외부기관의 감사 결과·조치요구사항 및 이행결과

8. 자본금, 채무 변동 등 재무 현황 및 그 밖에 경영에 관한 중요한 사항으로서 대통령령으로 정하는 사항

② 경영공시의 시기 및 주기 등에 관하여 필요한 사항은 대통령령으로 정한다.

제33조(통합공시) ① 행정안전부장관은 제32조제1항 각 호에 따른 출자·출연기관의 경영공시 사항 중 주요 사항을 표준화하고 이를 통합하여 공시(이하 "통합공시"라 한다)할 수 있다.

② 행정안전부장관은 통합공시를 위하여 출자·출연기관에 필요한 자료의 제출을 요청할 수 있다. 이 경우, 자료의 제출을 요청받은 출자·출연기관은 특별한 사정이 없으면 이에 따라야 한다.

③ 행정안전부장관은 출자·출연기관이 다음 각 호의 어느 하나에 해당하는 경우에는 그 사항에 대하여 지방자치단체의 장에게 시정에 필요한 조치를 할 것을 요구할 수 있다.

1. 제2항에 따른 자료의 제출 의무를 성실하게 이행하지 아니하거나 거짓 자료를 제출한 경우
2. 경영공시 의무를 성실하게 이행하지 아니한 경우
3. 경영공시를 할 때 거짓 사실을 공시한 경우

④ 통합공시의 기준, 시기 및 방법 등에 관하여 필요한 사항은 대통령령으로 정한다.

제34조(벌칙 적용 시의 공무원 의제) 출자·출연기관의 임직원으로서 공무원이 아닌 사람은 「형법」 제129조부터 제132조까지의 규정을 적용할 때에는 공무원으로 본다.

제34조의2(수사기관 등의 수사 등 개시·종료 통보) 다음 각 호의 어느 하나에 해당하는 기관은 출자·출연기관의 임직원에 대하여 직무와 관련된 사건에 관한 조사나 수사를 시작한 때와 이를 마친 때에는 10일 이내에 출자·출연기관의 장에게 해당 사실과 그 결과를 통보하여야 한다.

1. 감사원
2. 검찰·경찰 및 그 밖의 수사기관
3. 지방자치단체의 장

제35조(관계 서류 제출 등의 협조) ① 행정안전부장관은 출자·출연기관의 경영의 투명성과 재무건전성 확보를 위하여 지방자치단체의 장이나 출자·출연기관의 장에게 필요한 사항을 통보하게 하거나 관계 서류를 제출하게 할 수 있다. 이 경우, 그 통보를 받거나 관계 서류의 제출을 요청받은 자는 특별한 사유가 없으면 요청에 따라야 한다.

② 행정안전부장관은 이 법에 따른 업무를 효율적으로 처리하기 위하여 이를 전자적

으로 처리할 수 있는 시스템을 구축하여 운영할 수 있다.

제36조(국회에 대한 보고) 행정안전부장관은 제28조제1항에 따른 경영실적 평가를 종합하여 국회 소관 상임위원회에 제출하여야 한다.

제37조(「상법」과 「민법」의 준용) 출자·출연기관에 대하여 이 법에 규정된 것을 제외하고는 그 성질에 반하지 아니하는 범위에서 출자기관은 「상법」을 준용하고, 출연기관은 「민법」을 준용한다.

부 칙

제1조(시행일) 이 법은 공포 후 6개월이 경과한 날부터 시행한다.

제2조(청렴서약서의 제출 등에 관한 적용례) 제17조의2 및 제17조의3의 개정규정은 이 법 시행 이후 공고 또는 통지되는 입찰부터 적용한다. 다만, 제17조제3항 단서에 따라 수의계약에 의하는 경우에는 이 법 시행 이후 체결되는 계약부터 적용한다.

지방자치단체 출자 · 출연기관의 운영에 관한 법률 시행령 (약칭: 지방출자 · 출연법 시행령)

[시행 2021.6.9] [대통령령 제31726호, 2021.6.8, 타법개정]

제 1 장 총 칙

제1조(목적) 이 영은 「지방자치단체 출자 · 출연기관의 운영에 관한 법률」에서 위임된 사항과 그 시행에 필요한 사항을 규정함을 목적으로 한다.

제2조(지방자치단체 출자기관에 대한 지분 산정기준) 「지방자치단체 출자 · 출연기관의 운영에 관한 법률」(이하 "법"이라 한다) 제2조제1항 후단에서 "대통령령으로 정하는 방법과 산정기준에 따라 계산한 것"이란 출자기관이 발행한 주식의 총수에서 각 지방자치단체가 보유한 출자기관의 주식의 총수가 차지하는 비중을 백분율로 계산한 것을 말한다.

제 2 장 지방자치단체의 출자 · 출연과 지정 · 고시 등

제3조(출자 · 출연기관의 지정 · 고시 등) ① 지방자치단체의 장[법 제4조에 따라 출자 또는 출연한 특별시장 · 광역시장 · 특별자치시장 · 도지사 및 특별자치도지사(이하 "시 · 도지사"라 한다)나 시장 · 군수 또는 구청장(자치구의 구청장을 말한다. 이하 같다)을 말한다. 이하 같다]은 매년 12월 31일까지 법 제5조에 따른 지정, 지정 해제 또는 변경 지정의 대상이 되는 출자기관 또는 출연기관을 행정안전부장관에게 통보하여야 한다.

② 지방자치단체의 장은 회계연도 중이라도 법 제5조에 따라 지정 · 고시된 출자기관 또는 출연기관(이하 "출자 · 출연기관"이라 한다)의 법인격 또는 명칭 등이 변경되거나 같은 조 각 호의 어느 하나에 해당하는 사유가 발생한 경우에는 30일 이내에 행정안전부장관에게 그 사실을 통보하여야 한다.

③ 제1항 또는 제2항에 따른 통보를 받은 행정안전부장관은 법 제5조 본문에 따른 주무기관의 장(이하 "주무기관의 장"이라 한다) 및 지방자치단체의 장과의 협의를 거쳐 출자 · 출연기관의 지정, 지정 해제 또는 변경 지정에 대한 고시를 한다.

④ 시장 · 군수 · 구청장은 제1항 또는 제2항에 따라 행정안전부장관에게 통보하는 경

우에는 시·도지사를 거쳐서 통보하여야 한다.

제4조(출자·출연기관 운영심의위원회의 구성과 운영) ① 법 제6조제1항제7호에서 "대통령령으로 정하는 사항"이란 다음 각 호의 사항을 말한다.

1. 법 제11조에 따른 출자·출연기관의 장에 대한 성과계약의 평가에 관한 사항
2. 법 제15조의2제4항에 따른 인적사항 및 비위행위 사실 등의 공개에 관한 사항
3. 법 제28조에 따른 경영실적 평가에 관한 사항
4. 제5조제1항에 따른 지방자치단체 출자·출연기관 운영심의위원회(이하 "심의위원회"라 한다) 위원의 해임 또는 해촉(解囑)에 관한 사항
5. 그 밖에 심의위원회 위원장(이하 "위원장"이라 한다)이 필요하다고 인정하는 사항

② 위원장은 심의위원회의 회의를 소집하고 그 의장이 된다.

③ 위원장이 부득이한 사유로 직무를 수행할 수 없을 때에는 위원장이 미리 정한 위원이 위원장의 직무를 대행한다.

④ 심의위원회 위원은 다음 각 호에 해당하는 사람 중에서 지방자치단체의 장이 임명하거나 위촉한다.

1. 지방의회에서 추천하는 사람(지방의원은 제외한다) 3명 이내
2. 전체 위원 수의 4분의 1 범위에서 해당 지방자치단체의 장이 지명하는 공무원
3. 법조계·경제계·언론계·학계 및 노동계 등의 분야에서 출자·출연기관의 운영에 관한 전문지식과 경험을 가진 사람 중 위원장이 추천하는 사람

⑤ 심의위원회의 회의는 위원 과반수의 출석으로 개의(開議)하고, 출석위원 과반수의 찬성으로 의결한다.

⑥ 심의위원회는 업무 수행을 위하여 필요할 때에는 관계 공무원이나 출자·출연기관의 임직원 등에게 출석, 자료 제출 및 의견 진술을 요구할 수 있다.

⑦ 심의위원회의 민간위원에게는 예산의 범위에서 수당, 여비 또는 그 밖에 필요한 경비를 지급할 수 있다.

⑧ 제1항부터 제7항까지에서 규정한 사항 외에 심의위원회의 구성과 운영에 필요한 사항은 지방자치단체의 조례로 정한다.

제5조(심의위원회 위원의 해임 등) ① 지방자치단체의 장은 심의위원회 위원이 다음 각 호의 어느 하나에 해당하는 경우에는 해당 위원을 해임하거나 해촉할 수 있다.

1. 해당 지방자치단체의 출자·출연기관의 임원이 된 경우. 다만, 당연직 임원인 경우는 제외한다.
2. 직무와 관련한 형사사건으로 기소된 경우
3. 심신장애로 인하여 직무를 수행할 수 없게 된 경우

4. 직무태만, 품위손상이나 그 밖의 사유로 인하여 위원으로서 직무를 수행하기에 적합하지 아니하다고 인정되는 경우

② 제1항에 따라 해임 또는 해촉된 위원의 후임으로 임명된 위원의 임기는 전임 위원 임기의 남은 기간으로 한다.

제6조(심의위원회 위원의 제척·기피·회피) ① 심의위원회 위원은 다음 각 호의 어느 하나에 해당하는 사항에 대한 심의·의결에서 제척(除斥)된다.

1. 위원과 직접적인 이해관계가 있는 사항
2. 위원의 배우자, 4촌 이내의 혈족, 2촌 이내의 인척 또는 위원이 속한 기관과 이해관계가 있는 사항
3. 위원 또는 위원이 속한 기관이 자문·고문(顧問) 등을 하고 있는 자와 이해관계가 있는 사항

② 당사자는 위원에게 공정한 심의·의결을 기대하기 어려운 사정이 있는 경우에는 위원회에 기피 신청을 할 수 있고, 위원회는 의결로 이를 결정한다. 이 경우, 기피 신청의 대상인 위원은 그 의결에 참여하지 못한다.

③ 위원이 제1항 각 호에 따른 제척 사유에 해당하는 경우에는 스스로 해당 안건의 심의·의결에서 회피(回避)하여야 한다.

제7조(출자·출연기관의 설립·운영의 타당성 검토 및 검토 결과의 공개) ① 삭제

② 법 제7조제1항 각 호 외의 부분에서 "대통령령으로 정하는 일정금액 이상을 추가로 출자하거나 전년보다 증액하여 출연하려는 경우"란 다음 각 호의 경우를 말한다.

1. 해당 회계연도에 출자기관에 출자하려는 금액의 총액이 그 출자기관의 전년도 12월 31일 기준 재무상태표상 자본금의 100분의 5 이상인 경우
2. 해당 회계연도에 출연기관에 출연하려는 금액의 총액이 직전 회계연도 출연금의 100분의 110 이상인 경우

③ 법 제7조제1항제3호에서 "지역경제에 미치는 효과 등 대통령령으로 정하는 사항"이란 다음 각 호의 사항을 말한다.

1. 지역경제에 미치는 효과
2. 지방재정에 미치는 영향
3. 출자·출연기관의 조직 및 인력 수요 판단에 관한 사항

④ 지방자치단체는 법 제7조제1항에 따른 출자·출연기관의 설립·운영의 타당성 등에 대한 검토(이하 "타당성 검토"라 한다)를 마쳤을 때에는 그 결과를 7일 이내에 지방자치단체의 홈페이지 또는 지방 일간지 등에 공개해야 한다. 이 경우, 타당성 검토 결과에 대한 지역주민 등의 의견을 듣기 위하여 의견 제시 방법과 절차에 관한 사항

을 함께 공개해야 한다.

⑤ 행정안전부장관은 타당성 검토를 위하여 필요한 경우에는 세부적인 검토기준을 정하여 지방자치단체의 장에게 통보할 수 있다.

제8조(출자 · 출연기관의 설립 시의 협의 등) ① 시 · 도지사 또는 시장 · 군수 · 구청장은 법 제7조제2항 각 호 외의 부분 본문에 따른 협의를 하려는 경우에는 행정안전부장관 또는 시 · 도지사에게 다음 각 호의 사항을 첨부한 출자 · 출연기관 설립 계획서를 제출해야 한다.

1. 사업의 범위와 내용
2. 제공하는 서비스와 재화
3. 설립 후 5년 간 연도별 예상 수입과 지출
4. 설립 후 5년 간 지방자치단체의 지분 보유계획, 지원금 지급 계획
5. 설립 후 5년 간 기구와 인력의 운영 계획
6. 해당 지방자치단체에서 설립 · 운영 중인 출자 · 출연기관의 현황
7. 타당성 검토 결과 및 제7조제4항 후단에 따른 지역주민 등의 의견

② 행정안전부장관 또는 시 · 도지사는 제1항에 따라 협의를 요청받은 날부터 1개월 이내에 협의의 결과를 시 · 도지사 또는 시장 · 군수 · 구청장에게 통보하여야 한다.

③ 시 · 도지사 또는 시장 · 군수 · 구청장은 다음 각 호의 어느 하나에 해당하는 경우에는 법 제7조제2항제2호에 따라 행정안전부장관 또는 시 · 도지사와의 협의를 생략할 수 있다.

1. 특별시 · 광역시 · 특별자치시 · 도 및 특별자치도(이하 "시 · 도"라 한다)가 출자 · 출연하는 금액이 다음 각 목의 구분에 따른 금액 미만인 경우
   가. 출자금: 5억 원
   나. 출연금: 2억 원
2. 시 · 군 · 구(자치구를 말한다. 이하 같다)가 출자 · 출연하는 금액이 다음 각 목의 구분에 따른 금액 미만인 경우
   가. 출자금: 3억 원
   나. 출연금: 1억 원

제8조의2(출자 · 출연기관 설립타당성 검토 전문기관) 법 제7조제3항에서 "전문인력 및 조사 · 연구 능력 등 대통령령으로 정하는 요건을 갖춘 전문기관"이란 다음 각 호의 구분에 따른 기관을 말한다.

1. 시 · 도가 출자 · 출연기관을 설립하려는 경우: 다음 각 목의 요건을 모두 갖춘 기관 중에서 행정안전부장관이 지정 · 고시하는 기관

가. 사업타당성 검토 업무에 3년 이상 종사한 경력을 가진 사람 5명 이상과 5년 이상 종사한 경력을 가진 사람 2명 이상을 보유하고 있을 것
나. 최근 3년 이내에 출자·출연기관, 「지방공기업법」 제3조에 따른 지방공기업, 「공공기관의 운영에 관한 법률」 제4조에 따른 공공기관이나 지방재정과 관련하여 연구용역을 수행한 실적이 있을 것

2. 시·군·구가 출자·출연기관을 설립하려는 경우: 관할 시·도가 설립한 「지방자치단체출연 연구원의 설립 및 운영에 관한 법률」에 따른 지방자치단체출연 연구원으로서 제1호 각 목의 요건을 모두 갖춘 기관. 다만, 본문에 해당하는 기관이 없는 경우에는 제1호에 따른 기관으로 한다.

제 3 장 출자·출연기관의 운영

제9조(정관 기재사항) 법 제8조제1항제13호에서 "대통령령으로 정하는 사항"이란 다음 각 호의 사항을 말한다.

1. 사채(社債)의 발행
2. 공고의 방법
3. 임원의 공석에 따른 직무대행에 관한 사항

제9조의2(임직원의 겸직 제한) 법 제10조의3제1항에 따라 출자·출연기관의 상근임원 및 직원은 다음 각 호의 어느 하나에 해당하는 업무에 종사함으로써 직무에 부당한 영향을 끼치거나 직무능률을 떨어뜨릴 우려 등이 있는 경우에는 그 업무에 종사할 수 없다.

1. 출자·출연기관의 상근임원 및 직원이 상업, 공업, 금융업 또는 그 밖의 영리적인 업무를 스스로 경영하여 영리를 추구함이 뚜렷한 업무
2. 출자·출연기관의 상근임원 및 직원이 상업, 공업, 금융업 또는 그 밖의 영리를 목적으로 하는 사기업체(私企業體)의 이사, 감사, 업무를 집행하는 무한책임사원, 지배인, 발기인 또는 그 밖의 임원이 되어 수행하는 업무
3. 출자·출연기관의 상근임원 및 직원 본인의 직무와 관련이 있는 타인의 기업에 대한 투자
4. 그 밖에 계속적으로 재산상 이득을 목적으로 하는 업무

제10조(임직원의 교육훈련) ① 출자·출연기관의 장은 법 제13조제1항에 따라 임직원에 대하여 교육훈련을 실시하려는 경우에는 자체 교육계획을 수립하고 교육훈련 비용을 예산에 반영하여야 한다.

② 출자·출연기관의 장은 임직원이 교육훈련 기관과 과정을 선택하여 교육훈련을 받을 수 있도록 지원하여야 한다.

③ 출자·출연기관의 장은 교육훈련을 실시할 때 국가기관, 공공단체 또는 민간기관의 교육 과정이나 교육시설을 최대한 활용하여야 한다.

제10조의2(비위행위자에 대한 수사 의뢰 등) ① 법 제15조의2제2항 전단에서 "금품비위, 성범죄, 채용비위 등 대통령령으로 정하는 비위행위"란 다음 각 호의 어느 하나에 해당하는 행위(이하 "비위행위"라 한다)를 말한다.

1. 직무와 관련하여 위법하게 금전, 물품, 부동산, 향응 또는 그 밖의 재산상 이익을 주고받거나 주고받을 것을 약속하는 행위
2. 해당 출자·출연기관의 공금, 재산 또는 물품의 횡령, 배임, 절도, 사기 또는 유용(流用)
3. 「성폭력범죄의 처벌 등에 관한 특례법」 제2조에 따른 성폭력범죄
4. 「성매매알선 등 행위의 처벌에 관한 법률」 제4조에 따른 금지행위
5. 법령이나 정관·내규 등을 위반하여 채용·승진 등 인사에 개입하거나 영향을 주는 행위로서 인사의 공정성을 현저하게 해치는 행위
6. 법, 「상법」, 「형법」, 「조세범 처벌법」, 「지방세기본법」, 「독점규제 및 공정거래에 관한 법률」 또는 그 밖에 해당 출자·출연기관의 업무와 관련되는 법령 등을 위반하여 이루어진 채용비위, 조세포탈, 회계부정, 불공정거래행위 등과 관련한 중대한 위법행위

② 지방자치단체의 장은 법 제15조의2제2항 전단에 따라 수사 또는 감사를 의뢰하는 경우 다음 각 호의 구분에 따른다. 이 경우, 제2호에 따라 감사원에 감사를 의뢰하는 경우에는 감사원과 미리 협의해야 한다.

1. 범죄의 사실 또는 혐의가 있어 수사의 필요성이 있다고 인정되는 경우: 수사기관에 수사 의뢰
2. 지방자치단체의 장이 직접 감사하기 어려운 부득이한 사유가 있고 「감사원법」에 따른 감사가 필요하다고 인정되는 경우: 감사원에 감사 의뢰

③ 지방자치단체의 장은 법 제15조의2제2항 전단에 따라 수사 또는 감사를 의뢰하는 경우에는 비위행위 사실 또는 혐의에 관한 자료 등을 함께 제출해야 한다.

제10조의3(채용비위자에 대한 조치) ① 법 제15조의2제4항에서 "대통령령으로 정하는 기구"란 법 제6조에 따른 출자·출연기관 운영심의위원회를 말한다.

② 지방자치단체의 장은 법 제15조의2제4항에 따라 인적사항 및 비위행위 사실 등을 공개하는 경우에는 다음 각 호의 사항을 관보에 싣거나 제22조제3항에 따른 행정안전

부장관이 지정하는 인터넷 사이트 또는 해당 지방자치단체의 인터넷 홈페이지에 1년간 게시하는 방법으로 한다.

1. 채용비위와 관련하여 유죄판결이 확정된 임원의 이름, 나이, 직업 및 주소. 이 경우, 「도로명주소법」 제2조제6호에 따른 상세주소는 생략할 수 있다.
2. 채용비위 행위 당시 소속 출자·출연기관의 명칭 및 주소, 담당 직무 및 직위
3. 채용비위 행위의 내용 및 방법
4. 채용비위 행위와 관련된 유죄의 확정판결 내용

③ 지방자치단체의 장은 법 제15조의2제5항 전단에 따라 출자·출연기관의 장에게 합격·승진·임용의 취소 또는 인사상의 불이익 조치(이하 이 조에서 "합격취소등"이라 한다)를 취할 것을 요구하는 경우 다음 각 호의 구분에 따른 기준에 따라야 하며, 그 사유를 함께 통지해야 한다.

1. 채용비위로 인하여 채용시험에 합격하거나 채용된 경우: 해당 채용시험의 합격 또는 채용의 취소 요구
2. 채용비위에 가담하거나 협조하여 승진, 전직, 전보 또는 파견 등이 된 경우: 해당 승진, 전직, 전보 또는 파견 등의 취소 요구. 이 경우, 필요하다고 인정하면 인사상의 불이익 조치를 함께 요구할 수 있다.

④ 출자·출연기관의 장은 합격취소등을 결정하기 10일 전까지 합격취소등의 당사자에게 다음 각 호의 사항을 통지해야 한다.

1. 지방자치단체의 장의 합격취소등의 요구 내용 및 사유
2. 소명 기한
3. 소명 방법
4. 소명하지 않는 경우의 처리방법
5. 그 밖에 소명에 필요한 사항

⑤ 출자·출연기관의 장은 제4항에 따른 통지를 받은 합격취소등의 당사자가 정당한 사유 없이 소명하지 않는 경우에는 추가로 소명기회를 주지 않고 합격취소등을 할 수 있다.

⑥ 출자·출연기관의 장은 합격취소등을 결정하기 위하여 필요하다고 인정하는 경우에는 관계인 의견 제시 또는 증거물의 제출을 요구할 수 있다.

⑦ 출자·출연기관의 장은 합격취소등을 결정한 경우 그 내용을 합격취소등의 당사자와 지방자치단체의 장에게 지체 없이 통지해야 한다.

제10조의4(인사감사 등) ① 법 제15조의3제1항에 따른 인사감사(이하 "인사감사"라 한다)는 인사운영 전반 또는 채용, 승진, 평가 등 특정 사항을 대상으로 한다.

② 지방자치단체의 장이 인사감사를 하는 경우에는 「공공감사에 관한 법률」에 따른다. 다만, 제주특별자치도지사가 인사감사를 하는 경우에는 「제주특별자치도 설치 및 국제자유도시 조성을 위한 특별법」 제131조부터 제139조까지의 규정에 따른다.

③ 제1항 및 제2항에서 규정한 사항 외에 인사감사의 효율적인 수행을 위하여 필요한 사항은 지방자치단체의 장이 정한다.

제11조(회계사무의 처리) 행정안전부장관은 법 제17조제1항 및 제2항에 따른 출자·출연기관 회계처리의 통일적인 운용을 위하여 국가 및 지방자치단체의 회계 관계 법령을 고려하여 회계처리 기준을 정할 수 있다.

제12조(계약사무의 처리) ① 법 제17조제6항에 따른 계약의 기준 및 절차와 입찰참가자격의 제한 등에 관하여는 그 성질에 반하지 않는 범위에서 「지방자치단체를 당사자로 하는 계약에 관한 법률」 제31조 및 제31조의5와 같은 법 시행령 제2조, 제7조부터 제32조까지, 제32조의2, 제33조부터 제42조까지, 제42조의3, 제42조의4, 제43조, 제44조, 제44조의2, 제45조부터 제49조까지, 제51조, 제52조, 제54조부터 제56조까지, 제64조, 제64조의2, 제66조부터 제71조까지, 제71조의2, 제71조의3, 제72조부터 제75조까지, 제75조의2, 제76조부터 제78조까지, 제78조의2, 제79조, 제81조부터 제86조까지, 제87조부터 제89조까지, 제89조의2, 제90조부터 제92조까지, 제93조, 제94조부터 제97조까지, 제97조의2, 제98조, 제98조의2, 제99조, 제100조, 제100조의2, 제101조 및 제103조를 준용한다. 이 경우, "지방자치단체"는 "출자·출연기관"으로, "소속공무원"은 "소속직원"으로, "지방자치단체의 장"은 "출자·출연기관의 장"으로, "공무원"은 "직원"으로, "관계 공무원"은 "관계 직원"으로 본다.

② 제1항에도 불구하고 지방자치단체의 출연기관 중 제19조제1항제1호에 따른 지원금이 같은 항 제2호에 따른 총수입액의 2분의 1 미만인 출연기관에 대해서는 제1항을 적용하지 아니한다. 다만, 다음 각 호의 어느 하나에 해당하는 경우에는 그러하지 아니하다.

1. 지방자치단체가 법령, 조례 또는 정관에 따라 해당 기관의 기관장 또는 이사회 구성원 과반수의 임명(승인·제청 등을 포함한다)에 관여하는 경우
2. 지방자치단체가 법령, 조례 또는 정관에 따라 해당 기관의 예산 또는 사업계획을 승인하는 경우

③ 제1항에 따라 준용되는 「지방자치단체를 당사자로 하는 계약에 관한 법률 시행령」 제25조제1항에도 불구하고 출자·출연기관의 장 또는 제13조에 따라 출자·출연기관의 장으로부터 계약사무의 전부 또는 일부를 위탁받은 자는 다음 각 호의 어느 하나에 해당하는 경우에는 수의계약으로 할 수 있다.

1. 출자 · 출연기관의 업무를 위탁하거나 대행시키기 위하여 그 자회사(해당 출자 · 출연기관이 지분의 100분의 100을 소유하고 있는 법인을 말한다. 이하 제2호에서 같다)와 계약을 체결하는 경우
2. 해당 출자 · 출연기관이 소유하고 있는 시설 · 설비 또는 「시설물의 안전 및 유지관리에 관한 특별법」 제7조제1호에 따른 제1종시설물의 유지관리 등을 위하여 불가피하게 그 자회사와 계약을 체결하는 경우

제12조의2(청렴서약서의 내용 등) ① 법 제17조의2제2항제3호에서 "대통령령으로 정하는 사항"이란 공정한 직무수행을 방해하는 알선 · 청탁을 통하여 입찰 또는 계약과 관련된 특정 정보의 제공을 요구하거나 제공받는 행위의 금지에 관한 사항을 말한다.

② 법 제17조의3제2호에서 "낙찰자 결정을 취소하거나 계약을 해제 또는 해지하면 계약 목적을 달성하기 곤란하거나 출자 · 출연기관에 손해가 발생하는 등 대통령령으로 정하는 경우"란 다음 각 호의 어느 하나에 해당하는 경우를 말한다.

1. 「재난 및 안전관리 기본법」 제3조제1호에 따른 재난의 복구 등을 위하여 계약의 긴급한 이행이 필요한 경우로서 새로운 계약을 체결하면 계약 목적을 달성하기 곤란하다고 출자 · 출연기관이 판단하는 경우
2. 그 밖에 계약의 이행 정도 등을 고려하여 낙찰자 결정을 취소하거나 계약을 해제 또는 해지하면 계약 목적을 달성하기 곤란하거나 출자 · 출연기관에 상당한 손해가 발생할 것으로 출자 · 출연기관이 판단하는 경우

제13조(계약사무의 위탁) 출자 · 출연기관의 장은 계약사무의 전부 또는 일부를 다음 각 호의 기관에 위탁할 수 있다.

1. 중앙행정기관의 장 또는 지방자치단체의 장
2. 「지방자치단체를 당사자로 하는 계약에 관한 법률 시행령」 제6조제2항에 따른 전문기관
3. 행정안전부장관이 계약 또는 회계 등 관련 분야에서 전문성이 있다고 인정하는 기관 또는 법인

제14조(예산의 편성 등) ① 출자 · 출연기관이 법 제18조제1항에 따라 편성하는 예산에는 다음 각 호의 사항이 포함되어야 한다.

1. 소속 임직원 등의 인건비
2. 계속비에 관한 설명서
3. 채무부담행위 설명서
4. 예산이월 설명서

② 행정안전부장관은 법 제27조제2호에 따라 다음 연도의 예산의 편성 · 집행과 자금

운영에 관한 사항을 정하는 운영지침(이하 "예산편성지침"이라 한다)을 매년 6월 30일까지 지방자치단체의 장 또는 출자·출연기관의 장에게 통보하여야 한다.

③ 지방자치단체의 장은 제2항에 따라 통보받은 예산편성지침에 관한 세부 사항을 작성하여 출자·출연기관의 장에게 통보할 수 있다.

제14조의2(결산) 법 제19조 후단에서 "대통령령으로 정하는 기준"이란 다음 각 호의 구분에 따른 기준을 말한다.

1. 출자기관: 「주식회사 등의 외부감사에 관한 법률 시행령」 제5조제1항 각 호의 어느 하나에 해당할 것
2. 출연기관: 다음 각 목의 어느 하나에 해당할 것
   가. 직전 회계연도 종료일의 재무상태표상 총자산가액(부동산인 경우 「상속세 및 증여세법」 제60조, 제61조 및 제66조에 따라 평가한 가액이 재무상태표상의 가액보다 큰 경우에는 그 평가한 가액을 말한다)의 합계액이 100억 원 이상일 것
   나. 직전 회계연도 결산서상 수익금액(운영성과표의 사업수익이나 매출액 또는 손익계산서의 영업수익을 말한다)이 10억 원 이상일 것

제15조(출자금·출연금 등의 관리) 출자·출연기관은 법 제20조에 따른 출자금·출연금 또는 보조금의 관리를 위하여 별도의 계좌를 사용하여야 한다.

제16조(대행 사업의 비용 부담) ① 출자·출연기관은 법 제21조제1항 후단에 따라 국가 또는 지방자치단체가 대행에 필요한 비용을 부담하는 경우에는 미리 자금집행계획을 수립하여 국가 또는 지방자치단체에 제출하여야 한다.

② 제1항에 따른 자금집행계획을 제출받은 국가 또는 지방자치단체는 다른 자금에 앞서 이에 대한 자금을 우선적으로 지급하되, 그 지급시기를 조정하려는 때에는 출자·출연기관과 협의하여야 한다.

③ 출자·출연기관은 국가 또는 지방자치단체 사업의 대행을 종료하였을 때에는 지체 없이 국가 또는 지방자치단체가 부담한 비용을 정산하여야 한다.

④ 출자·출연기관은 국가 또는 지방자치단체의 사업을 대행할 때에, 특히 필요한 경우에는 관계 중앙행정기관의 장 또는 지방자치단체의 장의 승인을 받아 그 사업의 일부를 제3자로 하여금 시행하게 할 수 있다.

⑤ 법 제21조제2항에 따른 국가사무에 관한 경비의 범위는 다음과 같다.

1. 사업계획의 수립, 사전조사와 용역 등에 드는 경비
2. 사업의 집행에 드는 시설비, 인건비 및 부대(附帶) 경비
3. 사업의 종료 후 결산 이전 또는 시설물 등의 인계 이전까지의 기간 동안 시설물 등을 관리하는 데에 드는 경비

4. 사업의 대행에 따른 대행 수수료
5. 그 밖에 사업의 집행을 위하여 필수적으로 드는 경비

제17조(출자기관의 사채발행 등) ① 출자기관은 법 제22조제1항에 따라 사채를 발행하거나 금융회사 등으로부터 자금(외국으로부터의 차관을 포함한다. 이하 같다)을 차입하기 위하여 지방자치단체의 장의 승인을 받으려면 다음 각 호의 사항을 기재한 신청서를 그 지방자치단체의 장에게 제출하여야 한다.

1. 사채의 발행 목적 또는 자금의 차입 목적
2. 사채의 발행시기 또는 자금의 차입시기
3. 사채의 발행총액[사채의 권면액을 여러 종류로 발행하는 경우에는 각 권종(券種)별 발행총액을 말한다] 또는 자금의 차입총액
4. 이율
5. 원금의 상환방법 및 기한
6. 이자의 지급방법 및 기한
7. 사채의 모집 및 인수방법(사채를 발행하는 경우만 해당한다)

② 출자기관은 법 제22조제1항 후단에 따라 해당 출자기관의 사채발행 승인 신청일 기준 순자산액(재무상태표상의 자산총액에서 부채총액을 뺀 금액을 말한다)에서 이미 발행한 사채의 잔액(이자비용은 제외한다)을 뺀 금액을 초과하여 사채를 발행할 수 없다.

③ 법 제22조제2항 후단에서 "대통령령으로 정하는 사유가 있는 경우"란 다음 각 호의 어느 하나에 해당하는 경우를 말한다.

1. 재해예방을 위한 사업비를 조달하기 위하여 필요하다고 지방자치단체의 장이 인정하는 경우
2. 지역경제 활성화를 위한 사업비를 조달하기 위하여 필요하다고 지방자치단체의 장이 인정하는 경우
3. 국제행사를 위한 시설비를 조달하기 위하여 필요하다고 지방자치단체의 장이 인정하는 경우

제18조(지도 · 감독 등) ① 법 제25조제1항제2호에서 "대통령령으로 정하는 사업"이란 다음 각 호의 사업을 말한다.

1. 법 제20조에 따라 지방자치단체가 출자금·출연금 또는 보조금을 교부한 사업
2. 법 제21조에 따라 출자·출연기관이 대행하는 사업
3. 법 제22조제2항에 따라 지방자치단체가 상환을 보증한 사업
4. 해당 지방자치단체의 조례에서 지방자치단체의 장이 지도하거나 감독할 수 있도록

규정하고 있는 사업

② 법 제25조제2항제2호에서 "임직원의 채용과 면직, 보수체계 등 대통령령으로 정하는 중요한 사항"이란 다음 각 호의 사항을 말한다.

1. 임직원의 채용, 면직 및 임원의 승진 등에 관한 사항
2. 임금, 성과급, 퇴직금 및 복리후생비 등 보수체계에 관한 사항
3. 그 밖에 재산의 취득·처분 등 재산의 중요한 변동에 관한 사항

③ 법 제4조제1항에 따라 지방자치단체가 공동으로 설립한 출자·출연기관에 대한 지도·감독 등에 관하여는 해당 기관에 출자하거나 출연한 지방자치단체의 장이 상호 합의하여 정한다. 다만, 합의가 이루어지지 않는 경우에는 지방자치단체의 장의 요청에 따라 행정안전부장관이 정할 수 있다.

제 4 장 경영실적의 평가와 공시(公示) 등

제19조(경영실적 평가 대상기관) ① 법 제28조제1항제1호에 따라 경영실적 평가 대상이 되는 출자·출연기관은 제1호에 따른 지원금이 제2호에 따른 총수입액의 2분의 1 이상인 기관을 말한다.

1. 지원금: 제2호에 따른 총수입액 중 다음 각 목에 해당하는 금액의 합계액
   가. 최근 3년 간 해당 기관이 출자금·출연금 또는 보조금 등 지방자치단체로부터 이전받은 수입액
   나. 최근 3년 간 해당 기관이 법령 또는 조례에 따라 직접 지방자치단체의 업무를 위탁받거나 독점적 사업권을 부여받은 기관의 경우에는 그 위탁 업무나 독점적 사업으로 인한 수입액
   다. 가목 및 나목의 운용으로 발생한 부대수입액
2. 총수입액: 최근 3년 간 해당 기관이 사업을 수행하거나 국가, 지방자치단체 또는 민간 등으로부터 지원을 받아 획득한 수입액과 이에 파생하여 발생한 수입액 중 미래 상환의무가 있는 금액 등을 제외한 금액

② 제1항에 따른 지원금과 총수입액의 구체적인 기준은 행정안전부장관이 정한다.

제20조(경영실적 평가) ① 지방자치단체의 장은 법 제28조제1항에 따라 평가한 경영실적 결과를 매년 8월 31일까지 행정안전부장관에게 통보하여야 한다. 이 경우, 시장·군수·구청장은 시·도지사를 거쳐서 통보하여야 한다.

② 법 제28조제3항제6호에서 "대통령령으로 정하는 사항"이란 다음 각 호의 사항을 말한다.

1. 내부·외부 기관의 감사 결과·조치요구사항 및 이행 결과
2. 경영실적 평가와 관련하여 조례에서 정하는 사항
3. 그 밖에 경영실적 평가를 위하여 지방자치단체의 장이 제출을 요구하는 사항

③ 시장·군수·구청장은 법 제28조에 따른 경영실적 평가를 위하여 필요한 경우에는 시·도지사에게 지원을 요청할 수 있다.

제21조(경영공시 사항 및 시기 등) ① 법 제32조제1항제8호에서 "대통령령으로 정하는 사항"이란 다음 각 호의 사항을 말한다.

1. 전년도의 재무상태표, 운영성과표 및 손익계산서 등 재무제표[주석(註釋)을 포함한다]
2. 전년도의 출자기관의 자본금 또는 출연기관의 기본재산 현황
3. 전년도의 법 제22조제1항에 따른 출자기관의 사채 발행 또는 금융회사 등으로부터의 자금 차입 현황
4. 전년도의 출자·출연기관의 채무 보증 및 담보 제공 현황

② 법 제32조제2항에 따른 경영공시의 시기는 다음 각 호와 같다.

1. 법 제32조제1항제1호의 사항: 매 회계연도 개시 후 1개월 이내
2. 법 제32조제1항제2호부터 제4호까지 및 제8호의 사항: 법 제28조제3항에 따라 전년도 결산서 제출 후 7일 이내
3. 법 제32조제1항제5호의 사항: 성과계약 달성 여부 등에 대한 평가 완료 후 7일 이내
4. 법 제32조제1항제6호의 사항: 경영실적 평가 결과 통보일부터 1개월 이내
5. 법 제32조제1항제7호의 사항: 감사 결과 또는 이행결과 통보일부터 1개월 이내

③ 행정안전부장관은 법 제32조에 따른 경영공시의 세부항목, 방법 및 절차 등을 정하여 지방자치단체의 장에게 통보할 수 있다.

제22조(통합공시) ① 행정안전부장관은 법 제33조제1항에 따라 표준화한 출자·출연기관의 주요 경영공시 사항을 매년 10월 31일까지 행정안전부 홈페이지 등에 통합하여 공시(이하 "통합공시"라 한다)해야 한다.

② 행정안전부장관은 통합공시의 항목, 기준 및 절차 등 통합공시에 필요한 사항(이하 "통합공시기준"이라 한다)을 정하고, 이를 출자·출연기관의 장에게 통보해야 한다.

③ 행정안전부장관은 출자·출연기관의 장이 통합공시기준에 따라 경영정보를 입력할 수 있도록 인터넷 사이트를 지정·운영해야 한다.

제5장 보　　칙

제23조(고유식별정보의 처리) 주무기관의 장, 지방자치단체의 장 또는 출자 · 출연기관의 장은 다음 각 호의 사무를 수행하기 위하여 불가피한 경우 「개인정보 보호법 시행령」 제19조제1호에 따른 주민등록번호가 포함된 자료를 처리할 수 있다.

1. 법 제9조제2항 따른 임원의 임명에 관한 사무
2. 법 제9조제4항에 따른 임원에 대한 해임 또는 해임 요구에 관한 사무
3. 법 제10조에 따른 결격사유 확인에 관한 사무
4. 법 제12조제1항에 따른 직원의 채용에 관한 사무
5. 법 제17조제3항부터 제5항까지에 따른 계약 또는 입찰참가자격 제한에 관한 사무
6. 법 제23조에 따른 주주권 행사에 관한 사무
7. 법 제30조제3항제1호에 따른 인사상 조치에 관한 사무

부　칙

제1조(시행일) 이 영은 2021년 6월 9일부터 시행한다.

제2조부터 제11조까지 생략

제12조(다른 법령의 개정) ①부터 ⑥까지 생략

⑦ 지방자치단체 출자 · 출연기관의 운영에 관한 법률 시행령 일부를 다음과 같이 개정한다.

제10조의3제2항제1호 후단 중 "「도로명주소법」 제2조제8호"를 "「도로명주소법」 제2조제6호"로 한다.

제13조 생략

참고문헌

1. 단행본

안용식 · 원구환(2001). 『지방공기업론』(개정판). 서울: 대영문화사.

원구환(2018). 『공기업론』. 서울: 대영문화사.

정성호 · 정창훈(2013). 『지방자치단체의 재정위기 과제와 해법』. 서울: 조명문화사.

2. 논문

곽채기(2009). 우리나라 준공공부문의 실태분석 및 혁신방안: 중앙정부와 지자체의 준공공부문을 중심으로. 전국경제인연합회.

______(2012). 공공기관 지정 및 분류기준의 재구축 방안. 『한국사회와 행정연구』, 23(3): 1-29.

______(2015). 지방자치단체의 출자 · 출연기관 합리화 방안. 『월간 자치발전』, 2015년 8월호: 33-39.

곽채기 · 정창훈 · 정성호(2013). 지방재정의 건전성 확보를 위한 지방정부 준공공부문 관리체계 구축 방안. 『지방재정』, 2013(2): 120-147.

금창호 · 권오철 · 김건위 · 구찬동(2014). 지방자치단체 출자 · 출연기관 인사 · 조직운영 개선방안 연구용역. 행정자치부.

김상윤(2013). 지방공공기관법 제정에 따른 지방공기업평가원의 발전과제와 대응방향. 『지방공기업지』, 6: 49-54.
김완희 · 남혜정 · 전규안 · 정창모 · 송옥렬(2013). 비영리법인의 투명성 제고와 회계의 역할. 『회계저널』, 22(3): 159-197.
김완희 · 정창모 · 전규안 · 송옥렬 · 남혜정(2013). 사회투명성 제고와 회계의 역할: 비영리법인을 중심으로. 『한국회계학회 연구보고서』.
김용운(2015). 지방자치단체 출자 · 출연기관 관리체계 현황과 과제. 『월간 자치발전』, 2015년 8월호: 24-31.
김철(2015). 지방자치단체 출자 · 출연기관의 발전적 운영방안. 『한국지방정부학회 학술대회 자료집』.
김형진 · 한인섭(2015). 지방자치단체 출자 출연기관의 성장 연구. 『한국지방정부학회 학술대회자료집』, 24(4)(2015년 겨울호): 85-117.
노태일(2016). 비영리조직(NPO)회계의 문제점과 개선방안. 『대한경영학회지』, 29(11): 1663-1691.
류춘호(2013). 지방정부의 출자 · 출연기관 운영 실태와 공공감사 접근전략. 『한국행정학회 학술발표논문집』, 877-905.
박성환 · 이호영 · 강선아 · 채수준 · 이재권(2014). 비영리법인의 외부감사와 공시제도 개선방안. 『한국회계학회 연구보고서』.
박주희 · 김연희(2013). 자치단체 산하 출자 · 출연기관 분석자료. 『바른사회시민의회 보고서』.
백승천(2016). 지방출자 · 출연기관 경영평가 표준모델 개발. 지방공기업평가원.
한국회계기준원(2003). 『비영리조직의 재무제표 작성과 표시 지침서』.
한국회계기준원(2017a). 『비영리조직회계기준』.
한국회계기준원(2017b). 『비영리조직회계기준 해설서』.
손원익 · 송은주(2010). 비영리단체 정보공개 제도의 국제비교: 한 · 미 · 일을 중심으로. 『한국비영리연구』, 8(3): 3-41.
송상훈(2010). 지방자치단체의 출자 · 출연기관 실태와 개선과제. 『정책연구』, 1-99.
여영현(2008). 지방산하기관의 실태조사 및 그림자 조직화 방지연구. 『한국조직학회보』, 5(1): 83-115.
원구환(2007). 지방공기업 및 출자 · 출연기관 관리개선방안. 한국지방재정공제회, 48-61.
이상미(2014). 지방자치단체 출자 · 출연기관 사업운영 개선방안: 중소기업지원기관 경영평가를 통한 사업성과관리 사례분석을 중심으로. 한국지방공기업학회, 10(1): 71-90.
이원희(2013). 지방공공기관 관리체계 실태 및 문제점. 『지방공기업지』, 6: 29-35.
이자성(2012). 경상남도 출자 · 출연기관 운영상 애로사항 및 개선방안. 『중점정책연구 현안 연구』, 63-82.

이춘호(2017). 지방자치단체 출자·출연기관 관리효율성 개선방안. 부산대학교 행정학 석사 학위 졸업논문.

장석준(2016). 지방 준공공부문 분류체계 개선을 위한 연구. 지방공기업평가원.

정창훈(2015). 지방공기업법 내용 분석을 통한 우리나라 지방공기업제도 역사의 시기 구분과 각 시기별 지방공기업법 내용의 주요 특징에 대한 분석. 『2015 한국지방재정학회 춘계학술대회 발표논문집』, 25-49.

정창훈·정성호(2014). IMF의 2013년 정부재정통계(Government Finance Statisitcal Manual)에 나타난 공공부문(public sector)의 제도단위(institutional unit)의 의의와 시사점. 『정부회계연구』, 12(1): 45-82.

정창훈·주윤창·임충혁(2019). 지방출자·출연기관의 감사범위 결정에 관한 연구. 지방공기업평가원.

주윤창·고재민·왕지애·임충혁(2018). 지방공기업 유형별 이익조정 수준의 차이. 『국제회계연구』, 77: 51-75.

천경훈(2015). 공기업 지배구조의 법적 문제: 공공기관운영법의 법리, 현실, 문제점. 『경제규제와 법』, 8(2): 7-34.

최계영(2015). 지방공기업의 법적 쟁점과 과제: 공법적 통제의 문제를 중심으로. 『경제규제와 법』, 8(2): 70-90.

최성환·김수란(2016). '지방출자·출연법'의 과제와 시사점. 『이슈&진단』, (254): 1-25.

최용전(2007). 공공기관운영법의 제정과 공기업법제의 변화. 『공법학연구』, 8(4): 49-65.

최종윤(2013). 공익법인의 재무적 특성에 관한 연구. 『국제회계연구』, 49: 103-124.

한인섭(2016). 지방자치단체 출자·출연기관 관리제도의 한계와 개선방안. 『한국행정연구』, 25(1): 77-108.

3. 연구보고서 및 정부간행물

감사원(2015). 감사결과 보고서: 지방자치단체 출자·출연기관 운영실태.

국민권익위원회(2012). 자치단체 출자·출연기관 운영 투명성 제고.

국세청(2020). 공익법인 관련 주요 개정세법 안내.

신민철(2015). 해외 주요도시 투자·출연기관 운영현황. 서울연구원.

지방공기업평가원(2013). 자치단체 출자·출연기관 경영평가 및 설립타당성 표준모델 개발

용역보고서.

한국지방재정학회(2012). 지방자치단체 출자・출연기관 체계적 관리방안.

행정안전부(2020). 지방출자・출연 경영실적평가 제안모델.

______(2020a). 2020년(2019년 실적) 지방출자・출연 경영평가 결과.

______(2020b). 2020 사업연도 지방 출자・출연기관 결산기준.

행정자치부(2015a). 지방출자・출연법/지침해설.

______(2015b). 2016년도 지방출자・출연기관 예산편성지침.

______(2016a). 지방 출자・출연기관 설립기준.

______(2016b). 지방 출자・출연기관 설립 까다로워진다: 「지방 출자・출연기관 설립기준」 시행.

Financial Accounting Standard Board. 958.

Financial Reporting Standard. FRS 102.

찾아보기

ㄱ

ㄴ

ㄷ

ㅂ

저자 소개

■ 정창훈

- 미국 University of Georgia(행정학 박사)
- 미국 University of Texas at Austin(행정학 석사)
- 미국 Auburn University 부교수 역임
- (전) 한국지방공기업학회 부회장 역임
- (전) 한국정부회계학회 회장 역임
- (현) 인하대 행정학과 교수

■ 주윤창

- 인하대 대학원(회계학 박사)
- (현) 대한민국시도지사협의회 연구원

■ 임충혁

- 인하대 대학원(회계학 박사과정 수료)

지방자치단체 출자 · 출연기관론

펴낸날 제1판 제1쇄 2022년 1월 5일
지은이 정창훈 · 주윤창 · 임충혁
펴낸이 임춘환
펴낸곳 도서출판 대영문화사
주소 (본사) 사무실: 경기도 고양시 일산서구 주화로 70
우신프라자 307호 (㊐ 10387)
(본사) 물류센터: 경기도 고양시 일산서구 덕산로
107번길 68-50 (㊐ 10205)
등록 1975년 12월 26일 제3-16호
전화 (031) 913-3062, (031) 914-3884~5
팩스 (031) 913-3839
홈페이지 http://www.dymbook.co.kr

ISBN 978-89-7644-789-0
값 18,000원

■ 이 책은 인하대학교 2017~2018년 교내 연구비 지원을 받아 작성함.